Karl Gottlob von Anton

Diplomatische Beiträge zu den Geschichten und zu den deutschen Rechten

Karl Gottlob von Anton

Diplomatische Beiträge zu den Geschichten und zu den deutschen Rechten

ISBN/EAN: 9783743655560

Hergestellt in Europa, USA, Kanada, Australien, Japan

Cover: Foto ©Suzi / pixelio.de

Weitere Bücher finden Sie auf **www.hansebooks.com**

Diplomatische
Beiträge

zu

den Geschichten

und

zu den teutschen Rechten.

Leipzig,
bei Adam Friedrich Böhme.
1777.

Vorerinnerung.

———

Folgende Stücke befinden sich in dieser Samlung.

I.

Geschichte der Belagerung der Stadt Wien 1529. Aus einer gleichzeitigen Handschrift

II.

Vorstellung der Gerechtsamen des Herzogs Albrecht von Oesterreich

* 2   auf

Vorerinnerung.

Diese

Vorerinnerung.

Diese Abhandlung ist nicht von mir, sondern von dem nunmehr verstorbenen Senator Crudelius in Görliz. Er übergab mir dieselbe zum Abdruck mit der Erlaubnis, sie hier und da abzukürzen und zu ändern, welches ich auch, noch bei seinen Lebzeiten an einigen Stellen gethan habe. Sie war zwar schon in dem Lausizischen Magazin von 1772. S. 81 u. f. f., wie auch bei der Gelegenheit einigemal einzeln abgedruckt worden, allein der Buchhändler hatte nicht vor rathsam gehalten, die Urkunden mit zu liefern. Es fehlte also die Hauptsache, welches nun den würdigen Verfasser antrieb, mir sie zu übergeben.

Diese Abhandlung hat schon, so wie sie sonst war, ihr gebührendes Lob erhalten,

ten, sowol in des Herrn D. Schott's unpartheiischen Kritick als auch in der allgemeinen teutschen Bibliotheck, im Anhange zum 13ten bis 24ten Bande. S. 350.

Es fehlen noch einige Urkunden darzu, die ich aber nicht erhalten habe. In den vermischten Urkunden No. 10. habe ich noch eine hinzugethan.

Die älteste Nachricht von diesem Freigerichte, welche aus einer Rathsrechnung vom Jar 1428. genommen ist und wovon gleich der Anfang der Abhandlung redet, lautet also:

Einen bothen gen Andopen zu den Grafen Henniken de sure als her vns mit den andern steten geladen

Vorerinnerung.

den hatte in das Heimeliche recht
zu gestehen am bonerstage nach ka=
therine von Johan von Lüne von
koln weyn als her uns und ouch die
stete von her henrich von hoyers=
werde in ansproch meynte czu ha=
ben.

Meines Wissens ist keine von diesen Ur=
kunden abgedruckt, auser die wenigen
die ich berichtigt liefere.   Sollte ia eine
darunter seyn, so bitte ich um Verzei=
hung, daß man sie doppelt haben muß,

                                      und

Vorerinnernng.

und man wird mir verzeihen, da es kei-
nem Gelehrten möglich seyn kan, die
ungeheure Last von Urkunden zu kennen,
die nur allein herausgegeben worden
sind, seit dem die Inventarien von Ge-
orgisch und Schöttgen erschienen.
Schlieslich hab' ich noch dieses zu sagen,
daß alle diese Urkunden gesammelt wor-
den sind aus Oberlausizischen Archiven.
Den 17 August 1777.

A.

I. Ge-

I.

Geſchichte
der Belagerung
der Stadt Wien.

1 5 2 9.

aus einer gleichzeitigen Handſchrift.

Von der so merkwürdigen Belagerung der Stadt Wien, welche der Türkische Kaiser Solimann im Jar 1529 unternahm, findet man einzelne Nachrichten häufig. Eine besondre Beschreibung davon steht in Schardii Scriptor. Rer. Germanicar. Tom. II. p. m. 237. Sie ist lateinisch geschrieben, daher geschah es, daß verschiedne teutsche Namen sich musten erbärmlich behandeln lassen, da es, z. B. dem Verfasser gefiel, das Stubenthor portam Stubarum zu übersezen. Anstehn kont' ich keinesweges, die hier folgende Nachricht von dieser Begebenheit abbrucken zu lassen, da sie nicht allein, teutsch geschrieben, sondern auch von einer gleichzeitigen Hand ist. Ob sie Original oder Kopie ist, kan ich nicht sagen; vermuthlich aber ist sie durch diejenigen Personen verfaßt worden, welche sich am Schlusse derselben, vor die Verfasser des Tagebuchs des Oberlausizischen Fähnleins angeben. Eine grosse Glaubwürdigkeit erhält sie

über=

überdieſes dadurch, daß ſie in den Hauptſachen mit
der obangezogenen lateiniſchen Schrift ſehr genau
übereinſtimmt.

Uiberflüſſig würd es ſein, wenn ich bei dieſer Ge=
legenheit, die Geſchichte dieſes ganzen Krieges; die
Entſtehung deſſelben durch die ſtreitige Wahl des Kö=
nigs Ferdinands und des Graven Johann von Za=
polla zum Könige von Ungarn weitläuftig erzälen,
oder gar unterſuchen wollte auf welcher Seite die ge=
rechteſten Anſprüche geweſen wären. Verzeihen aber
wird man mir's, wenn ich mich bei der Beilage zu die=
ſer Belagerungs Geſchichte, welche das Tagebuch und
die Nachricht von der Expedition der Sechsſtädte
in ſich faßt, etwas aufhalte; und ſie durch einige vor=
läufige Erzälungen theils zu erläutern, theils fortzu=
ſezen ſuche.

Laut des Schluſſes bei der Belagerungs Geſchich=
te, ward dieſe Nachricht — wo es immer zu bedauren
iſt, daß der Anfang fehlt, verfertiget:

durch wilhelm von der Leyhe der gorliter felt=
ſchreyber vnd her anthonius Kurſcheydt von
Rats wegen auß Budiſſin geſchickt.

Bei der Belagerung der Stadt Wien gab ſchon der
König Ferdinand dem Landvoigte in der Oberlauſiz
Zdiſlawen Bercken von der Dawb Befehl, die Ober=
lauſizer zu ermanen, aufzubrechen und auf Krembs
und Znaim zu ziehen. Die Urkunde davon lautet
folgendermaſſen:

Ferdi=

Ferdinand an den Landvoigt daß er die O. L. ermahne sich gegen die Türken bereit zu halten. 1529. Ex Cop.

Ferdinandt von gots genaden zu hungern vnd Behem Konig und Infant In Hispanien Ertzhertzog zu österreich marggrabe zu mer-hen ꝛc.

Wohlweiser lieber getrewer wir sein vngezweifelt vnsere Stende in oberlausitz vnd dw seint Nie-mals durch vnser mandat vnnd schreiben So wir In vnd dir ytzo kurtzlich zu zweymaln, noch enander getan genugßam erinnert was vorterblichen vnuorwintlichen schaden, der vorfolger Christlichs glawbens der Tur-ckisch kaiser vnnserm konigreich hungern vnnsern Ertz-hertzogthumb Osterreich auch andern vnsern landen zu-gefuget Nu konnen wir euch als vnnsern getrewen vnbertanen, nicht bergen dos gedachter Turkh was zwi-schen vnser stet Newstadt vnd wien, ligt alles vorprent vorhert vnd vorderbt hat vnd vor wien bis auf agelikß gestreufft auch die stat wien mit hereskrafft allenthalben belegt Nu wil vns als aynen Christenlichen konig vnd libhaber seiner getrewen, nicht geburn benante Stat wien, auch die dapffern Hawbtleute personen vnd dienst-leut dergleichen Im Reich nicht zu finden vnd netz in wien belegert sein also zu vorloßen, sonder Inen als vil vns ymer moglich die zu Retten hulflich zu erscheynen, dieweil aber solichs ane Hulff vnd beystant sonder personen, auch vnser getrewen vnbertanen, kayns-wegs geschen kan, hoben wir netzt abermals der Rc. kay: maj. vnserm genedigen Hern, und Bruder dem Romischen Reich denn Chur Fürsten vnnd allen vnsern

erblan-

erblanben, vnd vnbertanen gescһriben, vnb vmb Hulff
angelanget Vngezweifelter Hofnung der werde vns von
Inen in kurtz furherlich zu komen, Wir sein auch wil-
lens vns die tag von Hynnen zu erheben, vnb an Sant
Frantzißen tag auf dem Schloße zu prag zu sein doselbs
vns bey vnsern vnbertanen der kron behem vmb dapffere
schlewnigs hulff zu bewerben vns besameln vnd die Be-
legerten, zu wyen nicht zu verlaſſen domit sich aber vn-
ser getrewen unbertanen des marggrafthumbs Oberlau-
ßitz neben vnserm Furstenthumb Slesien vnd andern
auch hulflich vnd Beſtenbig ertzaigen, befelen Wir bir
mit gantzem Ernſt und wollen das du vnsern vnberta-
nen an vnser stat vleißig und aufs hochſt vormaneſt das
sie aufs ſterckts so nmer moglich enlenbs vnuortzuglich
auff Krembs oder Znaim zu tzschen kayner auf den an-
bern weygerban worlich die gros notturft eraischt soll-
chen Feynbt widerſtant zu thun Dan wo bos nicht be-
schege haſt u zu bewegen, bos er ber Turgfh nicht feyer
sonder ayn landt noch dem andern, vorhert vnd vor-
berbt Das alles wolſt unseren stenben in oberlaußitz
wol einbilden bos sie bos wol behertzigen sich gegen vns
hilflich ertzeigen sich nicht sewmen, bos wollen wir vmb
sie alle aynen ybеn insonberhait vnb dir in genaben
erckennen geben in vnser Stat Lyntz am xxbii tag des
monats Septembris Anno &c. Im xxix vnser Reich
Im dritten

Ferdinandus ꝛc.

Aufschrift.

Bei dieſer Gelegenheit machten dann die Stände
eine Defenſions Ordnung, auch ſchickte die Ritterſchaft
100 Mann zu Pferde und die Sechs Städte 400 Mann
zu Fuß und etliche Stück Geſchütz, zu Hülfe; welche
kurze Nachricht man in Carpzovii Anal. Faſtor. Zit-
tavienſ. II. 1. p. 306. findet.

Dieſer Türckenkrieg kam der Oberlauſiz ſehr
theuer zu ſtehen. Folgende Anzeige aus einem im Jare
1595 verfaſten ungedrukten Wercke, welches ſich blos
mit den verſchiednen Steuer Anſchlägen der Oberlauſiz
beſchäftigt, wird dieſes darthun. Daſelbſt heißt es:

Da die Stadt Wien belegert 1529. zu ei-
ner eilende hulffe gefodert 10000 marck. Vnd
vier Jahr die Zölle, Bier vnd Scheffelgelder
wie in Schleſien. Iſt im anfang alles ab-
geſchlagen. Hernach aber haben Land vnd
Stedte zugeſaget 28000 marck halb vom Lan-
de vnd halb von Stedten. Die Helffte auff
drey Purification Tage zu entrichten, ſo ferne
ſie mittler Zeit vmb keine andere Stewer be-
langet wurden. Haben ſich alſo Land und
Stedte mit einer ſolchen groſſen Summa abs
gekaufft, des Bier vnd Scheffelgeldes be-
ſchwerung der Leuthe zuvorkommen: da
Schleſien hingegen damit 3 Jahr, nicht mit
kleiner beſchwerung geſtanden, So dann weit
vber 200000 mrck außgetragen. Actum die
Laurentii 1529.

Etzlich pferde ſeind mit Caſpar von kotwitz
zur Dieſt, vmb Glogaw wonhafftig, biß
auff den muſterplatz zur Schweidnitz oder

A 4   neiſſe

weiſſe bracht ſehr langſam vnd nicht weither.
Darvmb auff vnterhandelung des H. von Ro-
gendorffs auß oſterreich, des zuges dahin
vertragen vnd 1100 marck geben, die die
Stedte geben müſſen. Die knechte hat eine
igliche Stadt daheimen beſoldet, vnd den tag
als man hat zihen ſollen, iſt die botſchafft den
abend zuvor einkommen, das der Türcke von
Wien abgezogen: Auff die zugeſagten 28000
haben nichts deſtoweniger 20000 müſſen er-
leget werden. Herzu ſeind etliche mal kom-
miſſarii geweſt H. John von Wartenberg
burggraffe zu Prage, H. Cunrad, H. Zdiſ-
law, D. Riebiſch, Grafe Vlrich zu Glatz ꝛc.

1530. trium Regum iſt zu Budiſſin eine
hülffe wider den Türcken geſucht. Item fol-
gende Jubilate vnd Exaudi, auff zweyen
Landtagen hat H. Baſtian von der Weith-
mule vnd der hauptman zu Budiſſin Nickel
Malſchwitz geſucht 200 Pferde auff 6 Mo-
nath, die Orthheuſer Gran, Blindenburg,
Camorn, Preßburg, Aldenburg ꝛc. eines theiles
zu beſetzen, eines theiles wider zu eröbern vnd
1 Julij abzufertigen. Mehr auch 200. pfer-
de, auffn fall ſo Deutſchland ſolte vberzogen
werden. Item ſo man willens den Turken
ins Land zu zihen, anzuzeigen, wie ſtark
man hülffe thuen möchte. Iſt dieſes alles
abgeſchlagen, So weit ire Mai. die zugeſag-
te Stewer der 20000 marck nicht noch laſſen
wurde.

1532.

1532. vmb Pfingſten zu Prage ein Land=
tag gehalten wider den Türcken.   Allda auff
ober vnd niderlauſitz ſo viel als auff Schleſien
geleget wollen werden.   Entlich beiden Lauſ=
ſitz aufferleget 250 gerüſte pferde.   Des man
ſich nicht vertragen mögen, ſo iſt dieſer an=
ſchlag noch blieben.

Ordnung der eingeleibten lande, aber un=
wiſſende des grundes

Merhern halb ſo viel als Beheim.

Schleſien halb ſo viel als Merhern, das
doch weith fehlet, dann die Schleſier gar weith
mechtiger, ſtercker vnd gröſſer den Merhern ꝛc.

Beide Lauſſitz halb ſo viel als Schleſien.
Vnd zu dem halben Theil gibt oberlauſſitz
den fünfften Pf. mehr als Niederlauſſitz, deſſen
ſich nachmals die niederlauſſitz zu thuen ge=
wegert.

Dieſe Türckenſteuer, wie ich in eben dieſer Hand=
ſchrift, aber an einem andern Orte erſehe, hub ſich
Dornſtag nach Johannis Baptiſte 1532. an, und
ward von 100 Mark, eine gefodert.   Dieſe Steuer
kam der einzigen Stadt Görliz, nebſt denen 83 Dör=
fern, welche damals dem Rathe, der Kirche, den Ho=
ſpitälern und einzelnen Bürgern gehörten, 736 Schock
33 Kreuzer zuſtehen, wovon die Stadt nebſt den Vor=
ſtädten allein 2197 Schock 27 Kr. einen halben Pf. lie=
fern muſte.   Unſre Nachricht lautet ferner:

Bald hernach iſt in dieſem Marggraffthumb
eine eilende hülffe geſucht, Turnaw, Preßburg
A 5   zu

zu befeßen vmb Kilianj. Da hatt D. Rie-
bifch auff kon. Commiffion gen Laubán ver-
taget, vnd gefodert hulffe, Büchfen, puluer,
kugeln vnd 10000 fo. zur Artolereh vnd mu-
nition des Gefchüßes, die der konig auff fich
genommen, damit das Reich beweget für
Wien zu kommen, wie denne gefchehen.

Die Befchreibung der Zurüftung zu diefem Kriege
befindet fich eben dafelbft an einem andern Orte, und
lautet alfo:

An. 1532. ein anfchlag zum Türckenzuge
gemacht, das die Landfchafft für fich etlich
30 pferde außgerichtet vnd nicht mehr. Die
Stedte haben fich gemühet vmb 50 pferde beh
H. Albrechten von Donaw auf Gräffenftein,
darnach bey H. Palßern von Biberftein auff
Forft, haben die Solde fo höch fürgefchlagen,
das man hat müffen davon abftehen vnd vmb
knechte zu bewerben, ein fendlin oder zum
wenigften 400. davon Gorliß zum dritten
Theil 133 knechte angeleget, die fie dann auch
gefchickt, in Wammes vnd hofen roth vnd
weiß gekleidet, vnter dem Rottmeifter Mat-
thes Weiffen, mit 5 Wagen. Der fechfte ift
gewest eine Büchfe, davor 3 Pferden.

In einem gefchriebnen Jarbuche der Stadt Gör-
liß fteht noch folgende Nachricht davon:

Um Margarethe lieffen die von Görliß Land-
knechte fchreiben zur gegenwehr den Tur-
cken, — die Landknechte zogen Sonnabend
nach

nach Jacobi, als sie in der Peterskirche Pre=
digt gehört, weg nach der Zittau, bekleidet
roth vnd weis zu roß vnd fuß 100 Mann —
Um Martini kamen sie wieder, und haben
nichts ausgericht.

In dem Jahre 1540 gieng die Sache von neuem
an, und der König Ferdinand gab dem Landvoigt
Zdislawen Bercken von der Dawb, wiederum Be=
fehl, das Land zu ermanen, sich bereit zu halten.
Die Urkunde, die ich in einer gleichzeitigen Kopie ge=
funden habe, lautet also:

Ferdinand von gots gnaden Romischer Hungri=
scher vnd Behmischer ꝛc. Konigk ꝛc.

Wolgeborner lieber Getreuer.

Nachdem wir dir, wie due wisset, In vorschinen
Monat, Februario, von Lutzenburg aus, schrifft=
licher zu erkennen geben, das vns durch den wolgebor=
nen vnsern lieben getreuen Jheronimum Laßko entzeigt.
Das sich der Turkische Keyser auf beschene vnderhand=
lung gegen der Bepstlichen heiligkeit, der Ro. kay:
maj. vnserm lieben Bruder vnd hern, Auch vns, und
dem Venedischen potentat, Sechs ganter monat lang
Inn einer friedlichen anstandt begeben Vnd nachdem
die Zeit, des friedlichen anstands sich umb Joannis
Baptiste itzt negstkunfftig endet: Wer hoch von notten
sich mitlerweyl dartzue bereit zu machen Begerend due
wollest dermassen versuchen das die Stende Inn Ober=
laussitz Inn gutter Bereitschafft weren: domit solche
Ir bewilligung vor der Hand, vnd das krigsvolck ge=
wieß, auf Joannis Baptiste bereit sein mochten wie
denn

denn solch vnser schreyben ferrers vnd außbrüglichers
Innhalts ausweiſt. Wiewol wir wie due zur gnuge
Inn erfarung kommen, vnſer getreuen vnderthanen,
vor vbrigen vnkoſten vnd außgaben, mit dem hochſten
gern verſchonen, Weil aber die notturfft erheiſcht, vn-
ſer konigreich vnd Lande vor vnuorſehenen vberfahl Inn
guter verwarung zu halten, vnd das ſich die Zeit des
frieblichen anſtandes izt Joannis endet. Haben wir
vnſer Landſchafften vnſer Nieder Oſterreichiſchen Erb-
lande, mit Jrer beharrlichen bewilligten hulffe an die
Grenitz zu tziehen, Inn meynung vnſere Lande vnd Gre-
nitz gegen dem Erbfeinde dem Turcken, vor vnuorſe-
henen einfahl vnd ſtreiffzugen, ſo viel zu thun muglich,
zu beſchützen vnd zuuerwaren, beſchrieben vnd anzu-
tzihen verſchafft. Damit nue die Stende ſolcher ver-
warung auch er Innert Inn gutter behut vnd bereit-
ſchafft ſein. So iſt an dich vnſer Beuehl, due wol-
leſt den Stenden ſolches ſchriftlich zu erkennen geben,
Sie vnſers Lutzenburgiſchen ſchreibens vnd dieſes vn-
ſers itzigen ermanens, er Innern, das ſie Inn guter
bereiſchaft vnd gefaſt ſein, wenn ſie durch vnſere, ober
vnſer geliebſten gemahl ſchriftlichen beuehl ferner ver-
mant vnd erſucht; das ſie von ſtund ane wegerung vnd
ausſlucht mit Jrer bewilligten beharlichen hulff, an die
orth dahin ſie beſchrieben werden, zeihen vnd rucken.
Aber ee vnd zuuor es die notturfft erhaiſcht, vnd damit
ſie ihr ſehen vnd ſpuren mogen, das wir ſie als die
feregeſeſſenen, vnd die andere vnſere getreue Landſchaf-
ten vnd vnderthanen vor vbrigen vorgebelichen vnkoſten,
gern verhutten wolten, ſeint wir Jrer zuuerſchonen,
mit dem hochſten geneigt, Wolten wir dir alſo hiemit
auferlegt vnd aufzurichten bevolen haben. An dem al-

len

len beschieht vnser gantz entlicher willen vnd meynung.
Geben Jnn vnser vnd des Reichs Stadt, Hägenaw
den iiij tag Junij Anno rc. rc.   Jm rj vnser Reich,
des Romischen Jm zehenden, vnd der andern aller Jm
vierzehenden

　　　　　Ferdinand rc.

Wolff de krans S. Ro.
Bohemie Cancellarius   Hr. v. Lupan

　　　　Auffschrift.

Dem Wolgebornen vnsers kenigreichs Behem Ober-
sten Landis, vnd vnser beider liebsten Sunen
der Jungen Ertzhertzogen, Hoffmeister, Auch
Lantvogt, Jnn Oberlausitz und lieben getreuen
Zvislawen Vercken von der Dawb vnd Leippe auf
Reichstadt.

Diesen Befehl insinuirte also der Landvoigt den Sechs
Städten, und im Jahre 1541 als die Türken Ofen
einnahmen, machte man grosse Anstalten zum Zuge,
wovon mein oft angeführtes Manuskript folgende Nach-
richt giebt:

　　Als der Türke die Stadt Ofen eingenom-
　　men 1541.   Darauf sich die Behmen gerüstet,
　　Erstlich mit 6000 zu fusse vnd 2000 zu Rosse.

　　Dergleichen die Schlesier sich auch geschickt
　　mit 4000 knechten.

　　Wegen der furchte der Merhrer haben die
　　Behaimen die rüstung gesterckt und den an-
　　schlag gemacht auff 8000 zu Rosse und 24000
　　zu fusse: wiewol es zum zuge nicht kommen.

　　　　　　　　　　　　　Wegen

Wegen dieſer Zuſagung haben Land vnd
Stedte in dieſem Marggrafthumb ſich ſchul-
dig befunden gleichformig zu halten.   Ha-
ben einen anſchlag vnter ſich gemacht auff ein
fendlin knechte mit 500 Soldenern.   Mit
dieſem anſchlage haben ſie ſich nicht vereini-
gen mögen.   Die Landstende haben gedrun-
gen auff die alte ordnung Das ſie 1 Pf. vnd
die Stedte 2 Pf. geben ſolden, des ſich die
Stedte beſchweret —   ſolde alſo die anlage
gleiche ſeiu.   Iſt aber nach vielen gebeiſſe da-
hin kommen, das die Stedte 280. Solde-
ner, und die Landſchaft 220 auf ſich ge-
nommen   —

Die Stadt Görlitz hat den dritten Theil
von der Summa genommen 93 Soldener,
darzu auff ſich genommen 20 Solde: dieweil
die Summa nicht groß, vnd die kriege ſchwer,
thut 113 Solde, Je auff einen Soldt 4 Fl. Rhl.
Auff die andern Stedt aber kommen 167
Solde 2 Monat lang —

Alſo ſein Knechte anzunehmen

Budiſſin	80
Görlitz	110
Zittaw	60
Luban	30
Camentz	20
Lobaw	10
Thut	310 knechte.

S.

So gebrechen noch 40 knechte — dazu giebt

Budissin	407	½ fl.
Görlitz	880	—
Zittaw	659	—
Luban	258	—
Camenz	177	—
Lobaw	178	—

2559. ½ fl.

Die Landschaft hat angegeben, daß auß iren mittel 25 iunge Edelleute zihen wurden: gebühret iglichen Duppelsoldt thut 50 Solde, vnd ein iglicher muste haben einen Buben oder Drosser dem gebühret simpel soldt, thut 25 Soldt. Die Doppelsoldener wehren die 2 webel, furirer, fürer, 2 spilleuthe, leutiger, feldschreiber, Zalmeister, prediger, Barbirer, Profoß oder Stabknecht thut 24 Solde Hauptman, den die Landschafft haben wolten 10 Solde. Fendrich den die Stedte bestellen sollen 8 Solde. Tut aller Doppelsoldener 117 Solde.

Es sollen auch ettliche Solde in vorrath bleiben, die knechte mit Bley und puluer— zu versorgen. Darauf sein 33 Solde gerechnet. Bleiben allenthalben 350 Solde, darauff die knechte, wie verzeichnet, angenommen. Nemlich also

25 Edel·

25	Edelleute, doppelt	50
25	Droß simpel	25
12	Doppelsoldner	24
1	Hauptman	10
1	Fendrich	8
33	zum Vorrath	33
		150
	vor die knecht	350
	sind	500 Solde.

Als aber kön. Mai. einen friden bey den Türcken gesucht vnd biß auff Georgü erlanget, So ist die hülffe vnd der zug aus Beheim vnd Schlesien auch allhie nachbliben.

Also blieb es nur bei der Zurüstung, und aus dem Zuge ward nichts. Und hiermit sei es genug von der Verfassung der Oberlausiz, und ihrem Verhalten bei den Türkenkriegen. Wir wollen nunmehro die Nachricht von der Belagerung der Stadt Wien selbst vornehmen.

Wy der Turckische Keyser In Hungern Für Offen von dan In deutsche randt Fur Wyen gerugkt vn belegert, 1529.

Sultan Sulleyman turgkischer keyser, Eyn erb Feyndt des heyligen cristlichen glaubens, hat In allen seynen kenigreichen und landen eyne große schatzung auffgeleget vn unmüglich zu beschreiben ist, so er vn eynbracht, ist er aus Constantinopel in Bulgaria ausgezogen, nach dem Hunger Lande auff anhaldung graff

graff Hanſes auſem Zips, mit aller ſeyner Rüſtung vnd
Krigesvolck In dy virmolhundert tauſent ſtarck zu Roß
vnd Fuß geruſt vnd zubereydt, mit 300. buchſen Felt-
geſchutz vff redern, mit ſampt 5 Hauptſtucken, auch
biß In dy vyr hundert ſchiffe, welche mit krigesru-
ſtung profiant pulver ſteyne vnd aller notturfft wol be-
laden vnd 22000 Cameltyr, dorauff er melh Futter
vnd harniſch gefürt des Furnemens vnd willens; die
criſtenheyt vnd zuuer deutſchlande zu beſchidung vnd Im
vnderthenigk zu Machen, dorzu Im groß hans außem
Zips eyn hefftiger Feyndt der gantz deutſchen Nation
hulff Rath beyſtant mit allem ſeym volcke vnd aller hun-
gern zugeſaget, vnd ſunderlich das loblich haus oſter-
reich zur ſchleyffen vnd zu nichte zu machen, vnd zuuor
allen hungeriſchen hern potentaten vnd geſchryben Er
kweme graff hans Ihren konigk In dy kran hungern
eynzuſetzen, den fur meniglich zuuerteydigen welche dem
nicht gehorßamt ſeyn würde dy zu ſtraffen vnd dy vn-
gehorßamt mit allerley grauſamkeyt vnd tirannej zu
vertilgen dy dem gehorchen bey Irer Freyheit ꝛc. ꝛc.
zu halden

Auff ſollich grauſame Drohung haben ſich Funff-
kirchen, Stulweyßenburg, peſcht vnd andere Ime
vndergeben, Alleyn dy ſtat vnd ſchloß offen, dorIn
ij Fenleyn knechte vber welche Criſtof peßerer vnd hans
traubinger Hauptleute geweſt, etzliche deutſche burger
vnd binſtknechte vnd betlem nifolaſch mit 800 hungern
dy ſich nemlich zu kegen were geſaßt.

Do aber der T. k. fur dy ſtat offen kemt mit vber-
ſteigung viel geweldiger ſturme haben dy Knechte das
Rytterlich vorgehalden.

B   Dyweylt

Dyweyls zu keynen ernst vnd widerstand gebauw=
et, sunder alleyn eyn Koniglich Lusthaus gewest, ha=
ben sich entlich dy Knechte mit teydigung müßen mit
sampt dem schloße ergeben mit vielen Zusagung aber
nichts gehalben, wy des turgken art ist, vnd die Knech=
te alle vngeuerlich bis vff 60 douon komen dy andern
alle erhawen.

Noch sollicher gluglicher eroberung der stat vnd
schloß offen, het der T k das schloß vnd stat offen dem
trewlosen meineidigen graff hansen vom Zips, vnd dem
Hertzogen Ludwig Gritti zv venedig In beuelh gegeben
mit 5000 zu Fuß und 3000 zu Roß, das In gutter
achtung vnd hut zv halben vnd bewaren.

Vnd seyn Zugk In osterreich auff wyen zu furge=
nommen, vnd dy schloßer vnd vesten an der Tonau ge=
legen, als plyndenburgk Grana Gomorn vnd olden=
burgk, durch williglich vndergebung eyngenommen, an
welchen Iden flecken, wo sich dy Leuthe dor In wy sy
zu thun schuldig geweft, und sonderlich der bischoff von
gran, der stat und schloß Gran alle vrsach wider sey=
ne pflicht, eyde, ere vnd christlichen glauben, dem turg=
ken, ehe vnd Offen gewonnen vbergeben hat, vnd er
selbst Turgkisch ist worden, treulichen gehandelt sich der
turgk auffs wenigste etzliche tage vnd wochen bis Kö:
Majestet eyn trefflich krigsvolck zusamen pryngen mo=
gen, hir semme vnd hinderm müßen, do durch sollich
vnbewohnlich verderbens des Landes osterreich, das
zu langen zeyten der halbe teyl nymmermer zu fruchten
gebracht werden kan noch magk, auch das zum hechsten
zurbarmen das uolk von mancs und weybesperfonen,
kleynen kyndern, vnd vil der schwangern frawen, so

hynweg=

hynweggefurt, des meyste teyl nyder gehawen vnd graufamlich domit gehandelt, durch vorhaltung diefer flecken vorhuthet megen werden, vnd der turgk der angehender strengen winterzeyt fo lang nicht bleyben oder fo weyt herauff rugken vnderstehen mogen.

Im schloß albenburgk seyn etzliche bemen gelegen, als der turgk dorfur kommen, haben jn Jm das an allen getzwangk vbergeben, haben sich Jn nichte zu were gestalt, an keyn schus heraus gethan.

Als der Turgk gen brugk an der letzten, nicht weyt vnder wyen gelegen komen, vnd das stetleyn erfordert, haben sy sich untereynander berathen, vnd zwen burger zu dem turcken geschickt mit Jm vmb gnad zu handeln, hat Jnen der turgk, dyweyl sy sich Jm willig vnbergeben, fo sal Jnen Jr leyb leben, weyb vnd knudt Jre heuser vnd alles was sy haben, geschengkt seyn, vnd het den ij gesanten, alsbalde geboten Jre rocke auszuzihen, das sy von stund an gethan, hot er eym Jdem eyn Sametin schauben laßen anzihen, vnd sy Jn dy stat geschickt mit sampt seyner zweyen Heuptleuten, welche Jnen vnd der stat zu schutz gegeben vnd verordent worden seyn Do des turgken tyrannej vnd graufam wuttung auch das der alle Flegken an der Tonau eingenommen, vnd das der seyn Fortzug auff wyen wendet erschollen ist, hets eyn großen schrecken und Forcht nicht alleyn Jns volck zu wien sunder Jn gantz Kernten, Steyermargk vnd ander vmbligenden kegent getriben, derhalben am xvij. Tage Septembris beschehen dy Flucht von weyb vnd kyndern, auch Namhafftigen wolhabenden burgern, dy Jn gemeyner stat Aempter vnd Rats-

B 2   freunde

freunbe gewesen, vnd seyn also nicht mer als iij Rats=
hern sampt dem burgermeyster vnd Richter In der
Stat wyen blyben, dy weyber vnd kynder seyn ben men=
sten teyl, In der turgken handt komen mit denen gantz
tyrannisch vnd erbermlich gehandelt auch so grausam,
das es nicht wol moglich zu beschreyben welchen grosen
Iammer billich eyn Jezlichs cristlichs hertz zu gemüth
nemen mocht/ vnd got bitten vns fur sollichen zu behuten.

Als aber der K. maiestet vorwalber vnd kriegescom=
missarii Räthe vnd heuptleute dy eylenbe vnd vnuerse=
henliche ankunft des Tur: gesehen, vnd so eylende mit
seyner treffentlicher macht sich in das velt, bem Feynde
entgegen zu legern gefast, Haben sy alsbalbt In der
stat zu bleyben beschloßen, vnnd berhalben dy stat be=
ster stätlicher zu halben, bie gantze vorstat dy weyt und
vil vmbfangen, dy zur halben vil volcks dorzu von not=
ten seyn wolbe haben sy dy Vorstat zuuerbrennen vnd
zur schleyffen vororbent Dorauff der K. mt krieges=
commissarij Räthe, Heuptleuth ebel vnd gemeyne kri=
geßknecht bey eyanber zu bleyben, dy stat vnd das treff=
lich geschutz, bor Innen so lang Ir leyb vnd leben we=
ret zurhalben, vnd von wegen christliches glaubens zu
sterben vnd gneßen, sich zusam verbunben, borauff sich
Ybermann In der stat zu gegenwere stellen vnd schicken
müßen Den heuptleuten Ibem seyn Fleck bey der mawer
zuuorsehen verordnet worden.

Wy dy stat wyen zur were verord=
net ist

Erstlich bem burchlauchtigen hochgebornen Fursten
vnb herren hern philippen pfaltzgraffen beym Reyn her=
tzog

zog zu Bayern ꝛc. ꝛc. (der sich In dise ferliche belege=
rung selbst gutwilliglich begeben hat) und ben andern
des henligen Reichs Heuptleuten das quartier beym
stubenthor, bis auff halb kreinter virtenl.

Zum ander quarttir von dem andern halben tenl
des kernter virtel des stubenthor bis zum biberthurm
von dem gar an Rothenthurm, eingegeben vnd den hern
ecken von Reischach heuptman vber iij. M. knechte das kre=
nertho von des Reichshauffen bis auff S. augustin
kloster znuerhuten beuolhen gewest.

Zum drytten quarttir von dem Reischach, abel von
holneck heuptmann vber den Steyrischen hauffen bis
In garten neben der prügken Innen gehabt.

Zum virden, her Leonhard Frenher zu vels heupth=
mann vber dy knechte des alden Hauffen das burgkthor,
vnd schloß purgk bis an schotten thor vnd das schotten
thor bis an Juden thurm, Hern Reynprecht von ebers=
dorff, heupt: vber ij. Fenlenn knechte.

Zum funfften von gemelten thurm das quartir Im
ellend, dy Hispanier, dy dornach zu helff des kreneters
thor virtenl von wegen Jrer halben Hocken von dannen
genomen zuuor waren verordent ist worden.

Zum sechsten vom thurm In ellend het her ernst
von brundstenn oberster ij tausend bemen sampt herh
wilhelm von warthembergk zwen thor gegen der Do=
nau, das wermer thor vnd salczthurm und den Roten=
thurm sampt graff hausen von harbeck heuptmann
vber ij c pferde bis an des Reichs volcks In beuelh
gehabt.

Wy das geschutz verordent

Noch sollicher austeylung und verordnung der quarttir ist das geschutz uff alle fleck und thurme zuuerschicken herfurgezogen worden und sunderlich auff den Kerntner thurm trefflich stücke buchßen gezogen, der auch etzlich von wegen des steten und hefftigen schynßens zursprungen, aus welchen dy gantz belegerung weyt und breyt umb dn stat und In das Felt arbeyten und schißen het megen, domit dem turgken großen schaden zugefuget, wy denn das dy gefangen turgken und mamelugken selbst bekant.

Es seyn auch alle thore vermawert und verpolwergt worden alleyn das thor unter dem saltzthurm ist offen blyben, das man doburch hynaus In dy turgken het fallen megen.

Dy streyt schiff noch wellyscher monyr zugericht, dyweyl man derselbigen wellischen schiffleut nicht hat megen erwartten, seyn dy schiff zum teyl verbrant auch versenckt und der wenigk loßen bleiben steßen

Wy sichs zugetragen, ehe der gewaldig hauff komen ist

Dyweyl aber nichts bester minder het by Berennung der stat und streyffung der umbliegenden Flecken fur ankunfft des gewaldigen hauffens bey jjj tagen furnemlich am xri und ij tag Septembris an unnderlaß geweret und der wyener ringe pferde mit dem turcken stundlich geschermutzelt, derselbigen viel gefangen und der erschlagenen Köpff teglich In die stat bracht.

Am xriij tage Septembris seyn bey V leichter pferde dy graff hans von Hardeck In verwaldung gehabt

zum

zum Stubenthor Jn dy Feyndt gefallen, aber dy turgs
kische Hußern haben dy Jn dy Flucht geschlagen vnd
der iij vmbracht vnd vij gefangen vnder denen cristoff
von Zedtliß Fendtrich gewest, dorzu haben dy hußern
iiij arme menschen bey S. Marx Jm sichhause liegende
Jre Kepff abgehawen, vnd den vij gefangen Reuter
auff Jhre spiße gesteckt, dy haben sy mussen fur den
T. K. tragen.

Den xxiiij tagk Septembris seynt eine große men-
ge der Naßern schiff bis Jn dy 400 an dy Tonau ko-
men, haben dy täber vorprent dy brugken abgeworf-
fen und allen vorrath zu der brugken vorbrent.

Jn dem het der T. K. die gefangne gefraget, ob
dy heuptleut Jn der stat Jme nicht wolden dy stat auff-
geben, sy wurden sich doch seyn nicht mogen erweren
Haben dy fangene geantwort sy wolben sich weren, die-
wejl sie leyb und leben het das den T. K. hart verdros-
fen sunderlich do er von den gefangen gehort daß dy stat
20000 knechte vnd 2000 pferde besaßt, vnd wolbe den
kenig sampt andern Deutschen suchen vnb solt er Jm bis
mitten Jns Reich besuchen, auch hat den T. K. ver-
drossen, das wyner Jr forstat selber hetten ausgebrant
vnd zurschleysst.

Nach sellicher frag het der T. K. den fenberich cri-
stoff von Zetliß mit seyden vnd gulden stucke becleyden
laßen vnd des andern tages iiij auf den gefangnen le-
dig geloßen eym Jden iij turkisch ducaten geschickt vnd
dy zu den hern krigis commissarien geschickt den loßen
ansagen, sy solden Jm dy stat williglich vbergeben so
wolt er mit Jnen einen vertragk machen Jn der forstat,
nymant von seym volck hynein komen loßen, wo sy des

B 4   zu

ju thun nicht gesonnen, wolt er von dann nicht sich ver: rugken bis er d) stat erobert alles todt geschlagen vnd d) ju asche verbrente, den es wer eyn got, eyn hymel, so solt auff erde auch nur eyn her vnd Regent seyn, das wolt er seyn, vnd seyn kopff nicht sanfte ju legen, bis er die gantze Cristenheyt vnder seyn gewalt brechte.

Da aber d) wyener den T. K. an antwort geloßen, het er sich In seym grymme auffgemacht vnd mit eym gewelbigen hauffen In guter schlachtordnung der stat Wyen jugenahet, In dem Zuge d) stat brugk an der leytta vnd schloß trauthmansdorf gewelbiglich erfordert, d) sich mit jusage vnbergeben dor Jnen der T. nymant schaden gethan, Im abjihen vnuorwust bleiben lassen noch gemelter Flegk eynnemung, den stickman vnd d) Im vorrenen dere der meysten teil keyn 'solt haben, alleyn auff gewyn vnd Raub auzjihen ob 40000 starck weyt vnd breyt auff alle fegent verschickt, d) sich In das Lant hynauff ob der Ens vnd hynein In d) steweu: margk jurstreihet, dnselbigen flecken allenthalben durch: schleufft vorwust vnd vorbrendt, d) leut vil tausent Jemerlich ermort, erschlagen, vnd weggefurt, vnd das jum erbermlichsten, d) Kynder auß mutter leybe geschnyten, weggeworffen oder an d) spiß gesteckt d) Jungfrawen der corper man vil auff den strassen vindt ligen bis In todt genottiget, der selen alle got genedigk sy, vnd dem blutburstigen auch entlich got syn lon gebe vnd sollichs vbel nicht vngerächt laßen wolle.

Auff den xrv tagt Septembris seyn ij Fenlejn knech: te von Nurinbergk vnd d) letzten des Reichs Knechte In d) stat wyen kemen, aber ju Dreßmawer seyn sy von schiffen ausgetretten vngestummigkeit halben der
wyn:

wynde nit weytter mogen auff waſſer faren vnd vffm
landt zu fuſſe gegangen, do ſy zwiſchen Dreßmawer
vnd bullen kemen ſeyn Jnen vil tapffere burgere von
wyen Jn der Flucht begegent faſt bis Jn 5000 mit weyb
vnd kyndern vnder welchen vil ordens leut pfaffen men-
che nonnen, auch ſonſt auffm ſchiffen bey drey oder
iiij tauſend perſonen, dy alle mit Jrer habe mit eym
erbermlichen wandel vnd geſchrey gezogen, das es eyn
ſteynen hertz het mogen erbarmen, welche alle hynnoch-
mals den turckiſchen huſſern vnd reutern Jn dy heude
kemen alle erwurget Jre guth geraubet.

Belegerung wyen

An xxvj tagk Septembris iſt der T. K. mit aller
ſeyner Macht auff landt vnd waßer fur dy ſtat wyen
gezogen dyſelb zu rings vmb belegert, ſeyn leger ſo weyt
breyt vnd dick Jn eynander geſchlagen, das man doſelbſt
auff dem hohen S. Steffansthurm nicht vberſehen hat
megen, bey ij meylen wegs breyt, berg vnd tal vol
Zelten Jn eynander geſteckt geſtanden, ſeyn des T. k.
leger bis auff Schwechet vnd trauthmansdorf hynab,
vnd des Ibraym waſcha, des T. k. erſter Verillifer
Secretarj Oberſter heupthman und gubernator des gan-
tzen turckiſchen keyſerthumbs vnd krigs volcks kegen der
ſtat von der Tonau bis auff das wyener geburge weyt
geſchlagen geweſt, vnd Jn der mitte des keyſers leger
all ſeyn vekgeſchutz, wy all gefangene turgken und kunt-
ſchaffter gelaubt bis Jn dy 300 ſtuck mit allem ferteyl
zu eyner ſchlacht mit auffgeworffenen graben vnd ſchan-
tzen geſtelt und er der keyſer mit ſeyner perſon an eynen
Platz darJn Jn ſeynen Zelten, dy alle Jnwendigk

B 5   mit

mit gulden ſtucken vnd gulden poſten noch gewonheyt
der turgken bedeckt, auſſerhalb aber In der hech mit
gulden knepffen beſetzt, vnd vmb ſich 500 trabanten mit
handtbogen, fur dem geſchutze ſeyne Janiſcheren, auff
welche er alle ſeyn hertz vnd troſt ſetzt, dy auch eyn
Keyſer zur welen gewalt haben, bis In dy 12000 ge=
habt vnd gelegen Dy andern ſeyne waſcha, Zantſches
vnd heuptleute, als der waſcha auß Smedray der
waſcha mosſtarckj, waſcha auß Natalia, waſcha auß
waßa, und andere haben die leger noch lenge der ſtat
bis auff den kalenbergk hart In eynander gehabt Dy
Naſſern ſeyn von der ſtat neben dem waßer auch ſehr
bis auff nusdorff weyt gelegen, vnd Nochdem dy turg=
ken am anfang geſehen das ſich das krigsfolck In der
ſtat der maſſen zur kegen were geſtelt vnd dy meyſte ar=
beyt mit dem geſchutz In dy vorſtat zwiſchen der ver=
prenthen heuſer gemeuer vnd auſſerhalb der vorſtat mit
groſſem geſchutz gelegert dem krener thor vnd were auff
der ſtatmawer hefftigk tagk vnd Nacht an vn=
derlaß zugeſchoſſen alſo das ſich dy In der ſtat myndert
mer auff der mawer bey den Zynnen ſehen noch blicken
haben geturfen vnd vil alſo vnverſehenlich zum erſten
auff der Mawer erſchoſſen worden, vnd dem turgken
hynaus wenig ſchaden thun mogen, deshalben das ſy
vnder den gemewern gelegen doburch Jre Schyßlöcher
gemacht vnd gantz gewyß geſchoſſen, das dy decher auff
den heuſern neben der ſtatmawer voller pfeyle wy eyn
burſte geſehen, denn ſy mit den handbogen hefftig
geſchoſſen.

Es ſeyn auch dyſen tagk von den wynern ij gefange=
ne turgken wider hynaus Ins leger geſchickt, ab mit
vorbun=

vorbunden augen durch dy stat vnd wache gefurt vnd
Jtzlichem iij Ducaten zur Zerung gegeben, dem tur=
cken anzusagen sy hetten auch gelt, vnd die vorstat sey
Jm schon gereumpt, er zihe dorein wen er wil, aber
der andern stat, so er erfordern, kenden sy der nicht
entperen, sy dorfften der selbst.

Am xrvii Septembris seyn des turgken Naßern
schiff bis Jn 500 herauf bis zur langen prugken ge=
rugkt, dyselb sampt der brugken Jm Wolff vnd dem
táber angetzundt vnd verbrant vnd sich oberhalb dersel=
ben an das landt gelegert, das denn warlich zu ab=
schreckung vnd nemung der profiant auch nyberlegung
aller post vnd hilff nicht eyn kleyner schade, sunder eyn
mergklichster vnd grofer Machteyl gewest, Seyn der
wyner gerúste pferde und bey 3000 knechte hynaus zu
Jnen gerugkt vnd den schermutzel angeboten, aber dy=
weyl sy keyn gewelbigk geschutz mitgenomen, haben sy
den Nasern nichts sunderlichs abbrechen megen, denn
dy von stundan auß Jren schiffen geflogen vnd zu den
andern am landt gen nusdorff geflogen, doselbst wy
obgemelt allwege Jr leger gehabt Acht ist dy stat wyen
von den turgken vmb und vmb auff wasser vnd landt
zu ryngeß umb schwerlich belagert worden, alle stroßen
vnd paße verspert, dy brugken auff dem wasser abge=
prendt und das wasser von den Naßern gewelbiglich
entnomen worden das nymandt mer zu der stat noch sie
hynaus het komen mögen auch keyn profiant mer zuge=
furt werden, vnd alleyn an dem gestanden sich vmb
leyb vnd leben zu weren, des denn, denen Jn der stat
mit der kleinen meng, so gegen des turgken macht
dorinnen gewest und furnemlich der grosse vbereylung
des

turgken vnd vnuerſehenlichs halben der ſtat, gantz ge=
ferlich myſlich, und wy eyn Jder leichtlich het zu be=
wegen ſorglich geſtanden.

wy es Jn der ſtat gelegen

Vnd ſonderlich noch dem berürte ſtat wy Jetzt ge=
melt vbel und boſlich befeſtiget nur eyn ſchlechte albe
bauffellige Rinckmawer nicht vi ſchuch bigke auff eyn uff=
geworffen walle mit keynen ſtreichweren durchauß ver=
ſehen, vffgefurt, vnd eyn ſchlechten trugken graben
vmb ſich gehabt, das ſich auff dyſelb alß zu eyner ke=
gemwer durchaus nicht zuuorlaſſen Sunder alleyn das
krigesvolck Jr daten kurtz auff Jr eigen hand ſtellen
muſſen der zu weyntſchachig vnd vil leute bedurffig, mag
meniglich bedengken, mit was troſt vnd behertzigung
dy Jn der ſtat ſo wenig als vber 16000 werhafftiger be=
ſolbeter krigsmenner nit ſtarck, der burger vngeferlich
vber 1000 (denn dy andern vnd meyſten, vber das ſich
ſo eyn treffentlicher hauffen als von Furſten, geporen
graffen und Herren, dy an der ende an Jren Guttern
nichts zuuerlieren gehabt, Sunder erenhalb vnd zu erret=
tung der criſtenheyt das beſte gethan)all aus der ſtat gewi=
chen nicht vorhanden gegen eyner ſo vnglaublichen macht
des turgken, der wy alle gefangene turgken, entronnene
criſten, und kuntſchaffter geſaget bis Jn dy dreyhundert
tauſent ſtarck, doch auff das wenigſte der halbe teyl pöfel
volck Jtzo fur dyſer ſtat gelegen, ſich zu kegenwere ſetzen
und ſtellen ſollen, Sunderlich dyweyl ſy ſeyns furnemens
und kriges furnemens wy er der turgk anderswo auch
gehandelt eyn wyſſen tragen, aus furſorg ſolliche kleine
macht Jn der weytten ſtat an allen Oerten vnd plätzen
aus=

4

ansteylen und quartiren und vorauff stuntlichs tagks
vnd Nachts des sturms vnd vberfallens, so er an allen
orthen myteynander zu thun willens gewest gewarten
mußen.

Nichts besto weniger haben sich der obgemelte Furst
pfaltzgraff philips k. mst: verwalder der obersten Feld-
haubtmanschafft Graff Niclas von Salm der elder,
her Wilhelm Freyher zu Rogendorff und melbergk ꝛc. ꝛc.
oberster veltmarschalck und andere verordente krigeß
kommissarj und Räthe, heuptleute und gemeyne eerlich
krigeßknechte In genanter vnbefestigeten stat, also fin-
den loßen vnd by gantz belegerung, souil Inen meglich
und menschlich gewest Rytterlich gehalden vnd also by
knechte am xxvii Septembris bey drithalb taufent starck
zum kerneter hynaus In by vorstat gefallen, der turg-
ken ungeuerlich bey 200 vnd ij ansehenliche Namhaff-
tige heuptleute erschlagen vnd von Knechten nicht iij
vmbkomen, wo sy eyn virtel stundt ehr hinaus gefallen
weren, den Ibraym obersten heuptman ꝛc. ꝛc. der by stat
selbst besichtiget, ergryffen hetten, wo Inen byse schantze
gerate, hat man zu bedengken, das biser krigk mit beßerm
nutz volendet wer.

Dywenl dem turgken, der denn nicht anders ge-
meynbt, es werde vor seyner großen macht Iberman
aus der stat weichen vnd byselbig also lärk finden oder
aber mit allerley graufam erzeugen schrecken und bewe-
gen by stat von stunban auffzugeben, auß welcher vor-
muttung vnd verechtlichkeyt er denn alß seyn groß ge-
schutz, gemewer zu prechen fuglich wy obgemelt hyn-
der seyn daniden auff den schiffen und gallern stehen ver-
laffen, vnd aber gefehen, das sich In der stat gewel-

' biglich

diglich zu kegenwer geſtelt haben, all ſeyn anſchlege und
practicken zu Rugk gegangen het er ſich vnderſtanden
dy ſtatmawer mit Puluer zurſprengen vnd die ſtat mit
allerley Fewerwergk ſunderlich Fewerpfeylen, der er faſt
vil hineyngeſchoßen vnd ſunſt durch vil heymlicher pra=
cticken, wy man hyn noch, drey deutſche, ſo dy ſtat
an vil Orten angezunbt ſolt haben betreten und des=
halben vierteyln het loßen, anzufeweren, vnd dy mawer
an vil enden vnbergraben, das dy In der ſtat nicht ge=
wuſt an welchen Ort biß ſy Im ſtatgraben einen turg=
ken gefangen, der allerley gelegenheyt des grabens an=
gezeuget und borkegen dy In der ſtat under dem Ker=
nerthurm den turcken zu entkegen gegraben, vnb dy
turcken von Jrem graben vortryben Jnen Im loch etz=
lich kamer mit puluer anzuſchütten angericht genomen,
des der turckiſch Keyſer ſehre erſchrocken, vnd das alſó
erwart, aber der turck het nicht gefewert mit ſchiſſen
aus volckommen ſchlangen valcknetleyn vnd hantgeſchütz,
keyn Ruhe gehalden ſunder ſtetes geſchoßen.

Aber der turgk het ſeyn heyl offte verſucht, iſt Jm
doch nye geratten und allweg durch dy In der ſtat
abgetryben.

Am xxviij Septembris ſeyn iij Fenleyn knechte zum
purckthor mit etzlichen reutern hynaus gefallen und ob
300 turcken vnd den oberſten heuptman der Janiſche=
rer erleget, ſeyn auch denſelben tagk vij hußern am ſcher=
mutzel In der ſchettenau durch dy reuter erſtochen wor=
den, auff der wyner ſeytten ſeyn vij Lantzknechte
umbkomen.

Denn xxix Septembris het der Wikthum als ko.
mjt. eberſter profiandtmeyſter, eynen Jtzlichen heupth=
man

man vff seyn Fenleyn einer Itzlichen Rothe j lebendigen
ochssen unb saltz eyn notturfft dorzu gegeben, dennam
profiant feyn mangel gewest, dyweyl sie zuuor mit brot
unb weyn wol versehen waren.

Dysen tagk seyn auch etzliche knechte zum schotten=
thor hynausgefallen unb etzliche turgken erleget.

Auff den xxx Septembris hat der turgk bey den
schlagbrugken der Lantzknechte Wacht aufgehaben etzli=
che dorauff erstochen by andern hyneyn getrieben.

Auff dysen tagk must eyn Itzlicher Feltschreyber seyn
quarttir Jnuentiren, was Jn seynen heusern fur weyn,
korn, mel fleisch saltz unb schmaltz verhanden wer fur=
nemlich den weyn das mans den knechten austeylete.

i Octobris seyn 300 Lantzknechte auß der stat zum
schottentore hynaus Jn dy turgken gefallen, mit den
geschermutzelt, aber fur menge der turgken auff beyden
Seyten wenig aysgericht.

Auff dysen tagk het man angefangen, eyner Jder
rothe viij brot vnb xb echteryn Weyns zu geben, domit
dy wache ane trungkenhet erhalben het megen werden,
dyse ordnung het nur iij tage gestanden.

ij Octobris ist ein lermen gewest vmb zwe vr nach=
mittage, denn es waren etzliche knechte eintzlich zum
schotten thor hynausgefallen, Jm selbigen ist das ge=
schutz bey den augustinern abgeloßen, welche vnder den
Feynden eyn großen schaden gethan.

iij October ist eyn kleyner schermutzel von den knech=
ten mit dem turgken geschehen, Jn welchem dy knechte
dy turcken auß dem Frawenhaus geJaget vnb vil turg=
ken

ken erſchlagen, alſo das ſy by henbe fur den knechten
auffgehaben haben, Dornoch het der T. das Kerneter
thor vnd das ſchlagkbruglenn dorfur angezund, Und
by gantze nacht hefftig zu ſchiſſen angefangen derhalben
by knechte In der ordnung geſtanden vnd nicht anders
vermeynbt er wurde eyn ſturm anlauffen.

iiij Octobris haben dy turgken ij Fenleyn durch eyn
ſchyſlugken der ſtatmawer hynnenn geſteckt, dorauff etz=
lich Feulenn knechte hinausgefallen, dy aber der turgk
turgkiſche Hantſchutz vnd Janiſcher halber ſo ſich ſere
verpolwergkt hatten nichts ſunderlichs ausrichten megen,
Es iſt auch auff den tagk von Feynden eyn alt polwerk
angezundt vnd ſo hefftig geſchoſſen worden, das der
auff dem Kerneter thurm muſt auffheren zu ſchißen, bis
Im eyn auffenthalt von Holtze gemacht wart Es hette
auch her eck von Rerſchach, dy knechte ermant mit
vorzelung des Feyndes macht, anlauff vnd geſchrey auch
mit was Macht vnd anſchlege man Im begegnen wurdt,
auff das dy Jungen knechte eyn tapffer Maulich hertz
gewunnen. Auch zugen ſy eyn Frau von turgken gefan=
gen vber dy ſtatmawer. In dy ſtat, dy des Feyndes
grauſamkeyt anzeuget, wy ſie ihren man mit ſabeln
zurhawen vnd iij kinder erwurget, auch mit enner Jun=
gen tochter ſo grauſam gehandelt das von meniglich zum
barmen iſt.

v. Octobris noch dem vil heymlich lermen auß der
Feynde hefftigk graben erſtanden, doch nichts ausge=
richt wurd, verſamelt Pfaltzgraff philip zu Nachts
vmb vj vr alle heuptleut zuſam, muſten ſpilen, wel=
che auff den vj octobris hynausfallen ſolden, furnem=
lich auß Jdem Regiment iiij Feuleyn.

bj Octo=

vj Octobris xvj Fenlein knechte zum saltzthore In
dy vorstat zum turgken gefallen vermeynenbe dy auß
Ihren schantzen zu treyben vnd dy locher wo dy gegra-
ben zu besichtigen, aber der turgken ist zuuil gewest vnd
dy knechte In dy Flucht geschlagen, der vil vmbbracht,
sunderlich Wolffhagen heupthmann auß dem alben hauf-
fen mit sampt etzlichen knechten In S. mertens kirche
elendklich enthaubt denn dy T. 18000 Pferde veror-
dent, das saltzthor abzureytten Dy knechte herauffen zu
behalben, aber got hets verhut, dennoch seyn die T.
so nahent komen, das sy dy knechte mit helinbarten
vnd andern weren von den mawern haben abtreiben
müßen

vij octobris wywol die turgken sich zum sturm ge-
schickt vnd eyn lermen gemacht, vnd keyn angriff ge-
than, dennoch haben dy knechte v stunden In der
schlachtordnung gestanden Dornoch vmb die ix stundt
haben sich dy T. Naßern In eyn schlachtordnung vff
das schotten thor gewent, vnd auch keyn angriff wol-
len thun, dennoch nichts desto weniger seyn die knechte
zu harter wache gedrungen, das eyn Fenleyn xxiiii stun-
den het wachen mußen, wolt man aber ben schaden
bewaren,

Desmols haben die T. bey hellen lichten tage ij Pa-
steyen auff der mawer ausgebrennt vnd dy mawer bey
S. claren closter an zweyen ortern zu sprenget vnd da-
mit eyn großen lerman gemacht

viij Octobr. ist abermal mit bem T. geschermutzelt
worden noch dem lerman het sich pfaltzgraff philips er-
boten seyn leyb vnd leben bey den knechten zuzusetzen
vnd dy getrostet wy Cnutz gotzmans vnd Jacoff von
                C   Wer-

Werna Fleyß furwendeten, Jnen zu hulff zu komen,
wywols für menge der Feynde nicht wol meglich.

ix octo. haben dy T. dy ſtat Mawer neben dem ker-
keter thor gegen S. clara cloſter vber ij ſtunden noch
mittage an zweyen ortern etzliche Kloffter weyt zurſpren-
get, allwege den ſturm gewelbiglich angegangen, dorJn
vil T. aber wenigk knechte tot geblyben, ab der T. an
bil orten angezundt het das puluer nur das ertreich vff-
geworffen, denn dy knechte hetten dem T. entkegen ge-
graben vnd viij thonen puluers ſo er zu ſprengen gele-
get genomen, Jn dyſem ſturm ſeyn zuförderſt geſtan-
den Graff niclas von Salm, als oberſter ſtathalder
vnd Regent der nyder oſterreichiſchen Lender, her hanns
kalzianer vnd andere treffentliche Leute ſampt iiij Fen-
lein knechte ſo boſelbſt hyn verordent dy offen ort vnd
locher der nydergeworffen Mawer, haben dy knechte von
ſtund an ſovil möglich wiederuber vermacht Vnd ſo als
dy hern kriges commiſſarj heuptleute vnd gemeyne knech-
te vormals ehe dy mawer nydergeworffen tag vnd Nacht
bey dem thurm gewacht, alſo haben ſy Jn zurſpren-
gung der Mawer vnd ſonderlich dy hern krigs commiſ-
ſarij ſelbſt noch ſtrenger vnd vehſter gemacht, vnd das
beſte fur Nachteyl vnuerſehen ſtürme vnd eynfäll ge-
than, wy denn ſullichs zurhaldung leybes vnd lebens dy
notturfft het erfordert keynen tryt von dannen gewi-
chen, eyn lerman noch dem andern denn an dyſem tage
ſeyn am meyſten knechte an ſturm vmbkommen, und
geſchoßen worden, keyne ſtund ruhe vor den Feynden
gehabt, und Jn großen ſorgen, das dy ſtat nicht durch
verretterey oder Fewerwergk angeſewert wurde, geſtanden,
denn ij kuntſchaffter, Jn dy ſtat komen vnd noch Jrem

* bekenth-

bekenthnus gehangen, dy gelt von T. genomen die stat
anzuzünden.

ŗ Octo. haben etliche T. eyn sturm an dy gantze
Mawer geloffen zwey mal aber keynen schaden than und
von stund an wider weggeflogen Es seyn auch zwi-
schen iij vnd iiij vr noch mittage ŗł knechte mit etlichen
hispaniern hynausgefallen den T. v Camel abgeJaget,
dy aber In der stat haben dem T. etliche Tunnen pul-
uer an der statmawer genomen, nochmols angefangen
dy mawer zu vnderstützen vnd haben dy brustweren mit
holtz vnd estrich verschut, eyn graben bey der Mawer
gemacht, domit der T. ab er vber dy mawer kwem, noch
vber eyn graben gemußt hette.

ŗi Octo. zwischen iij vnd iiij vr vor mittage ist aber-
mals eyn blynder Lerman worden aber ane schaden, denn
das vom großen hall vnsers geschutz, das dach vom
kerneter thurm gefallen etliche erschlagen, denn dy mawer
mit Puluer ŗvi Kloffter weyt zusprenget vom kernether
thurn vnd eyn großer sturm vom kerthner thurn bis zu
S. Lorentz geschehen, also das man dy Fenleyn In
quartirn het mußen stercken, seyn dozumal die In dy 1000
T. erleget, auf der wyner seytten bis In 30 vmbkomen.

ŗij Octo. Fur mittage abermals eyn großer teyl der
stat Mawer neben dem kerneter thor auff dy ander seyt-
ten gen stuben thor hinab, mit vnderwerffung des Pul-
uers nydergeworffen auch dozumal die mawer, wy dy
In der stat den Rauch an vil orten gesehen, mit Pul-
uer vndergeschut vnd zusellen zugericht In hoffnung
dy mawer wurde noch an mer enden sonderlich dy sie
vnderpickt, hetten villeycht mit eyander fallen, aber
das puluer außschickung des almechtigen nit allenthal-

C 2   ben

ben angehen vnd Jnen geratten wollen, vnd so, wy obstet dy mawer nyderfallen seyn dy knechte und hispanier von stunban an dem loche mit auffgerackten Fenleyn vnd werhafftigen handt Rytterlich vnd kunlich gestanden, aber dy turgken mit dem sturmen keyn langen stant thun noch mit keyner grossen macht doselbst sturmen wollen Dy obersten T. vnd waschen haben auch das volck zum sturm wie durch dy Jn der stat, so dorzu uff den thurmen verorbent worden, gesehen außen Jm Feld vnd Jn weyngårten mit prugeln und sabeln geweldiglich getryben, aber sy haben nicht dran gewolt

xiij Octo. seyn dem T. bj thonnen puluers am gegen graben genommen worden, domit er den kerner thurm het sprengen wollen

Jn mitler Zeyt het sich der T. mit seynen volck alle tage bis er abgezogen zum anlauff gestelt vnd dy in der stat bey tagk und Nacht stunblich eyns grossen geweldigen sturms, den er wy dy gefangen T. vnd kuntschaffter angezeiget, an allen orthen der stat mit allem seym Fußvolck, den Naßern vnd halben theyl seyner Reyßigen, der er aller kuntschafft nach Jn dy anderhalb hundert tausent gehabt, thun wöllen, gewert haben, vnd sunderlich, da er von dem 12 bis auff den xiiij tagk octobris stil gehalben vnd nicht so hefftigk tagk vnd Nacht an Vnderlaß wy uor geschoßen, gemeynt er hab seyn sache zu sollichem sturm numols gar angericht vnd Jderman wy uor gemelt, Jn der stat der entlichen Zuuersicht, der T. wurde fur seym abzuge wo Jm schon sunst alle seyn anschlege, wy denn zum teyl beschehen ist mysrytten eyn gewelbigen großen

sturm

sturm gerynges vmb dy stat an allen orten antretten vnd seyn heyl mit großem ernst versuchen

Da er nun sollichen sturm so lang vnberlassen, auch mit den hiuor angezeigten sturmen vnd Mewer werffen nichts ausgericht zum hochsten besorget, auch vil dauon gemurmelt worden sy dy Feynde worden etwa durch dy genge so sy eingegraben der man vil siehtgar In die stat durch dy keller komen, oder dy pletze borauff das krigßuolck gestanden vnd bey guter hut vnd warnung gewest

Abzugk des turgken

xiiij. tag octo. hat der T. wiederumb hefftigk mit ben handtroren angefangen zu schissen vnd zwischen vj vnd vij vr vor mittage eyn lermen gemacht In welchen der T. seyn volck In iij hauffen zusam pracht, dy zum storm getryben, aber es hat nicht dran gewolt, vnd vmb xij vr ober eyn lerman geschlagen In demselbigen eyn groß ort von der mawer bey dem kerneter thor neben der andern lugken mit puluer zusprenget, do dy Feynde hefftig hyneyn gesturmet aber bald nochgeloßen seyn turgken desmols bis In 350 erlegt worden vnd nur j Hispanier erschoßen vnd etzliche knechte beschediget worden

In Summa ist die statmawer an vir orten treffentlich weyt zursprenget, also das alleyn die iiij ort abgemeßen halben In dy lenge 44 kloffter seyn auch dem T. den tagk xvi thonnen puluer vnter der brugken genomen worden mit welchem er dy brugke het zursprengen wollen

C 3   Vnd

Vnd dnselbige Nacht vngeuerlich vmb ir vr vor
mitternacht, das leger In den vorstetten vnd Im Vel=
de zugleich angezundt vnd also In der Nacht, wy dy
entrunnen cristen anzeigen mit großem geschrey, zuuer=
muten von den gefangen cristen geschehen, dy von de=
ren In der stat vnd sunst alle augenbligk Jre erledi=
gung verhofft, dy man zum teyl nyder gehawen, der
vil elendiglich gesehen ist worden dy andern In ewig
gefengknus gefürt, Ist er auffgebrochen mit allem seym
volck abgezogen.

_ xv octo. seyn iij Deutsche In der knechte schilt=
wacht komen sich angegeben von T. gefangen worden,
dy het man hynein geloßen vnd gefenglich angenomen
peynlich befraget, haben sy bekant, sy hetten etliche
asperle von T. entpfangen, dy stat an v Oerter anzu=
zünden, wen das Fewer anginge hynauß zufallen, dem
hauffen hynder dem Wynerberg heymlich gelegen anzu=
zeugen wo sy dy stat am besten vberfallen kunden.

xvi octo. seyn dy iij vorreter gefirteylt vnd dy vier=
teyl vber dy statmawer hinausgehengt Ist eyner geweßt
von breßburg der ander auß kernten der dryt auß
wien geborn.

Als nu der T. war abgezogen het man In der stat
angefangen alle glocken zu leuten vnd In der Nacht
alles geschutz abgeschoßen, vnd auff S. steffans thurm
mit schalmeyen vnd Flöten gepfiffen, Do der T. sol=
lichs alles gehort, het er cristoff Zedlitzen, des graffen
von Harbeck Fenerich gefraget, was sollichs alles be=
deutet, het er Im geantwort sollichs sey der gebrauch
be Jnen so sy trost, hulff oder vberwindung Jhrer
feynde erlangen, zu thun das der gemeyne man wider=
umb

vnd werbe, Auff follichs het der T. gemelten Fenderich
mit feyden vnd gulden ftucke beeleydet vnd lebig hyneyn
gefchickt.

 xvij octo. Jft katzianer mit etzlichen hußern hyn-
aus gefallen het. viij T. gefangen ij Camel vnd etzliche
turgkifche Roß den feynden abgeJaget auch etzliche Kro-
haten man vnd weyb vnd kindt erlediget.   }

 xviij octo. Jft Cuntz gotzman vnd Jacob von Wer-
nau Jn dy ftat komen, fich auff das hechfte beclaget
das fy bey follichen erlichen vnd Rytterlichen taten nicht
haben gefeyn mogen, den tagk het der Katzianer auch
etzlich pawr volck dem turgken abgedrungen v. T. gefan-
gen vj erfchoßen vj Camel Jn die ftat bracht.

 xix. octo. haben dy Landsknechte eyn groß Camel
Jn dy ftat bracht Es feyn auch dy hußern j meile von
der ftat Jn eyn dorff gefallen Lach genannt, albo biß
Jn dy 200 turcken erftochen, eyn großen herren mit
eyn koftlichen puntz auff feym engl. Roß lebenbig Jn
dy ftat gefurt, vil kynder von den Feynden erlöft, wy-
wol fy und Jre Roß fere verwundt aber boch Sigk er-
langt got fey lob.

 Auff dyfen tagk feyn auch alle toppelfoldner vnd
beuelchsleuthe von den oberften Jn das prediger clofter
gefordert Jnen furgehalden Jr vnfchuldigk obwohl nicht
zuuorargen, fchulten fy all rytter vnd ryttermeßi-
ge leute.

 xx octo. het pfaltzgraff philipps feyn ampt welchs er
erlich vnd Rytterlich verweft het, heymgeftalt pfaltz-
graffen Fryderichen als oberften velthaupthman des hey-
ligen Reichs verordent denn der erft auff den tagk

In dy ſtat komen war, der dy wacht zum teyl ge⸗
ryngt hat

xxiij octo haben des Reichs xiiij Fenleyn gemeyn
gehalden ben S. claren Ire ſolde gefordert, haben dy
heuptleute In großer gefar geſtanden, Entlich do dy
knechte nicht haben megen Iren willen erlangen haben
ſy die ſtatt wollen plundern, vnd dy Sache nu von
Freunden erger denn von Feynden geſtanden

xiiij octo ſeyn ij Fenleyn gemuſtert dy· brugk vnd
bresburg geſchickt

xxv octo. ſeyn iij Fenleyn knechte dy von ſchebatz vnd
Intal komen gen bresburgk geſchickt

xxvj octo. wy mancherlej gemeynde zu Wnen In der
ſtat ſeyn gehalben worden was vnrabt douon entſtan⸗
den, das von Freunden großer geferligkeyt zu wien In
der ſtat denn von Feynden fur der ſtat iſt zu beſorgen
geweſt, loß Ich den trewen chriſtlichen ryttern zu eh⸗
ren an ſeym orte beſtehen, wer aber das leßen wil der
ſuches Im buchleyn das zu Nurmbergk bey niclas mil⸗
deman bruffmaler bey der langen brugken gedrugkt, dor⸗
Innen dyſer handlung weytter denn hy von notten,
ausgedrugkt

Den entlichen Abzugk belangend

Wy nu ſollicher abzugk In der Nacht geſchehen,
haben vorgedachter Ibraym Waſcha vnd andere heupt⸗
leute mit Im am Freytage des morgenſt fru Im leger
und felbt Im nochzuge bis In funffzigk aber ſechzig
tauſent zu Roß In der ordnung wy denn krigesbrauch,
den abzugk zurhalben gehalben, aber nichts furgeno⸗
men

men noch gehandelt Nachdem aber by kriges com=
miſſarij vorhyn von eym gefangen T. verſtanden wy
der Ibraym Waſcha willens wer by gefangen T. mit
den criſten gefangen zu erledigen haben dy Krigescom=
miſſarij eyn boten hynaus zu dem Ibraym waſcha mit
eynem ſchreyben abgefertiget vnd Im loßen anzeigen
das ſy dem kriges gebrauch noch der meynung weren dy
gefangen zurledigen Dorauff der waſcha den kriges
commiſſarien nochfolgende meynung zugeſchryben mit
ſeym handtzeichen Ineñ zugeſtelt

Ibraym waſcha von gots gnaden hechſter bexillifer
Secretarj oberſter Rat des Durchleuchtigen vnd vnvber=
wyntlichſten Keyſers Sultan Solleyman heupthman
und gubernator, des gantzen ſeynes keyſerthumbs und
aller ſeyner ſachen, Ir wolgeboren großmechtigen ober=
ſten vnd heuptleute, als vns ewer ſchreyben durch Ew=
ern poten zukomen, haben wyr alle ſache verſtanden
vnd wiſt, das wyr nicht komen ſeyn ewer ſtette eynzu=
nemen, ſundern zu ſuchen ewern ertzhertzogen Ferdi-
nand, aber denſelbigen nicht gefunden, borvmb ſeyn
wyr ſouil tag da blyben vnd auff Inen gewartet, aber
er iſt nicht komen, und alß geſtern haben wir iij ewer
leut gefangen, ledig geloßen dergleichen wollet Ir mit
den vnſern gefangen auch handeln, wy wir denn ewerm
poten ſollichs auch mundtlich anzuzeigen beuolhen haben
ſo mogen Ir deshalben eynen von euch heraus zu vns
ſich der gefangen zur kundigen ſchicken vnd In ſollichen
fall keyn ſorg oder furcht vnſers trauwens vnd glaubens
halben tragen Denn das denen zu offen von vns nicht
glauben gehalben iſt nicht vnſer, ſunder Ir eigen ſchult
geweſen Geben fur Wyen Im mitten october Anno 1529

C 5   Den

Den boten aber haben ſy mit eym Rotten Tamaſch=
ken Rocke begabet vnd mit dem beuelch vns wiederumb
In die ſtat geſchickt.

Dornoch den andern tagk iſt der Waſcha mit der
antzal pferde von dannen dem keyſer auch nochgerugkt,
vnd wy dy entrunnen eriſten vnd kuntſchaffter antzei=
gen das dy T. nicht faſt eylents getzogen ſunder In der
flucht In v tagen bis gen offen xxxij meylen vnder wyen
ankomen, denen vil Roß auff ſollicher flucht vmbgefal=
len auch vil leut, dy vffm wegen vnd ſtraßen von turg=
ken tod het ligen gefunden, denn der T. K. möglichen
ſchaden des hungers vnd profiandt vnd kelde halben dy
ſey volck nit leyden kan, desmols erlyden, auch ſoſte
ſchaden niit ſchyßen von kernether thurm genomen dem
vil kamel vmbgefallen vnd ſeyn beſter waſcha aus Na=
talia vmbkomen Im abzihen erſchoßen ſeyn worden,
auch het ſich der T. fur der großen hulff des Reichs ſich
beſorget vnd iſt ſchnell vffgeweſt Aber der turgk iſt mit
ſeyn beſten Räten auff krichiswenßenburg In die turg=
ken getzogen, aber mit ſechtzigk tauſen T. offen beſatzt.

Es het der T. K. ij Fleyſchhacker Nahent bey
Wyen geſeßen an ſich bracht, dy Im alle ſtege vnd
wege vnd gelegenheyt weyſetten, vnd In allen grau=
ſamen thatten auch ſelbſt hendt angeleget, der eyner zu
kremß gefangen vnd geſpiſt worden iſt der ander der dem
T. vil criſtlicher weyber zubracht, wirt got auch wol
ſeyn geborliche ſtraff vfflegen.

Alſo iſt kurtzlich der begreyff wy es durch dy bele=
gerung des Turgkiſchen Keyſers vmb die ſtat Wyen,
auch wy ſich durch dy fromen hern vnd criſtliche Ryt=
ter In der ſtat wyen mit Iren tapffern werlichen tat=
                                                    ten

ten zugetragen vnd begeben hat eyn Ende got dem al=
mechtigen fey ewigk lob vnd Dangfagung vnd erhalde
dy feyne Jme zu ewigen preyß amen.

Was aber vom zuzihen auff vnfer feyten vnd an=
dern zugetragen volget hynnoch, dy es teglich vortzei=
chent durch wilhelm von der Leyhe der görlitzer Felt=
fchreyber vnd her anthonius Rurfchendt von Rats we=
gen auß Budißin gefchickt, teglich befchryben.

Beilage.

Relation von dem Feldzuge der Ober=
laufitzer.

(Der Anfang fehlt.)

Mitwoch vnder eyner ftat hynweg j meyl von vretin
troffchendorff von dannen iij meyl vnd erlangete
wilhelm vom abte ij Flafchen byr vnd iiij fecke vol brots
vnd ij metzen haber vnd r pynt weyn zogen domit Jn
eyn dorff Ragabifchdorff do wart das alles geteyl vnd
vortzert.

Dornftags zogen wyr von Ragabifchdorff Jn eyn
ftat heyft heben, hern hanfen von buchen des vater zu
wyen auf beuelh k. Fer: gekepfft wart, do Jm tirgar=
ten j poffel eym knecht eyn beyn entzwey ftiß do feyn dy
knechte ftil gelegen ij tage vnd her Jerg Rotte vnd cafper
fchade mit vnferm heupthman rytten von dan v mejln
gen krems vnd fragten noch Zdislau der oberfter felt
heuptman war vnd den nicht ántroffen als dy wyder
kwamen Ludt her hans von buchen dy heuptleute zu gaft
eyn

eyn und thet Jnen gutlich vnd schanckte vnsern hern
x scheffel haber, wywol dy ander funff stette alles was
Jnen wart Jnen zum vortail behilden, dennoch das
mal teylten vnser hern mit den andern von stetten
den haber

Sontags noch bartolomej von heden iij grosse meyln
Jn eyn fleck Sitzendorff do ludt der pfleger die beuelchs
leute alle zu gaste Jn eyn schloß vnd thet vnd weyset
sie weytter

Montags ij meyl Jn eyn stetleyn gelbersdorff, do
worden dy hern vnd heuptleute eyngeladen

Dinstags noch Bartolomej von gelbersdorff ryt=
ten Jerg Rote casper schade vnd mats weyf vnd wil=
helm gen wien do gingen zum hern von hechfelt der war
eyn oberster krigescommisfarius vnd fragten den noch
vnsern obersten heuptman hern Zdislau vnd zeigten dem
an dy gesamten von Sechssteten neben den knechten Do
hatte der von hechfeldt gefraget was fur vj stette dy
dem kenige das fenleyn knechte schicketen, were, vnd
Jnß der Namen aller schreyben vnd schancketen den hern
eyn glas weyn wy eyn aquabit vnd gab dysen bescheydt,
Er neme an dyß fenleyn als eyn zugethaner kriges
Rathgeber mit gebürlicher reuerentz, und wuste nicht
wo her Zdislau were aber dem wer geschryben auffs er=
ste Jm meglich her gen wyen sich zuuorfugen, derhal=
ben wer seyn Rath sy erhilden sich zu gellersdorf viij
tage vnd kempt morgen offs schloff hora vij do der ober=
ste neben andern kriges Rath commisfarius seyn wirt,
als der bischoff von Laubach kr: maj: stathalber zu
wien

Auff

Auff dy mitwoch noch Bartolomej seyn die hern
vffs schloß gegangen In die Cantzlej do der bischoff von
Laubach mit andern v herren zu Rathe saßsen, do wor=
den sy auch alle angeschryben vnd wol empfangen vnd
wart Inen der Rath wy oben gegeben vnd also von
dannen wider gen geldersdorf gerytten

Am Sontage Egidy erfur der heuptman, das her
Zbislau Im eyn fleck v mejln vnder wyen mit den be=
men lege dohyn her anthonj Rurscheyt mit den heupt=
man gefaren aber vbel empfangen vnd greulich angefa=
ren, dorumb das den bryff an dy k: maj: gelautet,
den Regenten und nicht Im vberantwort hatten, do
brante der turgke Jenset der thonau sere

Mitwoch noch egidy gab man den knechten gelt zu
geldersdorf und her Sigmundt von buchen gab Inen
eyn paspart wy folget

Ich Sigmunt von buchen her zu geldersdorf beken=
ne hir Innen das sich melcher scheydt von Freyberg heupth=
man vber j fenleyn knechte der sechsstete In oberlausitz
der Zeyt lang alhy Im flegk gelegen Recht vnd rede=
lich sampt den seynen gehalben het gegen myr vnd den
meynen des Ich Ime hir kuntschafft gebe vnder meym
vorgebrugkten pischir vnd eigen hant vnderschryben ge=
geben den 4. Septembr. 1532.

Sigmundt her von buchen.

Mitwoch noch egidy seyn sy getzogen von gelders=
dorf iij meyl bis gen Kernnawmbergk albo zum ersten
malh. Im feldt gelegen, der heupthman liß des mor=
gens mit dem tage Lermen schlahen nicht von not wegen
sunder von wegen der Jungen knechte vnd Macht eyn
schlacht=

schlacht ordnung vnd lyß alle Hocken vnd groß geschutz
abgen vnd seyn fortgezogen.

Item als sy zu kernnawmberg durchgegangen, hot
man dem pfaltzgraffen eyn gefangen bracht Jn weyssen
Kleydern Kelbischn, der hat bekant das er Lrr brunnen
vergifft hette vnd het sollen das deutsche Lager anlegen,
das hat der freywillig vngemartert dem pfaltzgraffen fur
seyner herberge, was der weytter Jn der marter bekant
haben sy nicht erfaren.

Dornstags nach egidy seyn sy von kernnawmbergk
gezogen iij meyln Jn eyn fleck bockfleisch do schreyb der
heupthman wy folget

Allergestrengster her noch dem Jch am Nechsten
bey E. gl. zu hernnau Jm lager gewest vnd E. g. an-
getzeiget wo Jch mit meynen knechten hyn solt, so lige
Jch Jtzt zu bockfleisch (*) derhalben bit E. g. welle myr
aus gnaben zuuersteben geben wes Jch mich weytter
halben sol datum bockflisch Freytags noch egidy.

Antwort

Fursichtiger lieber, wyr wollen byr nicht bergen,
das wyr auff morgen auffs frueste zu ziben gedacht, vnd
so es auch meglich, als Jch wol weyß, das es nicht
geschehen magk wyen zu erreichen, vnberwegen, by weyl
entlich wir als morgen aber kunfftigen Sonabendt an
den brunken fur wyen anzuziben gedacht So weldest
also mit ben knechten Doneyn schicken vnd morgen zu
vns vnd dysem herleger furfugen, das haben wir byr
nicht

(*) Den freytag seyn sy stil gelegen.

nicht wollen bergen dornoch haft du dich zu Richten
Datum, bey Schenkirchen 6ta post egidy In eyl.

Zdiſlau ꝛc. ꝛc.

Am tage Marie gepurt ſeyn gezogen vor bockfliſch
Im felde do ſeyn by bemen bey 15000 ſtarck vnd
haben vjᶜ wagen vnd gemeynlich auff Itzlichen wagen
eyn hannen vnd haben by wagenburg weyt vmbs Lager
geſchlagen alß ſy Im felde alſo gezogen iſt her Zdiſlau
neben der ordnung gerytten mit rij wolgeruſter pferde,
ſeyn by hern von wagen geſtigen zu her Zdiſlau ge-
gangen der Inen allen by hant gereicht, do ſprach
anthoni Ruſſcheyt g. h. vnſere hern von Sechsſteten
loßen E. g. vil glugkes vnd heyl entpitten mit vnder-
theniger demuttiger bit E. g. wolle dyß volckleyn noch
Irem vormegen, gnediglich annemen vnd In ſchutz
halben, womit vnſere hern dyß vmb E. g. In demut
vnderthenigk vordynen kennen ſeyn ſy das In demut-
tigen vleys willig zu thun erbottigk.

Antwort Sr. g.

Ich bedangk mich gegen den hern von ſtetten mit
erbittung dyß volckleyn In ſchutz zu halben wil Ich
thun ſouil an myr meglich iſt, vnd alſo ſeyn ſy-gezo-
gen j virtel wegs Im felde vor bockfliſch vnd haben ſich
gelagert.

Auffm Montagk noch vnſer liben Frawen gebort,
erhub ſich eyn lermen auffn brot margkt zwiſchen eym
deutſchen knechte vnd eym bemen, das der deutſche
den bemen vff den kopff ſchlahen muſte, vnd der deut-
ſche

sche knecht war übermenget, das er dem seym fenleyn
zuloff schrey vmb rettung, das dy knechte die bemen mit
Langen spißen abwe sen, das beyde parten diij todt
blyben, das dy deutsche knechte die heuptleute vmb ler=
men zu schlahen anruffen denn dy bemen hatten v hauf=
fen vnd spißen vff die deutschen gemacht das erhorten
dy deutsche Reuter balde vff Ire pferde vnd dem ge=
schuße zu vnd Namen das eyn do schickete graff hans
von Harbeck vnd her   von parchwiß Zeblitz gnant
dy heuptleut waren vber den Re sigen Zeugk vnd lyßen
her Zdislau fragen, was er gesandt wer, der gab ant=
wort er kende Im nichts gethun, er wer Ir nicht mech=
tigk, das wißte got, wolden Im das nit zu achten, al=
so schickest got das zu hanblung kwam, das Itzlichs In
sein losament zegen, aber der teuffel solt bey den Be=
men ligen, denn sy halden keyn Regyment

    Dy woche nach marie geburt hat der barkisch paul
mit 60 hußern 300 turgken vmbbracht, davon wur=
den 18 Kepff gen wyen bracht und vff dy mawer ge=
stackt

    Dinstags noch exaltacione crucis seyn sy getzogen
von bockflisch iiij meyln bis an dy thonau j meyln von
wyen

    Mitwoch noch crucis zogk pfaltzgraff Fryderich
Feltheupthman des Reichs mit etzlichen taufent reyßi=
gen und fußvolck auff dy newstat zu, auch die schlessigen reuter, vnd ober vnd vnder lausitzer Reuter auch
etzliche bemische reuter, als sy ij meiln vnder der new=
stat zusam kwamen, do war Inen 15000 turgken fer=
kuntschafft, dy Im gebyrge lagen Im gestucke ver=
                                        graben,

graben, alſo das dy vnſern Jr lager vmbʒogen vnd
den Dornstagk noch crucis fru mit dem tag Jn groſ
ſem nebel richteten ſy das geſchuʒ wo ſy dy turgken
gedachten anʒugreyffen, vnd Machten eyn verlornen
hauffen viij fenleyn starck dy liß man hyneyn ʒu den
turgken, wo dy turgken auffbrechen vnd herauß kwa
men, byß man das geſchuʒ auff ſy gehn thet aber we
nig ſchadens, alſo brach der Reyſſig Zeugk ʒu hyneyn,
got gab den vnſern gelugke vnd brachten dy 15000 gar
vmb, wurden der vil gefangen vnd erlangten eyn
gute beuth, vnd off vnſer ſeytten ſeyn nicht über ƥ
perſonen tot blyben got hab lob

Sontags noch Matthes wart eyn lermen Jn der
ſtat wyen ʒwiſchen den ſpaniolern vnd den burgern,
dy ſpanioler wolden dy ſtat plundern, dy burger brach
ten Jr geſchuʒ auffm platz, got halff das vndergan
gen wart, wy der lermen weret, Reyt der backiſch
paul eylents ʒum Keyſer vnd kenige gen Kloſter Nawm
berg do ſy lagen ʒeiget Jnen das an, dy brachen bal
de auff, dy am Sontage ʒu Nacht ʒu wien ein kwa
men, rytten erstlich Jn S. Steffans kirche, vor Jn
nen der Faber Jnen das ſacrament weyſete, dornoch
Rytten ſy auff dy burgk, wy dy rede ging, wo der
lermen nicht vorhanden, das auff dietsmal Keyſer noch
Kenig dahin kemen wer, denn es ſtarb ʒu wyen

Montags dornoch rytten Keyſ. vnd ko. maj. vor
wyen vnd muſterten dy ſpanioler, der bey 84. fenleyn
ſere wol geruſt mit halben Recken, das geringſte Kleyds
an Jnen iſt Samet geweſt, desmols erſchoſſen ſy
Jren oberſten feltheubtman nymants hats gethan, der

D   wart

wart in S. Steffans kirchen getragen, aufgewendet
vnd hyngen Imen entpor iiij tage stacken vil lichte auff
hilben vil selmeßen, das seyn begrebniß fast auff 18000
Ducaten gekostet

Mitwoch noch Mathej machete Pfaltzgraff Fry-
derich eyn schlachtordnung mit allen dentschen knechten
vnd reutern, dyweil sy In der ordnung stehen kempt
Key. und Ko. maj. aus wyen gerytten vnd Reuter
vmb dy ordnung, besichtigeten dy gar wol In dem
sprenget der Pfaltzgraff In seyn gantzen körißer her-
aus zun keys. vnd ko. vnd beut do Inen dy handt, der
lacheten sy, und rytten wider gen wyen

Des mals reyt der key. auff eym braunen gaul,
hatte vffm heupt j rot baret, vnd mit j schwartzen gem-
sen peltz beclendet, j kleyn gulden Ketleyn am halß

Der ko. aber reyt In eytel weyß pferdt Sattel
stiffel sporne Kleyder alles weys und keyn geschmuck
am halse

Also musterten sy dy spanioler vnd deutschen, aber
zu den bemen wolten sy nicht, vnd den andern tagk ga-
ben sy den deutschen vrlaub Souil wart außgericht

Eyn schen Omen

Dornstags nach Mathej fru ij stunden auffm tag,
kempt j großer Hirsch mit eyner hynden gelauffen, und
leufft mitten durch das bemische lager hynwegk, dysen
hirsch vnd hynde tryben wol bey 20 hunde fur Ine here,
dennoch entliff er Inen mit gewalt sampt der hindin
vnd schwemmeten durch die thonau vnd kempt also da-
uon,

uon, des dorffte wol eyn kluger auslegen, gewyslich nicht vergeblich geschehen

Freytags vnd Sonabends handelte ke. maf. mit den bemen Jns hunger lant zu zihen Das sy nicht thun wolden, also gab man vns auch Sonabends nach Francisci vrlaub

Abezogk

Sontags noch Francisci zogen dy vnser aussem lager 5 meyln Jn eyn Fleck Kandersdorff

Montags zogen sy von dan nebeu mystebauch Jn eyn Fleck der harte vor nickelspurg iij meyl von kanndersdorff do lagen sy ander Nacht

Dinstags seyn sy durch nickelsburgk gezogen iij meyl Jn eyn margkt nuslaub genant dem hern bernstenzer zugeberig, do die bemen den vnsern j knecht erschlagen

Mitwoch zogen sy von dan iij meyln bis gen brun Do henckt ein großer Lintwurm vnder dem Rathhause

Dornstags zogen sy iiij große meyln gen wischau dem bischoff von kremeser zustendig do sy den freytagk stil gelegen

Sonabends durch eyn stetleyn proschnitz genant ij große meyln von wischa ist des bernstenners do mittags wol gehalden von danen ij meyln Jn eyn stat heist littau von nichern het dryssechtige waßer graben

Sontags von dan iiij große meyln Jn j stat Schembergk gezogen

D 2 　　　　　　Mon-

Montags von ban iij auff by albe stat des von golbesteyn

Dinstags von ban iij große meyln gen Landeck, dem graffen von hardeck zustendigk, do lag hertzogk Karl Im warmen bade der Lubt Jorg roten zu gaste

Mitwoch getzogen von bannen ij meyl auffns Reichsteyn

Dornstags von ban ij meyln, neben bem kloster Kamentz In eyn stat frangkenstein von ban ij meyl gen Reichenbach

Freytags von ban vff schweydnitz unb strige

Sonabents zur striga still gelegen

Sontags durch Jawer gen goltperg

Montags von ban gen Lemberg

Dinstags gen Lauben, do schenckte der Rath ben Knechten byr unb Luben dy hern zu gaste

Mitwoch gen gorlitz dy bautzner lobner Camentzer gen Reichenbach

Dornstags dy lobner vnb bautzner anheym

Freytags kwamen die kamentz auch heym

II.

II.

Vorstellung

der Gerechtsamen

des Herzogs

Albrechts von Oesterreich

auf die Krone Böhmen

gegen den

wider ihn gewälten

Prinzen Kasimir von Polen

1 4 3 8.

aus einer gleichzeitigen Handschrift.

Als der Kaiser Sigmund im Jar 1437. seine Ge=
malin Barbara in Znoym gefangen nehmen
ließ, so empfal er seinen Schwiegersohn den
Herzog Albrecht von Oesterreich, und seine Tochter
Elisabeth den katholischen Landherren aufs beste.
Diese versprachen ihm alle mögliche Treue, und gaben
ihm den Rath beßwegen eine Gesandschaft nach Prag
zu senden, um auf dem Landtage daselbst den versam=
melten Ständen seine Meinung vorzutragen. Der
Kaiser wollte diesen Rath befolgen starb aber darüber,
berufte iedoch kurz zuvor die Manne und Städte der
Sechslande, wie dazumal die Oberlausitz genennet
ward. d. d. Snoym an onser liben frawen Abend
Conceptionis. d. i. den 7ten December 1437. und
ersuchte sie, ihre Abgeordnete nach Prag auf die Samm=
lung zu senden, welche, da auf den nechsten Quatem=
ber, dieselbe angehn sollte nothwendig auf den heiligen
Weyhnachtstag ankommen müsten, und hoffte daß sie
helfen würden, da die Gerechtigkeit und Erbschaft sei=
ner Tochter zustehn und selbst ihre Vorfaren die Ver=
schreibung zwischen Oesterreich und Böhmen ver=
willigt und bewert hätten. Die Urkunde davon be=
findet sich zwar schon in der Nachlese Oberlausitzischer
Nachrichten vom Jare 1771. S. 286. abgedruckt,
da aber dieses Werk nicht in auswärtigen Händen ist,
und die Urkunde überdieses, so elend und felerhaft, als
möglich, sich daselbst befindet, so habe ich sie vom Ori=
ginale abgeschrieben, und hier, als wohin sie gehört,
abbrucken lassen.

D 4 Wir

143.

Wir Sigmund von gotes gnäden Romischer keiser, zu allen ziten merer des Richs vnd zu hungarn, zu Behem kunig Einbieten vnsern lieben getruen den Mannen vnd Steten vnser Land Budißen, Gorlicz, Sittaw, Luben, Lawben vnd Camenz vnser gnad vnd alles gut. Lieben getruen, Wir lassen euch wissen, das wir von etlicher czit, do wir noch zu Beheim wa-ren, fur vns genomen, vnd ouch mit dem größen teil des ganczen Landes vbertragen haben, das wir vnser eynige liebe Tochter, die herczoginn von Osterrich vnd Iren Gemahel vnsern liben Sun, in alle vnser kunig-reich vnd Lannd mit der hulffe gotis nach rechter erb-schafft seczen wollen. Als wir dann das in etlichen Lan-den nu bestalt haben, vnd wann wir vnd ouch vnser li-ber Sun nu vnser treffliche Botschaft gen Prag senden vff die sammlung des Landes die vff die quattember nechstkunftig daselbs sein sol, den Sachen nachczugeen, vnd mit der hulffe gotis entlich czuuolbrengen, vnd wann ouch Ir vns vnd der Cron czu Behem also ge-want sey das Ir czu solichen sachen billig helffet vnd ratet. Dorumb begern wir von euch; Ir wollet on alles verczihen ewer erber veste botschafft dohin sen-den, also das die vff den heiligen Weynnachttag an al-len verczihen daselbs bey vnsern Reten seind, in vnsern Begerungen czu helffen vnd czuraten vnd getrawen euch wol, Ir werdet dorynne nicht anders tun sunder vn-sern Willen volgen. angesehen solich gerechtikeit vnd erbschafft vnser lieben Tochter vnd soliche verschribung beit er bewyset von Behem vnd von Osterrich, die ewer eldern vnd vorfarn ouch mit beweret vnd verwillet ha-ben, Als Ir dann das von rechtswegen pflichtig seit, das wollen wir vnser liebe Tochter vnd Sun gen euch

sun-

sunderlich erkennen vnd verschulden. Geben zu Snonm an vnser liben frawen Abend Conceptionis, vnser Riche des hungerischen ꝛc. ꝛc. inr ƚi des Romischen in dem ꝛꝛviii des Beheimischen in dem ꝛviii vnd des keisertums im funfften Jaren.

(L S.)   Ad mandat. d. Jmperatoris
          hermannus hecht.

Nach dem Tode des Kaisers hielt die Parthei des Herzogs Albrechts zu Prag einen Landtag und wälten denselben am 6 Mai zum Könige, die Ultraquisten aber versamleten sich zu Tabor und wälten den Prinzen Kasmir des Königs von Polen Wladislaus Bruder. Es entstanden also daraus grösse Unruhen. Albrecht aber ward dennoch zu Prag gekrönt am Tage Petri und Pauli 1438. wie Bohust. Balbinus in Epit. Ran. Bohem. p. 498. meldet. Es kamen hierauf polnische Gesandte nach Tabor, mit welchen Albrecht durch seine Räthe reden und ihnen vorstellungen machen ließ. Die Nachricht davon lautet also:

Item man soll wißen wie wol vnser herder könig zorlich recht zu dem lande hat, als wißentlich, ydoch durch frides vnd gemeines nutz willig der ganzen kristenheit erbot sich syne gnade als die weywoden vor dem Thabor mit synen Reten Rettin, das er der sach gern vor vnsern heilgen vater den Babist, vnd die Cardinal, oder fur Cristen kunig, kurfursten oder fursten von den meisten biß an den mynstin komen wollt vnd sich mechtiglich erkennen laßin mit dem von yelan, vnd was dann

D 5

dann feinen gnoden erkant wurd brch wolt er
bleibin das abir die polen vßfchlugin vornoch
ward gereth, daz czwifchen beeden kunigin
folt ein frede fein bis uff phingiften, vnd
dozwifchen uff das new Jar nechftkunftig foll
vnfer here in fein ftadt Namflaw vnd der von
polen ouch uff die Gernicz daby komen fein,
do fult man vorfucht haben, abman fie hett
vorrichten mögin, vnd wer des nicht gewest,
fo folt iglicher her fumff gekoren habin, die=
felben czehn follten die richtung gehandelt ha=
ben, vnd ab das fy fich nicht hottin eynen
mogen, fo follten fy einen gemeynen Ober=
man gekoren habin der dann follt entlich vß
gefprochen haben folicher fach fich vnfer here
durch des beftin willen vnd das blut vorgif=
fen vormeidet wurd aber vorwilliget, vnd die
polen das auch lobten vnd uffnomen, vnd
leczt wollten fie ir nicht halden, doby ydel
man vorfteht, wie glimpflich vnfer here in al=
leu fachen heldet vm fredis willen, vnd was
freuels die polen furnemen der Jn ab gotwil
nit lang befteen fol.

Da fich hierauf der Pabft Eugen der 4te und
das Konciliium zu Bafel ins Mittel fchlugen, fo ward
ein Tag nach Breslau anberaumt, wo Albrecht in Per=
fon erfchien und durch einen feiner Räthe feine Gerecht=
fame vortragen und den polnifchen Gefandten antwor=
ten ließ. Vorzüglich ftüzte fich Albrecht darauf:
Daß feine Wahl ordentlich und an gehöriger Stäte
volzogen worden; daß ihm vermöge feiner Gema=
                                                    lin

kin die Krone als Erbe gehöre; daß alte Verschreibungen zwischen Böhmen und Oesterreich sein Recht mit sich brächten; und daß keiner von den großen in Kasimirs Wahl eingewilligt habe.

Die Gesandten des Wladislaus hingegen schlugen eine neue Wahl vor, Albrecht aber wollte nichts davon wissen.

Die polnischen Gesandten trugen zuerst ihre Nothburft vor, auf welche Albrecht antworten ließ. Diese Antwort ist ohne Zweifel die hier folgende Urkunde. Sie ist sehr vortreflich und meisterhaft abgefaßt, und muß einen großen Mann am Hofe des Königs zum Verfaßer gehabt haben.

Als eine Beilage befindet sich die Instrucktion, welche Albrecht noch vor dem Breßlauer Tage, einem gewißen Hartung, welchen er nach Schlesien sendete, gab. Auch gehöret hierher ein altes deutsches Gedicht, welches die Schicksale des Königs Albrechts in sich faßt, das ich aber schon in das teutsche Museum v. J. 1777. habe einrücken laßen.

Das ist die Werbunge der Polen unde die antwort vnsirs hirren Des Bemischen vngerischen rc. rc. konig.

Sulchs als Ir Erwirdiger vater Erzebischoff vnde ir Edlen Hirrin weywoden vnde andern hern des koniges von polan vnde seynes Bruders kaßemers Sendebothen von der selben ewern hern wegen Vnde das Ir hern von Behemen auch desgleichen van ewern hern wegen geworben vnde irezalt habt, was euch denne

not

notdurft ist gewest das denne hirnach wits gemelbit
wirt, Das hof, der Aller durchlauchste fursie vnde
here vnsir gnedigster herr. Der Romische vngerisch
Bemische zc. zc. konig mol vorstanden.

Als ir von Ewers hern wegen des kenigen vnd
hern kaßemers vorgelt habit zc. zc. Czu irsten (1) wie
das her durch die landhern die Edlingen vnde gemeynn
schaft des konigreichs zcu Behemen sey Cronlich vnde
Ordenlich Erwalt czu eyme konige vnde das ewer here
der kenig von polan zcu Irfüllunge seyner fore vnd
wele seyne weywoden vnde folk ken Behemen gesant
hetten vnde geschickt die mit vnserm hirren von sachen
sulcher wele sulben gered vnde gethenynget haben vnde
wie euch geantword worden sey herin heinrich straß
her Blassien vnde Kubstein die ken Crokaw gesand wo-
ren vnde das och czu vnssern hern dem konige gesand
worn her Grotke vmm gelehte vnde toy man sulch ge-
lehte nicht erwerben mochte Sunder als derselbe Grotke
von vßßerm hern deme konige hinder sich Reit, sey her
gefangen off deme wege vnde habe czu dem konige von
Polan yn sulcher sachen nicht komen mogen.

Ir habt auch irczalt (2) die weile uwer hern Cri-
stehlliche fürsten syn das sie sich denne sulcher sache der
wele nicht vndirwunden haben vmm wille nymandes
zcu schaden Sunder sulch recht zcu irfülgen vnde das
konigreich zcu Behemen yn seyne rechten freyheyten zcu
behalden vnde zcu eynen of das Cristenlich glawbe ge
meret;

(1) Propositio 1. Wladislat crönliche vnd ordentliche Er-
wehlung zum Böhmischen Könige.

(2) II. ad propagationem christiane religionis.

meret vnde gebreytet mochte werden. Ir habt auch
do ben gesagit (3) das ewir her der konig vnde syn Bru=
der here kaßemar das nawe parteye zcu Beheman durch
vnßern herrn den konig, gebruckt, wurbe das sy das
zcu beschirmunge des selbigen eres Teyles eyn heer ge=
macht, haben vnd zcu felde geczogen seyn vnde als der
Erwirdige here der Bischoff zcu Breslaw vnde auch der
Hochgeborne Fürste hercztczoge Kentener czwir yn dem
selbe geweßen seyn Vnde ewern Fürsten vnde hern zcu
frebe gerothen haben das sy do selbist also Cristenliche
Fursten vonne vormeyden vorgyssunge Cristenliches blu=
tis vnde nicht vmb ander not wille hinder sich ge=
czogen syn aws dem felde Vnde meldit do noch das die
sachen der wele die herren von Behemen wol clerlich awf
sagen werden zcu den ir euch czu cfagit, als benne ewer
worte Clerlich beslossen haben vnde ab die hie nicht als
Ordenlichin als ir die gesaczt habit, webir vmme irczes=
lit, werden das ir das nicht wollit vormerken Denne
vnser here der konig wolde das das ewer meynunge off
das korczte gevurt wurbe

Also antwort der obgenante vnser here der Romi=
sche vngerische vnde Bemische rc. rc. konig vnde vorbin=
git vnde beczewgit, das her euch mit scharfen worten
ab man die nach heyschunge seyner gerechtifeit vnde not=
dorfft sagen worbe euch nicht tzu leybigen meynenet, wen=
ne ir seyd yn seyner vnd yn seynes konigreichs zcu Be=
hemen stat vnd yn seynem hofe durchlawchtiget me be=
gert, Ouch das ir sulchs zcum besten wenden wollit, vnde
sagit

(3) Vladislaus fil. Jagellonis Rex Polonie et Vng. frater
Casimiri successoris post cladem Varnensem.

fagit·alfo Das feyne gnobe vnde alle anber kriftenliche
furftin die fulche fachen wiffen fafte wunder nennen das
der konig von Polan alfo eyn Elber nicht habe vndir
wenfic vnde abegewanb feynen bruder vnde feyne fürer
abir·rethe wanneber eyn kind fey, vnde fich felbis noch
nicht vorftoet noch off nennunge fulchir vnbillichen wele
die denne vnorbenlichin mit lawbe zeu reden vnorbenli-
chen vnde weber gewonheid vnde recht des konigreichs
das her gehalden gefchen ift (4) Nicht yn eyner ge-
meynen famenunge des ganezen konigreichs by czu Pra-
ge zeu feyn phlegit, Sunder yn eyner befundern vnbil-
lichen ftete off dem berge zeu kotten vnde welche landhrn
Edel vnde gemeyne do bey geweft feyn, mögit ir felber
wol verfteben vnde fulbe man daz fagen So worde euch
villeichte bedunken Sulchs mee geringfertige danne nu-
tze feyn, vnfirs hern des Romifchen, vngerifchen vnde
Behemifchen koniges gnobe wolte richt glawben das
der konig vnde feyn bruder kaßenier, mit fulcher kray-
ter bedeckunge vnde farbe fich fulden vnbirwunden ha-
ben feynes konigreichs.

: Sachen webder klerliche vnde offinbar gerechtikeit
die feyne Mageftate darezu hat Alfo das keyn groffir
gefeyn moge yn ber werlbe zeum irften wenne vnfer here
habe fyn Elichen Gemahel die allir durchluchtigift ynne
furftynne frawen Elyzabeth (5) königinne zc. vnfers
hrn des keyfers Seligen des woren vnde naturlichen ko-
nigen zeu Behemien eynige Tochter der Selbigen denne
vndir

(4) Das die Wahl Vladiflai Varnenfis nicht ordentlicher
weife volzogen.
(5) Elizabet filia Sigismundj imp. vx. Alberti imp.

vndir aßen Töchtern von aldem gesetcze vnde gulbin
Bullin keyßer vnde konige gancz recht, czu ßet vnde
gebwrt der Erbeschaft der Crone zcu Behem

Item Ouch von alden vorbeschreibungen (6) Eczwi=
schen den hawsern von Behemen vnde auch Ostirreich
gemachet vnde mit aller landhrn der grösten gessechte
vnde der gemeynde Ingyf. vorsegilt, vnde mit trawen
vnde eyden vor sich vnde yr Erbin Ewdelichin befestent
synd nicht alleyne Inwendig dem walde (7) sulber auch
durch alle ander lande zcu dem konigreich gehoret (8)
vnde auß wenbig deme walde gelegen als denne vnser hre
das wol klerlich zcu brengen vnde bewenßen moge als
das halt nicht noch not ist geweft, sulcher wele wenne
doch der Erbeling In leben geweft vnde noch ist dy
denne durch keyne wele enterbit werden möchte noch mo=
ge Es en möchten ouch durch die wele der wenigen eu=
wer partheyen der Elder auch volfomenlichen mit gese=
gilt haben also dy von Sternbergk pizibig (9) vnder
andern alden vorschrebungen des ganzen konigreichs nicht
obirsiren noch vorbrochen werden vnde die rebeliche wele
vnsers

(6) iff wegen alter vorschreibungen zwischen Beheim vnd
Oßterreich.

(7) Böhmen ward mit dem Beinahmen der Wald beehrt.
So heißt es in dem oben angeführten Gedichte, wel=
ches sich im Deutschen Museum befindet.
Behemen bedewth vns der wald.

(8) Auf diese Verschreibung beruft sich auch Sigmund in
der oben angeführten Urkunde, als welche auch von
den Sechslanden wäre bevestigt worden.

(9) fiff die von Sternberg pitzibig ꝛc. ꝛc. in die winckel=
wahl, nicht mittgesigelt.

vnfers hrn bes koniges mag nicht alleyne eyne wele vnde
eyne rebeliche kore funder ouch eyne Erblerunge der ge-
rechtifeit, feyner koniglicher Mayeftat, gut werden
vnbe bas bes egenanten hrn kaßemers vormeynte vnbe
vnbillige kore genczliche keyne vnbe vnnuczze fey als ey-
ne iglicher vornunftiger wol vorfteßen mag

Es fagit auch ewir wirbifeit, bas ewer hre ber
konig Vnbe feyn Bruber gefant haben Etliche wynwo-
ben vnbe anber kegin Bebemen zcu theðingen mit vn-
fern hrn beme konige von fachen ber wele vnbe bas eß
keyn geleyte werben mochte.

Dor off antwort ynfers hrn Mageftat, bas yr by
Dinge nicht zo volliclichen als die gefcheen finb vorftan-
ben habe Wenne vnfer herre alleczeit begert hot, fre-
ðenlichen zcu Regiren ymanb gewalt zcu thuen bas ym
bie auch nicht gefcheen was gancz gemeyet bie felbin
vnb alle anber Senbeboðen ber felbin vnwer hern zcu
ym zcu lafin vnbe vmme anlegunge willen hern Grotkeß
antworte feyne Mageftat bas her bie Senbebotin feßin
welbe funber ys en were nicht erliche frunðlichen zcu
theðingen bo benne ber polen folk gewopent yn feynem
konigreich zcogen funber bas ber Grotke fy vorhylt bas
bie Senbeboðen quemen fo welbe her fie gerne hören,
ber felbte Grotke ym weber antworte her hette macht fy
czu enthalben vnb czu ftellen vnbe bo von fo fchigkte vn-
fir herre ber konig zcu ftunb myt ym Johan Rabeften
feynen Dyner vnbe feyn volkomen geleyte alfo wenn
ys bas bas polnifche folk vorhalbin werben vnbe nicht
fint myt vnber by ym konigreich weren ußrithin wur-
ben bas benne fulch geleyte off virhunbert pferbe Geift-
licher vnbe werltlicher perfonen an gegeben wurbe Vnbe

fp

ſy alſo zcu der polen folke mit dem vorgenanten geleyte
ſei geritten ſo funden ſy das dy mehr ym lande zcu Be-
ƕemen woren Vnde alſo als der vorgenante Grotke das
volk nicht vorƕalden machte als ƕer denne ſagete das ƕer
des macht hatte So quam derſelbe Rabenſteyn mit de-
me geleyte wedir als ƕer das hatte yn eynem Ent-
pƕelniße.

Jr habt auch Jr czalt wie das die von Beƕemen
woſten das geſchefte der wele klerlich uß czu legen vnde
noch dem ſy dorynne gehort, vnde vornomen ſyud So
wende ich mich von geƕeyße vnßers ƕern des konigs zcu
en zcu antworten.

Es hat von ernntwegen Er przibig geſagit vnde
woſte awſgelegit wy das mal do vnſer ƕer, der keyßer
Seliger uß dem konigreich von Beƕemen zcogk vnde
ſeyne Mageſtat eynen gemeynen tag ſatczte vnge machte
off die Feyer vaſte (10) abbir Quatemper noch lucie
ymme not vnde Ordnunge des konigreichs zcu ſchaffen
vnde alſo ſeyne gnode weg czog vnde die landhern vnde
dy andern Edlen vnde gemeynen zcu ſulchin tage zcu
rythen do ſy do vornommen den leydigen tod vnde abe-
gank, vnßers ƕern des keyſſers vnd als vnſers ƕern
des keginwertigen koniges Sendebothen zcu Prage wo-
ren vnde ſulch geſchefte der wele do gehandilt wart,
das

(10) Daß die Quatember in den mittlern Zeiten bald
Weichfaſten bald Geldfaſten hießen, wird aus Haltau-
ſii Calendar. med. aeui p. 12. bekant ſein, dieſe Nah-
men ſind mir verſchiedentlich in ungedrukten Urkun-
den vorgekommen, aber den Namen Feyervaſten hab
ich noch nicht gefunden.

E

das dy lauthern dye dy Edelingen vnde Stete des we
dittenles borhen das dy landhern landlüthe Prage
vnde ander stete sulche wele vorhalben vnde nicht ent
hilbin wenne etliche von en woren iczcꝛund komen von
kaffel vnde Irboten sich das sie mit andern wolden et
liche wege geben die dy weren zcu gute deme gemeynnen
notcze des konigrichs vns weren die Redelich das man
pie off neme Weren odir sie des nicht, das man sie den
ne bleiben lnße vnde wn das vnser hern eyn teyl beger
ten das sie wolden yn eyner stobyn seyn vnde das etliche
personen czwischen en gingen vnde myttel suchten, daß
sy denne nicht bedauchte czemelichen seyn do bey sulben
von der gemeyne geteilet werden vnde also das sy das
nicht behalden mochten do beten sie da selbist enne czeit
zn czu gonnen die sie sich allenne nu der stat besampten
vmme des besten wille sulcher sachen das en auch abe
geslagen wart, off das das icht mit der kortcze sage
wenne man nicht halbe wort, anderweyt Irczelen mö
ge Nach deme als die wele gescheen was das etliche die
mechtigisten vnßers hern des koniges eyn Teyls gingen
In die herberge des wedirtenls vnde bathen das sy sich
weder sulche wele nicht setcꝛczen wolden wenne aroꝛczwey
unge vil boßes vß dem konigreich entsteen mochte Vnde
das do der wedirteyl antworte das sy nicht en irenn
wedir vnsern hern den konig abbir senne Regyrunge sun
der das sie allenne ansehin nocz des konigreichs das das
nicht yn seynen alden gerechtikeiten vnde gewonheiten
vorförczt wurde Vnde zcu letczt haben sie sich vorwil
let, das man sulche sachen beschrebe vnde wurden dor
czu gegeben personen von beyden Teylen vnde als das
beschrebyn was das der beydir teil vnßers dy grösten

vnßers

vnßers Teyls czu enander mit gebunden henden globe-
ten wo vnser here der konig, dy beschreben Orteyl off-
neme das her denne eyntrechtielich vor eynen hern des
konigreichs offgenomen worde vnde wo her die artykel
kenne von en awßflzuge das her denne nicht sulde off-
genomen werden vor eynen herren dy selbigen artikel yn
deme Rathuße sint vornemlichin geleßen dy ersten
gläubbe ap wir nw eyn wurden vnde das also mit den
Artyklyn gesant wurden Sendeboten des konigreichs
czu vnßern hern deme konige vnde vil ander rede Do
kquomen gescheftniße keyn Behemen als das etliche von
den beschreben Artykeln durch den vorgenanten vnßern
hern nicht besloßen noch vorwillet worden vnde also das
wedirteil, sach das von den deme konigreich großer scha-
de entsteen möchte vnde das die Dinge nicht awsgerich-
tet woren also beslossen was czu prage do se do haben
mußen en vnd dem konigreich vorsehn vnd yr meynt das
uch nicht fulfüret wenn die stücke die hir noch volgen

Czum ersten von den sunderlichin punkten vnde von
dem Erczbischoff, dorumme denne vnser herre der key-
ßer Seliger sich von dem konigreich vorschreben hatte
do sagit yr das vnser her der konig, das nicht gethan
habe das her denne das mit dreien orsachen vnde stü-
cken erczelt hatte

Item das vnser here der konig nicht enthalden dy
lande czu Osterreich Engene deme lande czu Behemen
vnde die alde vorschreibunge vnde brieffe wedir geben

Item das die Brieffe obir Merhen nicht gelegt
hette zcu handyn den landhern

Item

Item das her auch nich weder yn gesaczt hettē dÿ
königynne yn yr recht

Item von amptluthin yn dem konigreich czu Be-
hemen czu setczhen

Item In den obgenanten pungkten sagit ir das
unser her der konig nicht genug gethoen habe unde als
ir merckt yn ewern sachen dorynne ir uch denne gesatcz
hätte unde ouch Irgen gerechtikeit des konigreichs czu
schaden mogen komen So macht ir eyne samenunge
keyn (*) —— —— unde czu letczt schigkt ir czu un-
ßerm hern deme könige Peyn der ngelaw unde do noch
abir ken prage och przibiken unde ander bittende das man
eyne samenunge machte unde worde bie selbe samenunge
beduncken das durch dy antwort unßers hern des köni-
ges genuk were geschen dem konigrich das es denne also
blebe Were is abir nicht, das is denne nach gemeynem
Rathe gebessert wurde unde das seyne Magestat vor-
czöge die weyle seyne krönunge unde man sulchs abir
nicht behalden mochte unde das ir alsó durch unsers hern
des koniges teyl gedruckt unde nicht czu gelassen wirt
czu dem rechten der krone borczu Ir unde ander so gut
recht meynt czu haben als unßers hern des koniges teil
unde auch besorgunge grossir ungemach das euch unde
dem konigreiche entsteen möchte So habt andirswo hulffe
müßen suchen unde dy no denne funden habit als ir
meynt czu sulchin reden her als etliche wort czu satczen
dy denne seyne Magestat, czu wyne gesagit hot, als
von czu eygnunge Osterreich und Ergonneß satczt, ouch
czu

(*) Hier ist der Ort in der Urkunde ausgelassen.

czu vnde sagete was den wedirteyl bewegit habe czu der
wele herczogs kaßemers den her denne heylig nennete
als denne wir wort der man als hir nicht noch sagen
kan engintuchen ynne halben vnd ist auch nicht not bis
czu vornamen denne man die vorgehort hat, vnde ist
genuk das man czu der meynunge antworte ec. ec.

Czu den stücken antwort vnser here der Römische
vngerische Behemische ec. ec. konig das yn allen sulchen
ewern vorlegunge vnde reden czwey stucke begriffen wor-
den Eyns das ir entschulbiget uwir tat vnde beschulbi-
get die landhern dy eblen Stete vnde gemeyne des ko-
nigreichs das sie euch vorstossin haben der wele meynun-
ge ouch czu entseczczen ewers rechten vnd das sy vmb
sulchs missefals willen den sy wedir euch tragen nicht
gericht habin den nucz des konigreichs vorczunemen

Czum andern mole das vnser here der könig In
etlichen stücken nicht genuk sal gethan haben als sulche rede
gehort sint wurden Do noch vnsir here der konig, czu
Behem was Es sind auch vormals gehort wurden die
landhern die eblen vnd Stete dy vor obir vnde dorczu
orbintlich vnde Erliche antworte gobin vnde das das sy
gethon haben mit gute vnde mit rechte thun mochten
vnd sulben vnde ist nicht not der obir alhie lange reben
Rede czu machen wenne wir wissen wo man sulchs yn
Iren kegenwertigkeit sagete das sy eyn sulchs reblichie
Rechte antwort doruff wusten czu geben das man sie
vor gothe vnd der werlit billich entschulbiget hette vnde
es en mochte billichte zcemelicher. syn gewesyn sy ander
awgen czu beschulbigen denne yn erem abewesen das syn
keyne vor antwort haben der dy sachen engentlichen wys-
se wenne sye selbist wissen was sie glowbit, haben abir

E 3   nicht,

nicht, Es were auch zere vnbillig vnde ist auch vnge=
hort, das do fire abir funfe zo wenig lewthe dy sich von
enander teylen Sulde eyne enderliche wele vnd fore hin=
den dy von so mercklichen landhern vnde lurhen gescheen
ist, wenne ir wisset das nicht alle lurhe habin stymme
vnde recht ezu kysen vnde geböret auch nich allen lürhen
nach des königrichs aldin gewonheiten Denne man weys
wol welche haben von alder her könige ezu Ryßen vnde
ab sulche wele nicht en were dy doch seyne gnode gote sey
gelobit, Redelichen hot Were yo billich das das dem
rechten natürlichen erben an seyner erbeschaft vnde vn=
ßern hern dem könige an Seynen rebelichen vorschrei=
bungen vnd Claren rechten schaden sulde zc. zc.

Vnde dorvmb so wisset das vnser here der konig
Sy Jn den Stücken ezu den hern vnde seyne konigreich
die das antrift, die das ordenlichen vor antworten wer=
den vnd kommet wedir an dy stücke die seyne personen
an treffen Jr Sagit das seyne Magestat nicht fulbort
habe die obgenanten artikel

Ezum irsten das her sich nicht vorschreiben wolde
ezu halden dy punckte dy durch den keyßer vorschrebin
sint besundern die gerechtifeit des konigreichs vnde die
Compacta ynne heldit So antwort vnser here vnde be=
gert das allen prelaten fursten vnde ander keginwerti=
gin kuntlich sy das vnserm hern dorynne vngutlichin
vnde vnrecht geschnd denne seyne gnode obir sulche sache
deme lande notdorftige brieffe gegeben hot mit seynen
koniglichen Ingef. vorsigilt die denne Jn deme konig=
reiche neder gelegt sint vnd behalden der nawe abe=
schriffte seyne magestat awß seynem Register hot loßen
awsschreiben die man auch hie laßen möge ab is nod seyn
wur=

wurbe Dúch yn ſeynen weg zeyne von prage do alle Mey-
ſtere vnbe by gantcze pfaffheit von prage bey ſeinen gno-
be fegenwortig woren vnbe do meyſter przibian vndè
czu leczt do alle lanbhern eblen prage vnbe anbir Stetè
bey vnßerm hern dem konige waren frogeten ſeyne Ma-
ieſtat ab das mol burch en ichtis czu thun were czu ful-
furenbe vnbe genug czu thun ſeyner pflicht do ſy benne
antworten das ſy baß mol nicht wúſten, vnbe boten en
das Selbige vnßern heren wenne her czu ſelbe czeuth
vnbe der tot allen leuthen gemeyne iſt En ſagete ab er
was vnrathis ym webir fúre wo ſie ſich mit der kronen
priuilegien vnbe mit dem ganczen konigreich hen halben
ſulben Den benne ſeyne Mageſtat mit Danckbarkeit
antworte das ſie ſulben off ſehin haben off ſeyne gema-
hel Ir vnbe des konigreichs rechte Erbeling vnbe Ir
beyder kinber ben ſeyne gnobe benne die krone antworte
vnbe do woren do ſelbiſt lanbhern In der czale funf
vnb breyßig boruß man Mennelich vorſteen mag ab
vnſer here der konig rebelich in beſchulbiget werbe vnb
ouch ap dém konigreich wol vorſteen ſy abbir nicht wen-
ne is iſt wol vorſehelich das ſeyne mageſtat ber vnber
ſhyner kinber, des konigreichs ere alle czeit geruht habe
alſo getrawiglichen vnb ouch nicht czu vor ſehen benne
dy das luczel In dem konigreich haben an uover ſache
ſulche czweynis gemacht haben

Vnbe Alſo ſagit das ſeyne gnobe nicht hat Oſter-
reich vorgang beme konigreich czu Behemen vnbe dy
alben vorſchreibungen weber geben Ir do keyn ſagit vn-
ſer here der konig als es czu wyne en allen auch geſagit
iſt, vnb auch her alſo czu letczt gemelbet hot das es
nicht, an was noch hewte enis In ſeyner mageſtat

E 4   Sun-

Sunber das gantcze hawß czo Oſtirreich vnde die Her=
tczogen alle berüren das man by berawben ſulde Jres
rechten van ſulcher vorſchreibunge das were nicht billich
vnde auch nicht rebelich vnde auch ab ſeyne gnobe die
Herteognn mit bethe hette obirwunden. Sulchs czu
thuen das doch gar ſwerlich czu geſcheen wer So were
noth geweßen das man das gleichen weder vmme en
wedir gegebin hette yre brieffe by ber krone von bem von
Oſterreich gegeben ſyn vnde czu karleſteyn legin bas
benne eyne großir ſchabe were bem konigreich bo ſelbiſt
benne en czu künftige czeithin ſolchs aneſals och beytet,
als benne by von Oſterrich ntczunt yr beylit habin ben=
ne vnſer here ber konig ſeyne gemahel vnde czwene töch=
ter (11) by benne recht czu konigreich haben geſwegen
ber kinber die en got noch geben mag, So manche vnbe
ſo vil perſonen ſint, ſo vil als czu Oſterrich ſint, vnbe
ſtet yn ber ſchickunge gotes welch haws obir bas anber
falle Vnbe durch ſulcher brieffe die benne czu karleſteyn
legin beytet bas konigreich bas benne bie bie öſterreicher
irbeytet haben vnbe ſulche brieffe en awß czu gebin bas
were weber bas konigreich vnbe were gar eyn vnbillich
czu vorwanbiln by willen vnbe vorſchreibunge ber vetir
vnbe ber Elbern vnbe bie gerechtikeit burch keyſer kar=
len vnb anbern Seligen furſten beme konigreich irwor=
ben vnb herbracht, vnbe bie ſo leichticlichen vmb etlicher
vngebank bem konigreich czu vorlißen So iſt auch bas
eyne mynnerunge bes konigrichs als ben der alſo ſagit
von, bas konigrich blibis yn ſeyner koniglichen wirbi=
keit

(11) Zwo Töchter, beren eine nachmals einen Herzogen
von Sachſen vnb bie anbre Caſimirum in Polan ko-
nig geheyrathet.

keit als das Romiſche reich vnd das konigreich von vn=
gern nn eren wirdikeyten bleyben die do auch haben ey=
nen herczogen von Oſtirreich czu einem könige vnde czu
eynem hirn vnde dennoch nicht gemynnert werden des
gleich hofte ſenne gnode Behemen auch nicht czu myn=
nern Sunder alle ſenne lande ap gat vil Jn Eren vnde
Jn Eynikeid Alſo ſethir nu vnd vorſtehit alle wol ab
vnſer here der konig Nebelichen en geantwort habe vnde
ir bethe begegnunge czemelich mögelich vnde billich ge=
weſen ſen zc. zc.

Nu kome ich czu deme Stücke von Merhen daz ir
geſaczt habt, das die brieffe dbir merhen nach uwern be=
gere nn der hern hand nicht ſyn wedir gelegit worden
do antwort vnſer hirre der konig das her ſulche brieffe
was der geweſt iſt nach ſeyner krönunge czu hant gege=
ben hot, nn der herczogen hande dy die ouch czu ſich
genomen behalden vnde gelegit haben als den beſte be=
duchte vnde vnſer here begerte der brieffe vorder nicht,
czu haben me wenne als vor vil vorgangen Joren mer=
hen von gots gnaden mit gewaldiger hant behaldin vnde
beſchirmit hot, ane ewir brieffe wa em ymand gewalt
daran thuen welde, vnde hat dorynne ſenne mageſtat
abir uß richtielichin gethan vnd furt gefaren vnde wolde
nicht das das konigreich nn Einher ſache vor körczt wor=
de denne an den amptluthen des konigrichs antwort
ſenne mageſtat das her keynen amptman abir burg=
grafe nn dem konigreiche wiſſe den her geſaczt habe an=
ders denne eynen Bohemen So habe her auch Jn um=
melegenden landen nicht anders gethan das allis vnſer
here der keyſer vorſchreben vnde nczund ſenne gnade
befeſtent hod vnde ab vil leichte ymand Sagen wolde

das

das her vlrich Grofe von Ezill (12) wern eyn gemeyn=
ne hewptman des fonigreichs als man vil lichtis mey=
net das ift nicht, von des foniges fchaffen aber fatczen
Sunder von bethe wegen der landhern der eblen der
Stat ezu prage vnde anbir Stete gefcheen die denne alle
mit fleyße gebethen haben vnde noch bethen das man en
welbe weber heym fchicken off das her vil gutes vor das
fonigrich ezu vnbir druckunge der by das fonigreich be=
trúbit habin do felbift, als fie hoffen In forcz mehr
gutes thuen vnbe enden werde als man denne tegelich
mehr do von nu hôret, die ir auch wol môget vorfo=
met haben Nu fullit ir merfen Das der Ofterragf
ewern teyle zu Bêhemen ift, vnde her denne der graffe
von Ezyl gemacht, gemacht vnbe offgenomen ift, der
felbte Ofterragf denne eyn polan ift, vnbe eyn ußlenbir
vnbe In deme Artifel mag abir vnfer here der fonig In
feynem wege befchulbiget werden vnbe Ir felbis habit
webir fulche uwer bethunge vnbe artifel gethon als vor=
melbit ift, Von der fonigynnen do ift Etwanne vor=
mals geantwort worden, das die felbe frawe fonigynne
die weyle vnfer here der feyßer noch lebete were off ge=
halben vnde feyn prefburg gefurt wurden doran denne
vnfer here der itczund fonig ift, feyne fchuld hatte,
wenne der feyßer Seliger wufte was fie yn erer meye=
nunge hatte vnbe der felbige vorfatcz nu genug clar vnbe
leyder offinbar ift worden das denne vnfer here der fô=
nig vngerne melbig ift, wenne fy durch natürliche lyebe
Sulchs fegen Irem eygen blute nicht fulbe haben ge=
than

(12) Graff Vlrich von Ellten, fo bernach tutor Ladislaj
posthumi filii Alberti Imp. worden, und von Ladis-
lao Hunniade fratre Mathiae regis erftochen.

than Abir wie bene sey So theb bo vnser here als her
czu konige czu vngern gekrönet wart seynen höchsten
fleyß vnde quam personlich myt seynen prelaten vnde
landhern kegen Gomorey vnde geleite sich dornoch kegen
Ofen vnde durch mittel vnßers hern des koniges wart sie
lebig vnde seyne gnode lys ir große rente vnde genug
Slößere czu erem erlichen State vnde wirde der selbi-
gen gutere das virde teil sie billich iczzunt vor gut ne-
me So beheldit man auch noch Rathe das konigreich
czu vngern Etczlicher Sloß an der greniez vnde czu ir
komen schaden des selbigen konigreichs als denne die
loust iczzumb gelegin sind vnde sulchs ist gescheen mit
Iren guten willen vnde mit vnder schreibunge eren ey-
gen hantschrifften vnd mit Ingesegil vnser vnd Irer
vnde vil vnser landheren vnde Sulche guter hat die
frar   nigyn besessen vnde ynne gehabt fredelichen ane
hinderniße biß also lange das sie selbis ane note kegen
polan gefüget hat, die denne woren vnde sint vnsers
hern des koniges vynde vnde als man denne auch man-
cherley ewir brieffe begriffen hat In den denne die kö-
nigynne nicht vil vnßers hern des koniges sachen czu
guthen furderte vnde ere Stete czu Behemen die ersten
woren die denne die polan vnßers hern des koniges
vinden nicht ander frawen königynne wissen Sundir
wedir Ir engene vorschreibunge in Inßen vnde do vox
so hette vnser hirre der konig durch recht Orteil vnde
gerichte In czu vngern alles das er was wol genomen
hette das her doch nicht thuen wotde Do wegete yn liebe
vnde trewe Als kegen seyner muter vnde Schweger
vnde auch vmb ere vnser frawen der königyn vnde sey-
ner magestat biß das sie vil leichte Ir meynunge czu
volbringen Selbis vnbetwunglichen ist hinweg geczogen
Also

Also das vnßer here, dorwmmme nicht moge beschulbi=
get werden, wenne her alleczeit, kegin Jr die pflicht ey=
nes dinstes gerne irczeiget hette wo sy das wolbe offge=
nomen haben die denne nie vor sulche malteib In erbe=
bingunge seyner genode gemaßeln vnbe Jren tochtern
vil obils vnbe bößes gemacht hat vnb noch macht zc.

Vß allen Sachen Stucken Jr hern Senbebothen
des konigs von polan vnbe seynes Bruders hern kaße=
mers vnbe anber prelaten fursten vnbe alle die bo fegen=
wertig steen mercken mogen das die hern von Beßemen
des webirteyls meer gebacht haben genuk czu thuen ew=
ern mutwillen vnbe denne die gerechtikeit des lanbis czu
beschirmen abir obir die rechte bek konigreichs als sie sa=
gen czu hant haben die selbigen lewthe etliche von becczei=
ten des keyßers Seliges mit lawbe czu sagen sulche
ewenunge vnbe kryge mit Jren czu legern gesucht ha=
ben vorsmeßen vnb dy Compacta vnb obir komung vnb
sich von andern lewthen die dy hylben vnbe wollen me
haben vnbe höer irhöet werbeu, denne sich gebörte off
das das sy das königreich betruben vnbe eren mutwil=
len ervolgen mochten vnbe ewer wirbikeit, wolbe nicht
glewben Jr hern van polan das ir durch denselbigen
teil geheyschen sind vmb ewers besten willen denne ir vß
ber czebeln peters des engelischen die nr hern prelaten
gehabt hat, wol vorsteen mogit, was von euch polan
etliche von eynteil ewer Beßemen meynen vnbe was ere
sie ouch schaffen die selbige czebil wenne ir der seßin wel=
bit wol sal gewenset werbin Sunber sulchs alles hinber=
geloßen So seßit ir wol das vnser here ber könig die
gerechtikeit des konigreichs rebelichen bestetiget hat, vnbe
alle Stücke keyßers Sigemundes vnbe hatte auch alle
                                                    beger=

begerten artikeln So vil her mit gote vnde mit Jren
möchte genczlich genug gethoen haben So das die Be=
hemen ewres teyles sich webir vnsern hern vnbillichen
setczin vnde das vnßers hern magestat vnbillichin be=
schuldiget werden vnde das solche binge vil leichte nicht
zo fulliclichen czu ewern vorstentnis gebracht werden
Als by sich Jn Jn selbis han vnde die gancze werlit
weyß

Vnde ab vil leichte Jn eynunge wege ewer gebreche
Jn vnserm hern dem konige abir der krone vndir sezen
gefunden werde Sy sulden auch nicht, by personen des
webirteils denne kegen deme gantczin wenig ist Sulchs
seyner magestat czumeßen, vnde Jr hern von polan
sulbit auch sulchs euch nicht vnbirczißen Sunder das
meysteteyl des konigreichs mit sampt seyner Magestat
möchte sulchs beßern nach deme denne seyne magestat
sich des alleczeit irbethen hat.

Nach sulchen vorbrachten stücken von gebethe vn=
ßers hern des koniges wende ich mich webir czu euch
Erwirdiger vater eyn Erczbischof vnde auch Edlen hern
von Polan rc. Jr habt gesagit das ewir hirre der ko=
nig vnde seyn Bruder nicht offgenomt haben die wele
vnde die binge vmb ymand czu beschebigen abir czu vor=
unrechten wollen Sunder czu irfolgen das recht seyner
wele vnde das sy sint kristeliche fursten vnde volgen nach
Eres vater fußstophen der denne Jn den selbigen lan=
den vnde czu lithaw kirchen gebawet vnde Cristenlichen
glawben gebreitet hot, vnde allewege mit allen Cristen
die mit ein frede haben wolden, frede gehabt han vnde
sie auch vmb breytunge des glauben vnde weberbrin=
gunge des konigreichs czu Behemen vnde hanthabunge
wil=

willen ſeyner rechten Sulche borde off ſich genomen ha=
ben vnde als ewer teil durch vnſern hern den konig als
ir vorgegeben habt benkunge geſcheen das bo die ſelbi=
gen ewer furſten Jr czu hulfe eyn heer gemacht habē
vnde als ſie Jn diſſen landen geweſt ſeyn vnde der here
herczog kentener vnde bornoch der Biſchof von Breſ=
law vnde aber der herczog kentener Jn dem ſelbe bey
ewern hern weren czu frebe den konigriche vnde den fur=
ſten werend das ewer hern alle wegen frebe begerende
vmb vergiſſunge Criſtenlichen bluts vor hut hand hin=
der ſich czogen awf dem ſelbe als ir das denn breyten
gecleret habt,

Vnde Dorvmme habt Jr gebethen vnßern hern
den konig vnde ſeyne Mageſtat ſulche gute meynunge
ewers hern des koniges vnde ſeynes Bruders vorſtehen
vnde ſy Jn freden vnde gemache laſien wolben Off bas
czu eynckeit Criſtenlicher furſten deſter bas wedirſtehen
mogen den heyden vnde das alle billiche czemeliche vnde
zedeliche binge an ewren furſten ny haben gebrochen
noch entprochen

Vnde Jr habt geſagit beße Stucke die euch dun=
cken rebelichen vnde billichen czum Erſten das ſeyne ma=
geſtat wolde loßen loß alle gefangen ſeynes webirteyls
Jtem das ſeyne mageſtat wolde ſeynes czornes entwei=
chen vnde vorgeben alle ſeyne webirteyl die Jn den Sa=
chen gewehnit ſynt Jtem das auch ſeyne Mageſtat land=
hern Ritterſchaft, Stete ſeynes teylis allir gelobbe
vnde eybe vnde das ewer konig ſulbe vnbizmenßen ſey=
nen Bruder hern kaßemir das der besgleichen die ſeynen
lebig ſage Vnde das benne czu fugheib vnde Jn eyn=
trechtikeit eyne nawe wele vnde kore geſchee Jn eyner
gemey=

gemeynen fampenenungen bes gantczen konigreichs vnde
ab vnfer here'eyntrechticlichen geforen wurde das her
denne konig blobe an hynderniße des andern teyles vnde
ewiger her worde obir her kaßemer'irwelt das denne
desgleichen blebe ane hynderniffe vnßers hern Ir habt
auch begerd das die königynne Frawe Barbara In ir
recht webir vmb gefanth wurde

Dorczu vnfer here der Konig Alfo antwort, Als
ir gevurt habt das ewer heren fulche fachen angenomeu
haben vnde befcheidunge abir von vnrechtin gewillen
Sunder vmößehalbunge vnde Frehes willen des konig=
reichs ꝛc. Sulchs fredes In der tat aubers wenne ewer
konig vnde feyn bruder fulche dinge offgenomen haben
von manchen rathe etlicher Behemen webir gancz clär
recht vnfers hern des königes vnde feyner gemaheln vnde
webir die rebelichen köre vnde elerunge feyner Mageftat
rechtis czu prage gefcheen do felbift auch die felbigen
ewers teyles keygenwertig woren vnde ewir ftymme dor=
czu goben als Ir czu ftund In eynem briefe er Alßey
ftymme vornemen werdet, vnde barnach mag auch van
andern gefunden werden wirt des noth feyn So ift we=
bir fulchs auch die fruntliche erbytunge die vnßer here
der könig tet, durch hern heynrichen, Hern Blaßen
vnde Rabfteyn kegen Crekaw gefant hette die ewern
vßcogen die gnug fagete vnßers hern des koniges recht
vnde was obils fulgen worde wo Ir hern von polan
rawben wordit fulche dinge das ir doch nicht haben be=
tracht wollen Als fich man nu wol das folche dinge off=
genomen fint czu Schaden vnde vor vnrechtunge vnfers
hern des königes vnde fennes konigrichs des felbige ko=
nigrich denne ewer folk mit fewere vnde mit deme fwerte
beſche=

beschebiget haben do denne seyne mageſtat czu Prage
was vnde entpfinge etliche In dem hohen faſte noch ge-
wonheit seyner vorfaren seyne konigliche krone von den
prelaten des konigreichs der do noch deme der Erczbi-
ſchoff ſtul ledig iſt nach privilegium des konigreichs
Sulchs von Ampts wegen thun ſulde do denne bey ent-
ſtunden fumff vnde funczig von den merglichſten land-
hern vnde edelingen des konigreichs vnde wol worten
vnde vor willigten vnde alles folck eyntrechticlichen rufte
Man sal en kronen zc.

Von sulcher bernrter Beſcheidunge willen vnſer
here der konig der do frebelich czu prage ſaß durch ſul-
cher vorvnrechtunge irwecket wart, aber erwegen wart,
als her entpfinge die wedirſagunge der polan vnde Irer
czu leger noch vil gethon ſchaden wedir die czuſagunge
des Grotken der denne von ewern konigs wegen Sagete
Das ſulch volk ane ſchaden eyns Irzlichen czihen ſulde
vnde hat ſich irhaben mit vil seyner furſten vnde vnder-
tanen czu felde geczogen als denne etlichen von euch den
hern poleu vnde Behemen die hie keginwortig ſind wol
wißen mogen die denne dort, keginwortig worn vnde
vnßers hern des koniges fynden hulfen So vil als ſie
mochten Ouch hot ewer here der konig mit seynem Bru-
der Im her gefurt, kegin wurticlichen wedir daße land
vnde furſteu vnſers hern des koniges vnde haben den
großen ſchaden gethon mit ſewere vnde mit deme ſwerte
wedir vorſchreibunge seyner vorfaren vnde beſundern
konig kaßemar vnde ander die off alle deße lande vor ſich
nach seynen nachkomen ewiclichen vorczegen hat, Als
ir denne In deine brieffe des transſumpt man hir hot,
eygentlich vornemen mögit ab ir den hören wollit, Der
brieff

brieff helbit auch me Jnne was polen deme konigreich
ezu Behemen pflichtig ift, des nicht noth ift, iczund
alles ezu fagen Es en hot auch vnfer here der konig nÿ
keyne awfagunge ewerer heren gefehen abir gehord das
vnbillich ift, vnde alfo hat fich fenne gnode vmb beßer
lande willen den hulfe iczund her vß gefüget vnde als
her diffe land beruete So find ewer hern hinder fich ge⸗
czogen het, abir der Wifchoff von Breflaw Adder her⸗
czog kentner nˑkeynerleye Roth abdir vnbirwenfunge ge⸗
geben czu freden das mag wol feyn Alfo denne Criften⸗
lichen furften vnde befundern geiftlichen wol czemeth
Das abir vnßer here der konig yn ichts bo von entpho⸗
len habe Jn Schriften myt worten abir mit werken das
ift ny gefcheen vnde fulchs mogen fie felber, als fie hie
kegenwertig fteen bey eren trawen fagen. Vnde wy wol
vnfer here alleczeit Frede enb rechtfertifeit begert hat,
So en ift her doch nicht gewefzen vnde ift auch nicht von
meynem (13) hertczen vnde gemütis feym konigreiche
vnde lande weder fenne vor vnrechten mit der hulfe go⸗
tes ezu befchirmen Nu mogit ir horen vnde merken Ab
fulche of nemen vnde vnbirwindunge ewir furften ge⸗
fcheen fey ane fchaden vnfers heren des koniges Is en
ift auch durch fulche meynunge ewer hern die Jr denne
meynt lawter feyn nicht vorfehen der heyligen kirchen
deme heyligen glawben noch auch den freden des konig⸗
reichs denne das felbige konigreich bey dem geczeyten des
keyfers Seyligen durch feyne helige erbeyt wedir vmb
feyberlich geordent vnde gefaczt was Jn frede Alfo das
die Compacta vnde auch die geczirheib der kirchen von ey⸗
nem

(13) meinem d. i. einem.

F

ñem großen teile des fonigreichs gehalben wurden vnde
was auch das selbige fonigreich webir vmb wolgefrebet,
Also das ramb vnde bornen off gehorb hatten vnde des
auch czwischen vmb gelegin land des fonigreichs kawf-
leuthe werbunge vnde kawfman schacz hetten vnde man
schnre der vorgangen vnfure In deme lande nicht me ge-
bachte Abir vmb vnbirwinbunge wegen aber willen ew-
ern fursten vnde Jrer czu leger webir vnsers heren des
foniges gerechtifeit So sind sulche sachen webir vmme
In Jrrunge gefallen Als das das fonigreich das czu
frebe brocht was webir vmb In frebe komen ist vnde
bie sachen des glawben vnde der Compacta borvmb ben-
ne bie henlige kirche große erbab gehabt hat, webir vmb
czu vnrab komen senn vnde etlichen Jrresal bie bo vor
bemphet wobon ntczunb webir vmb burch etliche perso-
nen off geweckt werden das benne ewern hern wenne fie
Criftenliche fursten senn billich senb senn sulbe

Es en ist ouch ben rechten vnde ben frenthen nach
auch gemache des fonigreichs nicht vorfehen wenne bie
lanbtaffel noch och bie rechtfertifeit fenne vorgang haben
So en wirbit och bem Berge czu fotten noch anbern
noth borften des fonigreichs vmb ewer hynberniffe wille
nicht gehulffen

Vnbe Dorvmme So mag vnfer here ber fonig
anbere Criftenliche Furften vnbe frome lewthe nicht vor-
ftehen das sulche sache gegangen sen In lawther mene-
nunge. Als Jr vnde bie Behemen sagen benne fich bie
czeit czu vorförczunge ber kirchen vnbe czu ganczir czu-
ftewerunge bes fonigreichs vnbe senner mageftat, hette
sulche nicht gehoft von ewern hern von beme senn gnobe
sante von Ofen fegen Crofaw sennen Erbern Bothen
czum

czum Ersten ewer Steffan Roernagk Ritther vnde sich er=
bote eweren konigen vnde deme konigreich von polen czu
aller frunbschaft der Selbige Stephan mit guten erbitun=
gen czu vnserm hern webir quam von ewerm konige by
sich nu mit den werken beweyßen als man auch wol be=
weyßen mochte czu seynen czeithen was durch der hern
polen brieff czu vngern vnde anbirswo webir vnsern hern
den konig vnbillich vorsucht ist das doch nicht noth ist czu
bissen mole vorczubrengen

Ir habit auch gesagit das ewern hern alleczeit begereth
haben frede vnde eyntrachtikeit vnde Alle Redeliche vnde
Billiche ding vnde Gebt von die vorgenanten puncfte
Nemlich von lebichfassunge der gefangen vnd lossagunge
der eude beyderthalben vnde von eyner nawen wele czu
thuen rc.

Das Sagit vnser here der Konig also als alle vorge=
vurthe ding durch ewern hern vorsicht vnde gethoen sind
webir vnßers hern gerechtifeit vnde webir des koniges fre=
de nicht gescheen sint, nach rebelichkeit vnde gleich als eyn
bebuncfe Ouch vnser here der konig vnde die prelaten vnde
seyne Fursten Sulche erbytunge vnde vorlegunge och
nicht gleich vnde billich wenne eyn sulchs nicht en were
eyne billiche vnde Redeliche obirtretunge denne vnßer here
der konig eyn worer geborner vnde gefronter konig ist
vnde hot clerlich recht also vor gemelbit ist, vnde hot
auch vngleich eyn großes ceyl czu behemen von den vor=
nemgisten landhern edelingen vnge Staten gesweger hant
andere furstenthume vnde czu gehorunge des konigreichs
als do ist die Slesien Merhen Luzizer land Görlicz land
vnde anbir land abir welde kegen Behemen Beyern vnde
anders by denne vil großer sind wenne gancz Behemer
land Sulche lande mit en JnBehemen Alle seyner Mage=
F 2
stat

ſtat gehold vnd geſworen nymer abe czu treten von ſulchen
rechten vnde Beſiczunge ewer hern her Kaßemir der denne
alleyne In Behemen eyne parthey hot So vil als ir wol
wiſſet vnde wie auch ſeyne wele ſey vnde wer en gewelt ha-
be vnde wo her gewelet ſey das merkit Ir ſelbis ab das
rechten gleich ſey Is iſt auch wol leichter abeczutreten her
Kaßemir von dem cleynen das ſeyn nichten iſt denne vn-
ßerm hern konig von deme ganczen das her mit gothe vnde
mit rechte vnde In redelichkeit beſeſſen hat, vnde Ab
vnſer hirre eyn ſulchs thuen welde So machte her is doch
nicht gethuen wenne ſeyne mageſtat der burchlawchtigi-
ſten vnſer frawen der konigyn gemahel vnde rechten na-
turlichen erbelinge des konigreichs gerechtikeit nicht ſetcz in
mochte off die woge Sy wurde auch ſulchs yn keyns zcu
loßen gehen vnde em eynen fremden furſten der keyn recht
denne dorczu hat, vnde wenne ſulche wege vnde erbytunge
ſich nicht gleichen der gerechtikeit vnde redelichkeit, Als ir
Alle wol vorſtehit So en mag, nach ſuget vnſerm hern der
nicht off czu nemen Sunder als den tag gevurt iſt, Das
ſeyne gnade In felde vnde andirſwo ſich alle wege irbothen
hot, czu Redelichen czymlichen vnd gleichen dingen Alſo
das ſeyne Mageſtat In ſulchen ſachen ſteen wolde czur
erkentniße vnde awſprache vnßers heyligen vater des Bo-
biſtes vnde ſeyner Cardinal des heyligen Concilij czu Baß-
le Aller Criſtenlicher konige korfurſten vnde andir Fur-
ſten vom meyſten czum mynſten So erbewtit ſich Noch
hewtigs tags ſeyne Mageſtat dorczu vnde furder czu allen
andern redelichen billichen vnde megelichen wegen die man
vmb fredes vnde der Ganczen Criſtenheit willen irdenken
mochte nicht durch eynige notſache bewegit Sunder vmb
der ganczen Criſtenheit beſtis vnde fredes willen des konig-
reichs vnde czu vormeyden Criſtinliches Bluts vergnſſen

Thut

Thut das ewir here So wirt her gefunden Jn gleichen din=
gen Thut her das nicht So ist czu merken das her seynem
rechten nicht getrawet das her ein von en recht vorgeno=
men hot ꝛc.

Czum letczten Als ir geruret habt von Frawen Bar=
baren konignnne ꝛc. ꝛc. das die webir vmb czu eren rechten
gesatczt wurde Sagit vnser here der konig das yn den er=
sten Artifeln vnde Jn der antwort der hern von Behemen
Off die Materien gegeben fülliclich in gemelbit ist Seyner
magestat vnschulde vnd meynunge Bey der antwort her
auch bleibit vnde is dunckt seyne Magestat das is nicht czu
en gehöre den hern von Behemen vnde noch weniger den
polen Jn sulche sachen sich czu czihen die denne vorschreben
vnb vorsegilt seynb vnde mit Jrer eygenen hand vorvestent
ist Doch so ist wol czu vorstehen wo off das gehit

Nu Höret Jr Erwürdigen vetere Jr hern dy legaten
vnde andern prelaten Jr durchlauchtigisten fursten vnde
andere alle die hie kegenwortig steen die claren vnde law=
ter gerechtifeit vnßers hern des koniges vnde gewalt des
webirteyles dy denn Jn keyner farwe noch grunde besteen
mögen vnde allis sulchs was do geschit Geschid vmbe be=
schedunge vnde herschens willen vnde das sie vnßers hern
des koniges vnde seynes konigreichs czu Behemen webir=
wertigen sterken Also denne auch czuuor Jnczeitthen vn=
ßers hern des keyßers durch den Segemund korbuti (14)
vnde etliche ander von polan die webirwortigen von Be=
hemen Jn erer hartifeit alleczeit gesterkt wurden synt,
vnde Jtz bethet der vorgenante vnser herre euch allen
das ir vndirweyßen wollet den hern den Erczbischoff, dy
woywoden vnde ander polen hy kegenwortig das sie eren

F 3   konig

(*) Sigmund Corbuthi filius Kristadii mit Jagellone Ge-
schwisterkind.

konig vnde seynen bruder vnderweyßen, das sie von sul-
chen sachen absteen Vnde vnsern hern den konig In sey-
nen rechten fredelich loßen vnde auch keyne beschedunge
thuen Sunder seynen gnaden korung vnde wandel
thuen vor den schaden So sy denne seynem konigreiche
czu Behemen vnde deßen landen mit dem fewer vnde
mit dem swerte vnbillich gethoen vnde czu gefugit haben
vnde In der sache sulcher korunge vnde wandils wil vn-
ßer here der konig steen czur erkentniß ewir vetirlichen
wirdikeit vnde deßir furstin vnde anderer redelicher vnde
fromer lewthe zc. zc.

Mogen abir sulche seyner gnoden erbytunge die
von aller werled Nicht billicher Gleicher geseyn möchte
wenne kein Cristen czu eynem richter nicht awfgeslagen
wirt nicht stad gehaben Vnde das der wedirteyl yn mut-
willen treyben welde So bethet seyne gnode Das Ir le-
gaten sulcher gleycher verbytunge doch gedencken vnde
die an vnsern heiligen vater den Bobist vnde des heyli-
gen Concilij en vnde Ir fursten vnde hern obir Alle be-
kentlichen seyn wollit Ab vorbaß blut vorgyssunge dor-
awß irginge das doch menlich wisse das das doch nicht
vnsers heren enthalben Sunder von mutwillen des we-
dirteyles gleych vnde recht irgeth zc. zc.

Werbunge hern hartunge Fursten hern vnde
Stete von vnßers hern des koniges
wegen 1438.

Zcum irsten Sal her In Sagin Seyner gnaden gnab
guten willin vnd freuntschafft

Item donoch als sie neheft ir erber sendeboten bey vn-
serm hern dem konnige gehabit haben begernd beistand vnd
hülffe wann sie bey seinen gnaden vnd der Cron getreulichen
                                                        thun

thun wolten vnd feine koniglidje gnad mit daugnemkeit Jn
widervmb entbote wie er fich perfönlich Jn die Slefie czu
Jnfugen wolt vnd als feine gnad her kem prage quam vnd
die furften heym fende vnd fich gerichtes wolt in die Slefie
fugin Alßo gegab fich der ftreith zcwiffchin den von fachfin
vnd den finden Alß hern hartung wol weiß Jn dem felben ftrei-
te dye von Socz vnd von lann vil luthe verloren habin alfo
das feinen gnaden geburt noch den Stetin czu trachten As
denn fenner gnaden itczund dobey vnd intedingen ift vnnd
hofft eynis guten enden an vorczihn vnd alß denn fo vil fich
feine gnade fur fich in die Schlefie fugen vnnd wer das nicht
gewest feine gnade were langis uff dem wege gewefin

Jtem her hartung fal ouch furften landen vnnd Stetin
erczelin wie feine gnade vornomen vnd eigentlichen botfchafft
gehabit hat wie der konig von polan vnde fein bruder perfon-
lich Jn die Slefie komen fein Jn meinunge die zcu befche-
digen czuuorterbin vnd von der Cron zcu dringen dorvmb
fich feine konigliche gnade vafte furdern vnd Jn die Sel-
bien land eylin wil vnd dorvmb fo fal her hartung fie bitten
vnd ernftlich ermanen vnd funderlichin die furften das fie
fich mit iren luthen zcu roße vnd zcu fuße wegen vnd ander
notdorfft bereid halten vnd den finden widerfthen Jn alle
wege fo fie beft mogin biß zcu feyner gnaden zcukunft mit
dem fie denn entlichen czihen mogin So wil fie feine ko-
nigliche gnab ane hulffe vnde zcufchub nicht loffin domit fie
feinen gnaden difterbas gedinen mogen vnd alßo Sal man
auch mann vnd Stete irmanen das fie auch uff fein das
wil feine gnade mit fundern gnaden kein Jn irkennen wenn
fie alle des vnßern hern vnd der Crone auch Jn felbis vnd
den land fchuldig fein nu die finde Alßo Jn dem land legin

Jtem mocht her hartung das dorczu brengin, das fie ei-
nis tagis vnd eyner Stat ding würde do man fich fameln folt
das were gar gut das feine gnad zcu bereiten volke qweme vnd
mochte fie Jn der czeith den finden icht fchaden das wer auch
gut mochte es aber nicht gefein das denn yderman bereith were
fo der konig qweme das fie denn mit feinen gnaden czogin wenn

F 4

fei-

seine gnad Jn das felb meynet mit der hulffe gotis zcu we-
rln adir dorvmb zcu leiden

' Jtem her hartung sal ouch vleissig sein Jn geheim zcu
irfaren wie stark eyn ydermann zcu rosse vnd zcu fusse uff
komen mag vnd wo die sampnunge am fuglichsten gesein
mocht das er das seinen gnaden vmbir augen entbiten mag
ab es muglich sein wirt

Jtem her sal in ouch vorczelin wie sich der Streit ergan-
gin hat mit den gefangen vnde allin dingen

' Jtem ob die polan ire gerechtikeit Jn den landin vor-
gebin wolten alß sie deme thun So mag man erczeln das
vnßern hern den konig erwelit habin die meisten hern alß
der von Rosenberg die vom neuwenhuße die von michils-
perg die von Swamberg die vom Remsenberg von luchten-
berg her hlawatcz der von weisenberg die von hasinborg von
Roratin die von kolowrat vnd zcu meist alle hern vnd die
große Ritterschaft allir freiße Prage die Stat vnd zcu meist
alle Stete die denn bey seiner gnaden kronunge mit gewesen
sein So het des von polan bruder nymand gewelt denne
drey arme hern nemelichen der holliczky der pteczko der von
Seberg vnd von zwierzetiß do gar nichts anligt vnd eßliche
Ritterschaft vnnd nicht Jn eyner gemeynen sampunge als
zcu prage sunder Jn eyner cleine sampnunge uff dem berge ꝛc.
die selbien hern vnd Stete doch zcu meiß vormals alle Jre
stymme zcu vnßern hern dem konige hetten vnd ab vnßers
hern wel nicht geschen were so doch vnßer herre noch seiner ge-
mael vnd nach alden vorschreibunge gotlich recht zcu dem
konigreich vnd wer anders hat welin wollin der hat sein nicht
macht gehabit wenn nymand eyne neuwe herschaft welin
mag wo noch eyn erbe vnd rechter nachfolger lebit dorczu so
helt sich nymand an des von polan teyl denn die ketczer von
Thabor vnd ander die der Compactata nichten halden vnd
wider die kirche sind vnd Rowber die keyns frides begern do
bey menneclich mercken mag was gerechtikeit
sie haben.

III.

III.

Geschichte des Krieges
zwischen
den Eydgenossen
und
dem Herzoge von Burgund,
Karl dem Kühnen.
Aus einer gleichzeitigen Handschrift.

✽✾✽✾✽✾✽✾✽✾✽✾✽✾✽✾✽✾✽✾✽✾✽

Fursichtigen Ersammen weißen sundernlichen vnde 16͞76
guten frunb uff das anzeigen uch Jn vnser vber-
gesanten missiuen bescheen da begern wir ůwer
brebe gutlich zcu vornemen als der durchluchtig hochge-
born furste vnßer gnebiger hirre herczog Segemunb
herczog zcu ostirrich ꝛc. ꝛc. die graffschafft phirt mit sampt
etlichen andern schlossin Steten vnnd landin hiermb
gelegen fur eyn gnante summe gelts houpt guts uff eyn
wiberlosung bem herczogen von Burgund vorinsatczet
vnb sich berselbe herczog von Burgunb da gegen vn-
der sin ingesegil offenlich vorschrebin vnb byesinen wir-
bin vnb eren hoch verphlicht hait gehept die gnante graff-
schafft Stet sloß land vnb leuth by allen vnb neglichen
Jren freiheiten gerechtifeiten gewohnheiten vnb har-
komenheiten wie die biß an yn harfomen weren unvor-
seret bleiben zu. lassin vnb aber solichs burch manigh
faltig groß mißhennbel vnb arglestrich geschichten wilant
her peters von hagenbach (1) ritters sins lantvogts se-
lig in wißende nit vollzogen ist welicher lanbuogt alle
billifeit hinb angeseczet vnb als eyn Tyrann vnb durch-
echter regiret nemlich prister an lib vnb gut swerlichin
bekumert frawen vnbe Tochter gewaltiglichen geschenbit
vil ingesessener frommer lantlube wiber got vnb recht an
alle vorschulbung vnb gerichtist genge von dem leben zu
dem Tode bracht das lanth vnb die lutbte Jn Jren frei-
heiten

(1) Dieser Peter von Hagenbach ein tirannischer Mann,
ward von den Bürgern zu Breisach am 10ten April
1473 gefangen genommen, und auf Befehl des Erz-
herzog Sigmunds von einem besonders niedergesezten
Gerichte verurtheilt und am 9ten Mai hingerichtet.

heiten gerechtikeiten fins eygen gewalts getrenget vnd
In Ir gutd manchfaltiglichin an rechte genomen hatb
mit vil ane fwererer großer merlicher vnd vnachtlicher
mißehantlung durch In begangen da durch der gedach=
te vnßer g. h. herczog Segemundt nyt vnbillich als eyn
fromer criftlicher furft bewogen worbin ift folich lantb
vnd lubte wibder czu finen vnd bez loblichin hufiß ofter=
richß hand in zo zihen als here auch das durch hulffe
gotis by almechtigen gethan finen phant fchilling wie
woil er dez nach mißehandlung der gemelten Sachin
nit fchulbig gewehen were hinder vnß dye von Bafel
legenden hertczogen von burgund den dafelbeß zu ent=
phoen verkundin laffin, der fich abir bes nu nene biß
er gewibdet hat vnd abir bez da mynner nit etczlich fine
dyner uß burgund vnd andern lanben fyner vnd ore
ere halbt vnbewart in die grafffchafft phirt vnd diß ge=
gene by vmb ußgeuertiger hoit vnd dy dar yn vngotlich
vnmenfchlich vnd vnnaturlich fachin begangen vnd der
lantfchafft verderplichen fchabin zogefogit habin mit en=
terung der heiligen werbigen facramenten entwendung
der heiligin kirchin die an allen oren gots gezerunge be=
raubiden mit entfeczunge der loblichen clofter vnd gotis
hußer berawbunge der Erfamen prifterfchafft lefterunge
vnd fchennunge der fromen iuncfrawen vmb vmbrengun=
ge vil fromer lantfeffen von mannen wibern vnd kyn=
dern vnber fren iarn ouch volbrengunge vnmenfchlicher
vnd vnnaturlicher lafterlicher funde ßo alleß nit zo vol=
fchribin vnd doch leiber lantdkonbig vnd an om felbift
uffenbar kuntlichewiß dorvmb derfelbe vnfer g. h. h.
Segmund vmb myt holffe vnd beyftand andir vnfir gne=
digen heren der furftin nemmelichen den bifchoffen ftraß=
burg

burg vnd baßel auch den loblichin stetin strasburg vnßer
von baßel kolmar scheitzstalb keyßerberg obernehenheym
monster in sinte gregorien Toil roßheym vnd Turickeyn
zo mit siner furstlichin gnodin Jn verennungebe sint
beßglichin gemeynnin eytgenoßen mit namen zurich bern
lußern soloturn friburg machtlancb vnb den lendern oren
switcz zug vnb glaris mit sampt oren zugewanten vnd
anhangunge nemelich roitwil schaffhußen sannt gallen
vnnb andern siner gnaben helffern furgenomen gehept
hot got bem almechtigen Jn lob bem cristen glaubin zcu
offenthalt bem heiligen rich zcu eren butschnation zcu
gut ben loblichen huß osterrich zcu rittung vnb gemey-
nen landin zu nuß vnb friben eynen hirczug wibber ben
herczogin von burgunb vnb by synen hie oben ze lannb
ze tunb vnb bamyt ernez mechtigen lager geslagen vmb
allerheiligen Tage anno xxriiij° verschienen fur eins
bez heren von blamont Stabt vnb sloß genant Ellicorbt
so bebe von muren turmen vnb graben vnb anber not
weren eben starg vnb vest vnb ba fur geachtet worbin
ist nit zcu gewynnen sie vnb Jn dem solich vnb Stadt
vnb sloß mit geschotcz vnb sust strenglichin benotig wor-
bin sint haben sich etlich burgunder bickart vnb lam-
part so Jn obir burgunb zu beschirmunge bez lanbis
gelegen sint uff Sointag vor sannt othmar Anno quo-
quo supra versambnet nemlich vff riij czu roß vnb viij m.
czu fuß vnb habin Jr wagenburg vff eyn mil wegs von
bem gemelten leger vnberstanbin zo slahenn vnb sich uff
benselbin Sointag uff mittage zist alzo zereben vnge-
warinter Dinge gen allicorbt gefugit Jn meynnung bas
here bavor zu oberfallen vnb ba mit stabt vnb sloße zo
spisen welich vornemen bas bie von ben fursten steten
vnb

94

vnd landeren der verennung vnd eydgenoſſchafft als-
vorſtabt gemerckit vnd ſich von ſtund Jn angeſicht der
vienb mit ir macht erhezt vnd czu yn Jnn ſneller yll Jn
das velb gekert vnd mit ritterlichem gemute dieſelbin Jr
vienb angriffen vnnd durch ſchickung gottis zu ſchanter-
licher fluch bracht biß uff czwo groſze milwegs bis gen
der nacht geiaget vnd der vienb ob iiij m. czu tobe er-
ſlagin habin ſo uff der wailſtabt blibin ſint. Desgli-
chin eben vil ir wagen mit buchßen gezug ſpiſe vnd co-
ſte Jn merglicher zal erobert vnd davon etlich Jn einem
dorff darJnn ſy ir flucht genomen hatten verbrant ab
ir gefangen zwey rechte Houptbaner vnd zwey vemelin
mit ſannt Andras Crutz bezeichnet gewunnen, Alzo das
uff vnſer parthie ny kein menſch vmbkomen iſt wol ſind
etlich vnd nit obir x wund vnd geſchoſſin worbin doch
all by leben blibin darnach uff dornſtag nach ſannt oth-
mars Tag Iſt das floß vnd ſtabt ellicorbt durch uffge-
bung deren ſo dar Jnn geweßen vnd mit ir haben abe-
geczogin nemlich iij c vnd x czu roß vnd czu fuß loblich
erobert vnd czuhanden des gnanten vnßers gnebigen
heren von oſterreich bracht dem eigenthum ſtab vnd floß
geweßen ſind der auch die von ſtundt mit hauptlubten
vnd den ſynen beſeczet vnd bißher Jn gehept hait vnd
nachmals beſiczet dem lande vor vorgen ſyther vnd nach
tegelichs on mittel merglichen berlichen ſchabim daruß
mit rwib (2) nom vnd brand zufugende ſolicher maß das
das zohoren eyn wundert vnd etlicher maße vnglauplich
were vnd nach dem grimme vnzalliche kelty des winters
Jngeriſſen iſt Alzo das ſich Jm velb nymant hat mo-
gen

(2) Raub.

gen enthalten Jſt man wider auß dem velb czu huß ge=
ruckt uff die zyt nit witer furnemende.

Darnoch kortcz vff dinſtag ſand thomas obind ha=
bin ſich by vnſern vnde ander gemeyner furſtln vnd ſtetin
der vorennunge reyßigin vnd fuſvolgk ſo zcu mum=
pelgart zum tzuſatz legin fur eyn floß Jn obir burgund
gelegen gnant mandier gefugit vnd habin das auch mit
gotlicher hulffe erobert vnd der vygent gut vil darynne
fundin vnd barmit gehandelt als ſich geburt vnd iſt ſo=
lich floß den vygendin vnd dem lande von burgund alzo
gelegin das en dovon vil ſchabin hot mogin zugefugit
werdin als auch beſcheen iſt.

Jn derſelbin tzyt hot vnßer gnediger hirre der bi=
ſchoff zcu baßel durch dy ſynen gar eyn koſtlich bergk
floß genant frangkmont mit gewalt vnd ſturm inge=
nomen vnd erobirt mit ſampt einer lantſchafft genant
den Triffelberg vnd om vnd ſyner ſtifft by armen lute
Tun ſweren vnd hulbin ſo er noch hute bytage Jnne
hat durch welich floß vnd lantſchafft. er den burgunſchen
mit Tegelicher beſcheibigunge vnd durchtzug merglichin
ſchabin mit rawbunge vnd ſuſt zcu gefugt hatt.

So dem kortcz barnach hat abir vnſer gnediger here
von Baſel durch dye ſinen eyn ander floß genant ala=
rotzſcha ſo ußbundig feſte vnd verlich geweſin iſt thun
Jn nemen vnd erobirt.

Es ſind auch tzwuſchen dy burgunſchen by nacht
Etwe dicke vorſtollinlich Jn die lantſchafft vnſere g. h.
von baßel vnd andir gefallin vnd habin etwe wenig
dorff by nacht vorbrannt Abir by Tage habin ſie ſich

vor

vor dir irſte geſchicht als vorſtabt mit macht nŋ laßin finden noch ſehen.

Des habin ſich dŋ vnſern vnd ander von der vor‑ eŋnunge ſundirlich dŋ lauffindin knechte ßo den krieg tegelichs vbin an eŋnem vnd dem andirn ort In bur‑ gund uff vj. viij vnde mehr mŋl wegs gefugen dorffer an ßal darInne vorbrant vil der iren gefangin vnd vmbbracht, auch vntželich vil vihes von roßen kower ſchaffin ſwinen gemßin vnd ander varende habe von huß‑ rad erobirt do mit dŋ ßŋt des winters vortreibende.

Darnach kurtz nach oſtern Anno ꝛc. ₰ꝝv° worbin iſt habin ſich etliche knechte von vnſern eibgen bern vnd Soletern vff viij vorſamnet vnd erhebit vnd In dŋ art wmbe ſie, ſich in burgund raub nach vns ſtanden tžu fu‑ gin vnd als ſŋ vor eŋn ſtetlin genant ponterlŋ iſt eŋn ſluſſel oder port des landis komen ſind habin ſie das vmbenotigitt mit eŋnigem tžoge vndirſtanbin zu ſtormen vnd habin das mit gotlicher hulffe gewaldiglich gewün‑ bin vnd derer fŋgende darŋnne obir iijͨ erſtochin vnd eŋn merglich vnczelich gud von allin landin alſo dann eŋn nebirlage do geweßin iſt von ſilber golde barſchafft gewant nßin Salcz vnd hußrodte erobirt Alzo habin ſich dŋ burgunſchin von ſtund mechtiglich mit eŋnem großin Tžog zcu roß vnd czu fuße vorſamit vnd ſich von pon‑ terlŋ geſlagin, der meŋnunge der eŋbgen knecht darŋn czu behaldin vnd habin das auch vnderſtanbin zu ſtormen.

Do kegin ſich dŋ knechte ſolicher moße zo menlich vnd troſtlich gewert das ſŋ dŋ burgunſchin abe getrebin das ſtetelin behaldin Ezweŋ burgunſche bauer obir die muern In dŋ ſtadt gezogin vnd erobirt vnd der vigende

eŋn

eyn merglich zeal erschoffin vnd erworffin habin by Jnn
vnd uff dem grabin tod blebin   Alzo das by burs
gunschen widder zerucke Jn das veld gewichin sind Jn
den habin sich dy knecht uff dy nacht erhebt vnde sind
Jn angesicht ober fygende von dem stettlin getzogin vnd
habin mit an heimgefart by rvj ʿ haubpt vibes vil der
gefangin, vnd was wagende der gewessin sind mit gute
gelabin Alzo das dy vygende sy vngeletzt habin abe zu
hin mit iren untezit furnemende.

Vndirdeßin geschefftin vnd vbungen habin sich vn-
fer eidgen von bern vnde Solatern auch oer mitbur-
gerer von friburg in eichland erhebt dy Jren ezu pon-
terly wollin entschutten vnd entrebin vnd als sie Jn das
feld komen sint on dy oren uß ponterly begegnet. Alzo
domit dyselbin stete vngeschaft nit abeschiebin sind sie
foebin Tage fm lannd von burgund vorharret vnd dar-
ynne fur vnd fur getzogin das lannd mit roub nom vnd
brand merglichin schebigende wol sind dy burgunschin
sy jn der Tznt nemlich uff Sointag vor fand jorgen
Tag Anno qu. supra.

Jn eynem wytin felde mit viij tufend pferdin vnd
dorob ankomen, widder dy sie sich zeu gegenwer mit
vmbegebener wagenburg gericht vnd ir in georbnit stryt
moße gewartit vnd zu letezit wider sie getzogin vnd ge-
schoffin dy vygende habin yr nit fuß halbin wollin wy
wol dy eidgen sich zuletz alles vorteils begebin vnde yn
angesichte der vigende eyn dorff vorbrand habin So ha-
ben sie sich doch deß nicht wollen annemen.

Vff Sulchs nachdem wir vnd vnßer puntgen
von lutezern dy von bern, Soloturn vnd friburg jm
felde gewisst habin wir on dy vnßern zu roff vnd ezu
        G   fusse

98

fuffe In das feld zu gefanb mit fampt vnßern buchfe=
zug zum ſtrit dienenbe vnb als vor dy, ſamptin vnb zu
eynanbir komen ſinb, habin ſy ſich gelogert vor ein
ſtab vnbe ſloß genant Granſon, beme prinßen von orb
zu ſteenb, welich ſtab vnbe ſloß mit luten vnbe gezug
vaſt vol vnb noch allir notdorfft beſaßet ouch an ön ſel=
biſt obir dy moße veſte vnb werlich geweßin ſint vnb
noch merglicher nottigung an bem enbe beſteen habin ſy
zu jüngeſt Stete vnb ſloß durch ſtorm erobirt vnb ge=
wunnen. Dar vnber ouch etwe menger der vnenb
ombe komen ſint vnb eyn merglich gut von ſpiße vnbe
Tranke erobirt uff der uffart obnit Anno ꝛc. ꝛc. ᴸxxv° ꝛc. ꝛc.

Vnbe nach der eroberung als vor ſtab, ſinb ſie fur=
dir gerugkt vor ehn ſtelehn vnb ſloß genant, orb, welch
ſloß ßo veſte geweßin das ſolchs nicht zu ſchribin iſt vnb
als ſy das ſtetichin berannt habin Sich die armen leute
hinuß gethon vnb an genode ergebin vnb als dy pigkart
vnb burgunber ßo Im ßo ſtetlin warent. das geſehin
habin ſy das ſtetlin angeſtoßen vnbe vff den brit Teil
vorbrant vnbe ſint bo mit In das ſloß gewichin welchin
dy vnßern vnb anber nachgefolgit ſint vnb mit eynem
großen ernſtlichin ſtorm das ſloß angewenbet, vnb bie
bient ſulcher moßen genotigit habin, das besglichin ny
gehort iſt vnb boch zu leßt das ſloß mit gotlicher hulffe
erobirt vnb dy bient dy rantin ob ᴸxxx barnne geweßin
ſint lebenb vnb tob obir dy murn außgeworffin.

Furbir ſinb ſy geruckit vor eyn anber ſloß genannt
jonne (3) das habin ſy auch mit gotlicher hulffe erobirt
vnbe

(3) Joigny.

vnde sint vormitte wider zu huß gekert, bn gemeltin
stete vnd floß mit den oren besißinde vnd Jnne habinde
vnd habin bn armen lute die nicht zcu frischer Tad vmb=
komen sint bn den Jrem laßin blibin doch bn dn vnd
vns thun hulbin vnd swerin als sich geburdt.

Von der znt an bis vff bn znt hn noch vormerckit
ist nit an Jst den burgunschin durch bn tegelich kriges
obunge merglicher vnd verlicher schade soßu vel ßu schri=
bin were mit raub nom brand vnd tod slege zu gefugit,
Also das bn anstossende launb Jn obir burgund solchir
moß vorheret sind das sn des zugefugetin schadenß Jn
langen Jaren nicht ergeßt werbin noch bekomen mogin.

Item So hart sich vmb sanct margarethin Tag
Anno quo supra begebin das sich vnßers gnebigen hern
von osterrich lantvogt ouch ander vnser gnebigen heren
bn fursten unb lobeliche stede der vorennunge mit hulf=
se der Stete bern vnd Solotern abirmals enn zug Jn
burgund zu thun vereinwart habin vnd sint des erstin
geruckt vor enn paß aber port Jn burgundienlend, ba=
selbist gewesin sint czwene feste starcke Torme mit en=
ner steynen brucken obir das wassir bie Tub bienende
genant ponterad welch torm sn mit stormen uff mitwo=
chen vor sand margarethin Tag erobirt vnd rriiij bie
viende so daruff gewesin sint erstochin vnd obir bn mu=
ren uß geworffin:

Vnd sint da benne fur enn steteleyn genant Granne
gekert, vnd habin das durch mergliche notigung mit
sampt vil guts so von den landsessin darJnn geflochent
gewesin ist erobirt vnd etwe mengin ver vienbin darJn=
ne vmbracht vnd das stetlin domit vorbrant.

G 2   Dar=

Darnach sint sy witter gerugkt vor eyn stetlin vnd floß genant lile so obin veste geweßin ist vnde nachdem sy sich davor gelegert vnd etlich Tag mit geschutz vnde sust genotiget, habin sy das zculetczt mit stormen gewunnen uff dinstag nach sand margarethin Tag Anno quo supra vnde darJnne auch eyne mergliche summe gutis funbin das, das nicht zu schribin ist vnd domit das stetelepn angestossin vnd auch vorbrant.

Fordir sind sy Jn dem namen gotis vor eyn sloß vnd stab dy bestin ßo jn der art (4) sin mogen mit spiße, luten vnd gezuge nach aller nottorfft vorsehenn gezogin genant plamont da selbist sy oren legir etlichin Tag geslagin hattin auch nach beschisunge der stab vnd slosses das czu etlichen Tznten gestormpt, vnd als dy welchin ßo darJnne waren gesehin habin dn keyne entscholunge zcu komen, habin sy sich zu jungest an gnode ergebin welich gnode dn alzo beschinen ist vnd mit jr habin abegeloßin sint, vnd domit stab vnd sloß mit allem dem so von wyn korn mel hußrob vnd andern y dorynne geweßin ist, zcu vnßern vndder andrer handin bracht vnd als gut, das da dann gefurt ist, habin wir das sloß lassin vndirgrabin vnde domit stab vnde sloß uß gbrannt.

Vnde als eyn ander sloß genant Clemant Jn derselbin art gelegin geweßin ist, vnde die Jnne habir deß slosses gehort habin blamant benotigin, habin sy sich mit williglich davon gethon wellich sloß wir vnd die vnsern auch Jngenomen vnd vorbornen lassin habin.

So

So dann sind sy furbir gerucft vnd fur eyn sloß
genant Grament vnd nach dem Innehabir des slossis
sich nicht habin wollin ergebin, habin sie das mit har=
tem storm gewaldiglich erobirt der walhen ob Ir darinn
vmbbracht vnd domit das sloß vorbrand.

Desglichin habin sy eyn ander sloß ezu nehst da=
by genant vallant nach uffgebunge der armen lubte ßo
darInn geweßin sint erobirt alzo das sie bis uff sannt
Bartholomeus tag fur vnd fur Im selbe beharret
sind.

Darnach hot sich begebin das uff dyonisy Anno
quo supra der graffe von romont vnd mit ym eyn merg=
licher renßiger Tzug burgunder Saffeyer lamparter vnd
ander yn sin lant der war komen ist, vnd hot von stund
sechs norinburger wagin so mit vigent sind selbist uff
gefangin vnd offentlich vorkundin lassin.

Alle dutschin in sine lande zcu erstechen, vnd doby
gebotin vnsern eidgenoßin hauptlubtin zcu granson, orb
vnd jonir kein spyße zu komen zo laßin vnd etliche der
drin so zu yfferbin (s) ezu margkt warin In der stab
laßin berawbin vnd alzo notigin das sy kume mit abe=
springen der muren sind entronnen. Deßglichin habe
sine renßigen in eynen dorff gnant bama viij von bern
vnd friburg so an drin bettin gelegin sint gefangin vnd
Ermort, vnd domit alle passin vorsatzt das nymant zcu
nach von den slossin dauor gemelt komen mochte In
willin sich mit dem baschart von burgund auch dem
printzin von orb vnd anderer fur dieselbin sloß zcu sla=

G 3   ßen

(s) Dverdun.

hen vnd dy zu belegern, vbir das vnser eydgnoſſin deſ=
ſelbin graffin land vnd lubte vorheer getruwelich geſchir=
mit, vnd wibder an lip nach gut ſchabin zeugefugit ha=
bin vngehindirt, das derſelbe graffe des herezogin von
burgund diener dy tzyt geweßin als er ouch noch iſt vnde
als vnſer eydgin. von bern ſolotern vnd friburg das
vernomen habin ſy ſich abirmals mit eyner macht er=
habin den vrin uff den vormelten ſloſſern zeu tzehen ſy
wollin entſchotin vnd gewalts mit gewalt entwerin vnd
als ſie nach eroberung vnd ergebung der ſtetin, murt=
tin betterlingin, (6) montenach, wibliſpurg (7) vnd
ander ſtetin vnd ſloſſin uff dinſtag vor ſannt lucas Ta=
ge Anno qv: ſupra fur ſteffys (8) das ſtetlin komen ſint
vil bogener vnd burgunſchin reyßiger darjnn geweßin
der meynunge ſich da zeu weren Aber mit hulffe gotis
habin vnßer eydgin, das mit ſtormen gewonnen vnd
vff tuſend der vngende darJnn vmbbracht ane dy er=
truncfin ſint vnd domit das ſtetelin geſchleifft vnd eyn
merglich gut do van abe gefurt, dartzü habin ſy eyn
ſtad vnd floß genaut fort mit ſtorm ouch gewunen vnd
etliche darjnne vmbbracht. Unde alſo ſtatt vnd ſloß
yfferdon ſo ebin ſtarg geweſin ſint ſich an ſy hot erge=
bin habin ſy das zu orin haubin genomen vnd ön gna=
de mitgeteilt.

Furdin habin ſy dy ſtadt vnd ſloß laſſerra (9) ouch
das heylige Crucze mit deme ſtorm erobirt, vnde ge=
wunnen das verbrant vnd darjnne rriij ebeler vmbe=
bracht.

Item

(6) Päterlingen.   (7) Wiflisburg.   (8) Stäfis.
(9) Laſſara.

Item so habin sy auch das starcke mechtige sloß
alakle mit hartim storm gewonnen vnd darjnn ld erród
vnd obir dy murn uß geworffin.

Ouch dy Err jn einem torme gefangin dy sich dar=
ynne verburgin vnd an das swert ergebin, derselbin
habin sie x edeler mit dem swert lassin richtin vnd die
oberigen vmb erbermde willin lassin louffin Sust habin
sy ob xx gutter sloßer gewunnen vnd dy denn das meisteil
vorbrandt.

Desglichin sint dy von jenff vnd loßen (10) ouch
engegin kome vnd habin einrichtunge fundin Alzo das
sie denselbin vnser eibigen xxvj^m· schilt uff nemlich zu
betzalin, durch iiij orir burger vorsichert vnd domit sy
wibbir uß dem felde getedinget habin, darjnn sy biß
allerheyligen tag vorharret geweßin sint Alzo das dy
widder vom baschart von burgund dem printzin von orb
noch dem von remant, ßo zu morß (11) vnd allinthal=
bin jm land von saffoy mit cynen mechtigen starg ge=
tzug gelebin sint dehin widberstand beschen ist, funder=
gluglichin widber zu hutze komen sind vnd dy orin uff
dy bemeltin flossin befredit habin.

Item die stete milbin zclipioro Remant morst mens
vnd all anber habin an sie gnad begert vnd jnen dy
flossil engegin getragin vnd gesworin.

Item nach dissin dingin hab sichs begebin das die
saffeyr sich mit einer großin macht jn das land von wal=
lis ben eibgnoßin verwant gefugt vnd dy kirch hore zu
saffreschin geschediget und verbrent.

G 4   Des

(10) Lausanna.   (11) Morsee.

Des habin sich dy von siten vnd etliche von sanen erhabin hant vnd wibersy gezogin doch als dye Saffeyr sye ankomen sint habin die von sitten vnd Sanen mit uffsatz dy flucht widder Sittin dy Stab zu gebin, welchen dy Saffeyer bis an die murn nachgefolget sint. Also habin sie sich gewend vnd dy saffeyr zu flucht bracht vnd bis gen gundis Ju gegaget vnd an sulcher getab der saffeyer eyn mergliche zal lute edeler vnd andrer erslagin vnd vj wagin mit harnisch vnd andern getzug von der walstab gefurt, vnd daby czwe fenlin erobirt vnd eyn gut zal reytziger pferdin vnd vorbackt mit sydin vnd ander geczirbe beeleibet, vnd ebin mengin gefangin vnd sint dy houptlute vnd heren des heres vnd des tzoges gewetzin als dy gefangin geoffnet hand.

Item der bischoff von jenff in eygener person frantz gwidin von burgund in namen des bischoffs heuptmann der hirre von mycoland der hirre von Thorayn, der hirre von pyamoret her zu Intermont, der hirre von zschorland, der hirre von reuers vnd andir deren dy gegangin nicht kennen, welichs Abir vnder dn Tod aber lebend sint mogin die gefangin nicht wissin doch sint dre pfert an die bint komen vnd ist dis schlacht besehin vmb martini Anno lrrbo rc. rc.

Item So hat sich gefugb als vntzer eydgen. von bern Solotern vnd friburg die Erobirtin slos Granson ysferdon vnd ander do vorgemelt, besatezt das do die von ysferdon gemeyniglich Ju der stab mit dem hirren von remont vnd dem hirrin von zschetteyon vnd andern ein mortlich verreterige angelegt vnd habin uff fritag nach dem rr Tage nach winachtin Anno rc. rc. lrrbj__o vmb das eyn nach mitternacht mit grotzem folke zcu ros

zu

zu pfferdon Ingebrochin dann ören von den Inneren
alle pfortin uff gethan waren.   Desglichin sint sie mit
vorreterye zu Granson In die stab auch komen vnd ha=
bin vnßer eydigin knecht all vngeworneter dingin vndir=
standin zcu Ermordin, vnde als die erwachet vnd er=
fur gelouffin sind anders nicht wißend denn das dy viend
Ir frunt weren Als sie mit wissin Crutzin betzeichnit
waren vnd jn der nacht waß dy drunginby fiend uff sie
wider die sie sich so ritterlich gewert das sye der viend
rrij vmbbracht han vnd mit gewertir hand In das sloß
komen sind vnd sind vnder dem r von dem eibigin tod
blebin vnd alzo vnser eydgin hőuptmann Czu Granson
gnant branbloff vom steyn dy geschicht zu pfferdon ver=
nomen hatt her sich von dem sloff In die stab gethan
vnd die wache wolben besetzin do hoben die fiend, so ouch
vorburgenlich vnd durch vorretereyn des gardians zcu
den barfussin do selbist, derselbin nacht dar Inn komen .
sint őn selb dritte gefangin vnd hen enweg gefurt vnde
sind Alzo In der stabt zu pfferdon blibin, biß rwmb das
ein mordes nachmittag vnd doselbist sack man gemacht
vnde geplundert vnd in bebin vorstetin pfferdon vnd
Granson ob ij⁻ steyn. hußer vorbrant, vnd als die
vormeltin vnßir eibigin das vernomen habin sie sich uff
Suntag darnach mit őren banern vnd macht erhabin
vnde őre fiende an den enbin suchtin vnde die drin In
den sloßin Czu entretin, dy vygend habin Ir nicht wol=
lin wartin Sundern sint uff die mortlich veretterlich
geschicht hin vnd en weg getzogin dy bete stete verlaf=
sende deshalb vnd ouch der strengin kelbe halbin dy uff
dy tzyt geweßin ist vnd vnser eidgen. nutzit habin mo=
gin schaffin sundir sy wibber jn jr laud geborth.

So=

Sodenn hab ſich begebin das vnßer vnder anbir vnſir zcu gewantin der vorennung zcu ſaß lute ßu mum= pelgart legende In dem vndder hertczog von burg= vnd ſinen weg uß lotringen wibder vnſer Eibgen. ßu ße= ßen genomen hatt, Eyn ſtetlin genant bewa vbir fallin vnd das Erobirt vnd vß ßu bornnen vndirſtandin Alzo habin die Inwoner vnd burger das gebrantſchaczt fur iiij 𝄢 gulbin ſuſt eyn merglich gut barInn gewunnen worbin.

Vnbir dißin bingin hat ſich gefugt, das der bur= gunſche hertczoge des landis lothringen on merglichin wibderſtand beybe jngetroffin, freden vnbe üſſirthalb durch vorachtung des hertcogin von lothringin der by Izyt by dem konige von franckerich gelegin vnd mit ōm jn einrichtung gefaſſit iſt vnd Im dheinen wibderſtand gethan jngenomen hab wywol vnßir g. h. die furſtin auch die lobelichin Stete der vorennunge vnd wir mit ōn den hertczogin von lothringin eynen merglichin Tzog zu roß vnd zu fuße zu troſte jm ſin land vnd lute helf= ſin behutin zcu geſchicket hattin die ouch uff vj wochin vnd me jm lande von lothringen das zcu entſchutin ge= legin vnd doch zuleßt durch uß blibin des hertczogin von lothringin vnd einmanung vorkunbung eines frebis mit dem burgunſchin hertczog beſcheen wibder abegeßogin vnd heim gefert ſind.

Als nach Eroberung ſolchs landis hab ſich der bur= gunſch hertczog mit einer merglichin macht ſo her mit jm zcu land bracht vnd jn ober burgund uff gewegt hat vnſern eibgen geueßert, vnbe jn das land berwal zcu neheſt an jr land ſtoßend geßogin vnd ein ſtetelin vnbe ſloß geuant Granſon So ſye vnd wir hiruor des vor=

gangin

gangin sommers aljo vorstab Erobirt habin vnde sye
mit den jren besatzt hattin, belegert Sin waginborg
dovor geslagin vnde vndirstandin zcu notigin.

Vnd als solchs vnßir eidgen. von bern dir jren des=
glichin die von solotern und friburg Jn acht land ouch
die ören darjnn gehabtt hand, angelanget hat habin
sich dieselbin von bern vnd mit ören gemein orter der
eidgenossschafft ouch wir vnd anbir jr tzu gewantin uff
Jr Ermanunge mit macht Erhebt dem vormeltin her=
tczogin sins vornemens mit gottlicher hulffe wibberstandt
zcu thund, vnd damit Granson tzu entschutten vnd vor
vnde ee solch komlich hatt mogin besehin, hat er das
sloss durch uffgebunge deren so darjnne geweßin sint vnd
uff sie tzu sagin sich an genad ergebin habin zcu sinen han=
din bracht vnd Obir sulch ezu sagin siner vorher ge=
bruchter gewanheit noch wibber true nach gloubin halten=
de Etliche der fromen lute so by dreihundert dar Jnn ge=
weßin sint uff metwochen vor dem Sontage jnvocauit,
nehir vorruckt ani die beyme tun hencken etliche ertren=
ckin vnde etliche biehandin behalbin, vnd uff dornstag
darnach eyn sloss genant vamerkn jngenomen das be=
satezt vnd ym selbist vorgesatzt damit fnr vnd fur in die
eytgnosschafft zeu rucken dem aljo vor tzu siue, habin
sich vnßir eydigen vnd wir mit ön uff Sonnabunt dar=
nach erhabin vnderstandin vamercken zeu benotigin als
auch gescheen ist, demselbin nach sich des hertczogin Her
vnd legir wittir genehert vnd als sich der vormelte hertzoge
mit sinem getzuge ouch erhabin geyn wamercken (12) czu
Tzißende sint wir webir syt ürpflichts jm selde uff einan=
der

(12) Baumarkü.

der gestoſſin vnb zcu angeſichte komen vnb wie wol bie eydgenoſſin vnd wir anrucks den forteil gehabt, yedoch habin wir vns des begebin vnd als der hertezog das vormergkte hab Er ſin ſchicke durch diner huſſin gemacht, vnb ſin angriff mit großem geſchutz ꝏb geſchrey gethan vnb als er dann manlich ritterlichin vnbe Torſbig wibberſtanbt geſehn, hat er ſich mit allen ſine Tzuge zcu roße vnbe zu fuſſe ouch ſiner buchſin wegin vnbe geſcherrin geſtracks gewenbt by flucht genomen zu ſiner waginburg, zcu granſon geſlagin geyllet vnb do vor uß gewichin wol ſich tzun funftin mael gewenbit, Doch alzo bicke wibber bye flucht gebin welchin hertezogin ſy vnb wir ſtets uff czwoe myle wegis for ſine waginborg uß bis angenbir nacht nachgefolgit vnbe durch ſchickunge gotis von dem aller ſig kompt, jn berſelbin ſiner waginborg tzwo mit ſampt allin ſinen buchſen erobirt vnb angewonnen, welcher buchſin ijͨ͟ bie alle ſteyn abber klotz ſchiſſin Ouch ijͨ͟ hockin buchſin geweſin ſint mit eben vil ſiner baner fenlyn antzal, Sinen wappinrog, Sinen vnb des baſcharts Jngeſigiln gezellen etlich in ſinen cleynotin vnb nicht ber mynſtin Eynen vorgulten feſſel eyn merglich ſilbir geſchirre von platin, kannen ſchaln vnb berglichin ebin vil barſchafft, etliche ſyner bucher, vnb was er vnb by ſinen uff den Tag jn der waginburg von ſpiſe, koſt, Trang, vnb ſuſt gehabt hatte welcher waginburg die eine groſſir geweßin iſt ben by ſtab Stroſpurg vnb iſt alzo bieſelbe nacht tzwo ſtúnb nach mitternacht gen nozore komen boſelbiſt, er tzwey Tage vnb tzwo nacht an eſſin vnb trinckin blebin iſt Alzo ſinb by eibgen. vnb wir berſelbin nacht jn ſin waginburg gerugkt vnb habin bie biß an ben viertin Tag vnbeſtritin vnb vnbeſucht jngehabt Ouch bo

$\qquad$ tzwiſchin

zwischin Granson so her dannocht jnnhande hert widder=
gewundin vnd die so darjnne geweßen sint vmbbracht
vnde von den Tormenn geworffin ꝛc. ꝛc.

Desglichin vamercken ouch erobirt vnd bornoch be=
de sloß mit sampt den waginburgin ouch siner czelthuze,
vnd vil der wegin buchsen puluer vnd andern getzug ver=
brant, vnde daruff widder zu huze fert, vnd sint an
der slacht uff siner sytin Tod blebin der hirre von zcets
rignon von furstlichen stammen des konigs von napels
lieb hart, her zschanyrlan, her jacob von Emyria ein
bickart, der Herre von alani alle landishern, vnd her
peter von luuana eyn graff von pemont der lamparter
houptmann, vnd sust by v adir vj.C mann beyde jnt
selde vnd so uff dem See ertrunckin sint vnd uff vnsir
sitin by ꝛC Tod vnd uff ꝛr wunth.

Item in der wochin vor oculi sint die walliser gen
der neuenstabt jn saffoy gezogin vnd habin dieselbin stad
mit hulffe etlicher jr zcu gewantin mit dem storm ge=
wunnen vnd darjnne der vygende iiij.C vmbebracht.
Noch dissir geschicht hot sich begebin das der burgunder
uff ij. Mo an das land von Sanen zwuschin Alijo vnd der
nuwenstad uff Sontag den palmen Tag komen der sint
die von Sanen gewar worden vnd habin derselbin ꝛ
knechte vnd nicht meher dy burgunschin mit menlichin
gemuthe angriffin solcher moße das sy dy czwey tusent
man zco schentlicher flucht bracht ꝛꝛꝛ erslagin so uff der
walstad tod sint blebin ꝛꝛiiij kurriser vmbbracht vnd
ꝛriiij pfert erobert vnder denen des Herrn von Torens
Son tod blebin ist der doschilcht vnd ist vnser sytten
an beydin endin nymant tod blebin.

Item

Item jn derselbin wochin habin die von friburg der
burgunder iiij ᵐ biß gen loßon geillet vnd gejagat vnd
domit fur ein sloß kert genant Tzatalant vnd das erobirt
vnde vorbrant.

So hot sich uff den ostirobind begebin das ein graff
von zcatalant ouch ander houptlute uß ongstal jn lam-
partin mit eyner starkin macht wol erzuget von rom
vnd venedn obir sannt bernharts berg herhus Jn das
lannt jntermont vnd bangnes komen sind,

So dn walliser hn vor jngenomen vnd C vnd ꝛꝛ
der iren doselbist uff der fort hattin und habin derselbin
ꝛꝛꝛ mortlich vnd verretirlich erstochin vnde gefangin vnd
kegen ongstal gefurt, uff das han sich die walliffer uff
mittwochin jn den ostern viertagin Erhabin vnd ir viend
gesucht vnd als sie die ankomen sint han sy der lampar-
ter uff tusent erslagin etliche gefangin vnd zcu schantli-
cher flucht bracht vnd nn noch genlet weder hinder sich
biß jn den Spitel uff sante bernharts berg darvndir et-
liche namlich houptlute vnd ediler Tod blebin sind vnd
eyn groß mechtig gut erobirt.

Item uff Sunnabunt vor misericordias domini
nest vorruckt sind die von friburg arm lutt uff hindert
von Taners gen gran gotis das sloß geruckt vnd habin
das mit gotlicher hulffe erobirt vnd vorbrand uff das ha-
bin sich die burgunschen Jn remant erhabin vnd sint jn
mit ennen mechtigen zcoge nochgezogin widder die sich
die von Taners gewant vnd der vnend ꝛꝛ erslagin nem-
lich iiij edeler karriser vnd ꝛvj fußknecht vnd iiij pfert
gewonnen vnd iiij houbtvichs mit jn hen vnd en weg
gebracht.

Ei

Es habin ouch do zwuschin vnßer eidigin von bern
vnd friburg obin vil dorffin vnde. lantschafft mit mergli=
cher prouiſion jn angeſicht der vnent vorbrant domit ſie
ſich beßer minder enthalbin mogin Ouch uff eyn Zyt
rvj ͦ houbt vißes den burgunſchin abegewunnen alzo
hattin ſich rvj von friburg dohindin verſpitt die dy ſy=
gende zu roſſ vnd zcu fuſſe an kommen ſint von denen
ſie ſich ritterlichin geſlagin vnd der vnend v zcu roſſ vnd
vij zcu fuſſe erſlagen habin vnd mit genoſſamy vngeletz
von ͦn komen.

So habin vnßir knecht die vorgangin wuchin uff
eyn mil wegs von beſinitz der Camer des richs jn obir
burgin vff rvj ͦ hauptvißes ouch genomen riij gefangin
ob rrr erſtochin vnd ein nemlich gut von hußrodt erobirt.

Syt der geſchicht zcu granſon als vorſtadt jſt der
burgunſch hertczog gutzyt zcu loſan gelegin mit ſweren
coſtin groſſin mangel an ſpiße vnd coſt habinde vnd noch
tegelichen uffrur ſo jn ſinem hehör geweßin iſt hatt er
ſich zu letz uß nydderland vnd von andern endin ſo wyt
beworbin vnd nach zcu roſting etlicher buchßin er von
gluckin vnd ſuſt gyſſ laßin ha: erhabin vnd ſich vff Sun=
tag trinitatis mit einer großin macht vnd mechtiglicher
denn vor granſon vor dy ſtadt murtin ſo vnßer eidigin
vorher ouch erobirt vnd durch die orin beſetzt habin ge=
ſlagin vnd vier her an vier enden belegert vnde uff r tag
vngeuerlich ſo mit geſchutz vnd ſtormen Tag vnd nacht
ſtrenglich vnd vnmenſchlich benothigeth jn dem habin
gemein eidgen. mit ſampt den buntgenoßin gemeyner
voreynunge von furſtin herrin vnd Stetin ſich mechtiglich
zu roß vnd zu fuße jn ſneller jleErhabin die jren jn murtin
zu entſchuttin vnd vff Sambſtag der r tuſend ritter vnd
mer=

merterer tag vmb mittagis zꝛt den burgunſchin hertzo=
gin vnd die ſinen mit gotlichèr hulffe ritterlichin vnd jn
Solcher möße vbirfallin vnd angriffin das ſie ön zcu
ſchentlicher flucht bracht jm ein mergliche zal der ſinen
Erflagin vnd eyn große Summe volkes jn den Sehe
doby gejagtt vnd ob ꝛviij ᵐ erflagin vnde by obirgin uff
dry mile weges zu rugke gejagt vnde getrebin vnd al=
lis das ſo er vnd by ſinen uff den Tag von buchſin,
buchſin getzug golt ſilbir barſchafft kleynotter vnd an=
dern jm felbe gehabt habin erobirt vnd gewonnen vnd
domit die orin jn murtin entrettet vnd ſint uff vnſer ſitin
nicht ꝉ. vmbkomen noch tob blebin wol ſint etliche mehr
wünth.

Item dem noch habin ſie by ſtab remant jngeno=
men die vorbrant, desglichin milden, loſan vnd was bo
zwuſchin geweſt iſt von Stetin vnd floſſen ouch erobirt
vnd das geplündert etliche floß vorbrant etliche beſatzt
vnd das gantze lannd jn der art vorherit vnd ſunderlich
das huße von ſaffoy dar an bracht das by dri ſtere in
ſaffoy vnd pemont ſich mit vnßern eidgern vnd frem an=
hang geſetzt, dy alten pünd wibber ernüwert vnd ſich
daby fur eyn nemlich Summe gelt mit nomen ob ꝉꝛꝛ
Tuſend gulden vorſchrebin habin zu nemlichin zitin zu
bezalin daburch dem hertezogin das länd von ſaffoy wib=
der entezogin iſt mit ſampt anbir hulffe.

Item ſo hat der hertzog von lothringin ſin land=
ſchafft den merenteiel uß geſcheidin nauſe vnd nuwen=
burg mit gotlicher hulffe wibber erobirt vnd diſſin Tag
jnn jn ſteter obünge das oberig ouch zcu obirkomen.

Item uff des herttogin ſhtin ſint von heren tob ble=
bin der hirre von merly des Conoſtabels ſon vnd ſuſt
vil

vil ſines glichin deren namen wir nicht gentzlich wiſſin
mogin.

Item Eß habin ouch dy wuchin vorgangin dy vnßert
vnd ander uff den hertczogin von burgnnd an Tzwen en-
din uff xv mile wegs In burgund by tuſend houpt ge-
horntis vihes genomen vil der armen luthe gefangen hey
vnden weg bracht an widderſtand.

Vnd lyt der hertczoge in obir burgund zcu nozorei
vnd ſin Tzuch zcu riſſiere (12) ſich widder zcu ruſtende in
willin als man ſagit ſynen ſchadin zcu rechen vnde er
kome adder nicht zo vorſtandin wir andits nicht den ko-
niglich darzcu geruſt vnd des gemuts ſie jm mit gottli-
cher hulffe troſtlichin zcu begegnen vnd vns ſyn mit der
hand zu enthaldin, Ezu welchen vornemen got der al-
mechtige vns ſinen gotlichin ſin glucke vnd ſalde verlehen
wulde by vnſern Erblannbin als vnßer vorelbern mogin
blibin vnd ſins mutwilligin vornemens zutrettin uwer
libe hiermitte jn den gotlichen ſchirmen ouch allecziit be-
uelhende Dat. ut in literis

Et ſic eſt finis

Den vorſichtigem vnde Erſamenn wißin dem Rathe
zcu Erffurt vnſern beſundern liebin vnd gutten
ſrunbin.

Vnſernn fruntlichin willigen binſt allecznt ezuvor
vorſichtigen Erſamenn wißen beſundern liebin vnd gu-
ten frund vwer ſchribin vnd beger vnd des burgunſchin
hertczogin Ergangin handell halb uns angelanget an vns
geſynnenbe uch daran zcu berichten wie die Ergangin vnd
an welchin Endin dy geſchehn ſind alsbann das uwer

briff

(12) Riviere.

Ṥ

briff mit mehr wortin antzoigt ꝛc. ꝛc. habin wir vorstanbin
vnd nachdem wir uch czu sunder fruntschafft vnd gut willikit
geneigit synt damit ir dann vnd ander erbarkeit des heyli-
gin richs zcu gewantin des burgun hertczogs mutwillig vor-
nemen vnd wesens vnd sunderlich jn was gestalt wir vnde
ander von jm czugegen were genotbrenget bericht werdin,
habin wir uch das in guttin Truwen vnde gloubin nicht
wolbin vorhaldin Sunder etlicher moße vnd uff das kurtcz-
te enteckin, Als jr uß etlichin mit gesanthin geschrifftin
vpnemen vnvorborgin allis deß sich von anbegyn bis uff
huttigin Tag, begebin vnd verlauffin had vnde wie wol die
geschichte groffir vnd vil manchfalbiger ben der geschrifft
czu beuelhenn abbir zu schribin sint. ydoch habin wir uch
die substantz Etlicher moffe antzoigt welchir berichtunge jr
huczumol benugig stan ob vns aber jn zukunfftigin witter
anlange wollin wir unver liebe uff yr gesynnen auch nicht
bergin Sundern allezyt bereits gemuts gutlich mete teilin
vnd als rebde by uch sint jm fin Cantzelye jn vorluffe fi-
ner waginburg angewonnen vnd darjnne briffe mancher-
ley jnhaltung funbin habin ist mit ör wir habin jm die
Cantzelye syn vnd fines bastars brubers Jngesigil Ouch
ebin vil bucher briffe vnd schriffte als ander das fine mit
gotlicher hulffe anbehaldin vnd so verre einigen brieff uch
abber ben unvren zcu abebruch dynende by vns wenn des
wir nicht wiffin dem noch vnd die an menig ort komen
sint Soltent uch vnuorczigin weffin mogin jr vns wol ver-
truwen. Gegeb. uff mitwochin vor bartholomei Anno
dmi ꝛc. ꝛc. lxxvj d sancta barbata ora pro me.

     Peter rothe ritter burgermeifter vnd rathe der ftadt
      baßel.

IIII.

IIII.
Von
dem Gerichts = Zwang
der

weſtfäliſchen

heimlichen Freygerichte,
welchen dieſelben

im 15ten Jarhundert

über die Oberlauſitz
auszuüben geſucht haben.

H 2

Was die weſtfäliſchen heimlichen Frei= oder Fehm=
Gerichte ehemals vor Aufſehen gemacht haben,
davon findet man beim *Datt* de pace pu-
blica; *Freher* de Secret. Judiciis olim in Weſt-
phalia vſitatis cum collat. MStor. *de Senckenberg*
edit. *Gæbelii* Ratisb. 1762. und beim *Thomaſio* in
Diſſertat. de orig. natura & progreſſu & interitu
Judic. Weſtphal. Halae 1711. weitläuftige Ausfüh=
rungen. In den Dreßdn. gel. Anzeigen vom Jahr
1750. im 48 und 49 Stücke und in Deſtinatis Liter.
Luſat. inferior. Part. X. n. 3. p. 992. ſind einige
Beiſpiele angeführt, welche beweiſen, daß ſie die Aus=
übung ihres vermeintlichen Gerichtszwangs auch über
die Ober= und Niederlauſitz zu erſtrecken geſucht haben.
Die Weſtfäliſchen Gerichte ſuchten beſonders in dem
15ten Jarhunderte ihre Gewalt überall auszubreiten;
und es entdeckten ſich daher von ihnen während dieſes
Zeitraums in den alten Nachrichten der Oberlauſitz die
meiſten Spuren, welche mit den hiſtoriſchen Umſtän=
den hierdurch angezeiget werden ſollen.

Die älteſte Nachricht von dieſem Gerichte iſt aus
einer Rechnung vom Jar 1428 genommen. Nach die=
ſer hat der Grav Heinke oder Heinrich de Sacke,
die Stadt Görlitz nebſt den übrigen Städten auf An=
ſuchen Johann von Lune, von Cölln, der an ſel=
bige wegen Herrn Heinrich de Duba zu Hoyerswer=
da, einige Anſprüche zu haben, vorgab, zum Don=
nerſtage vor Catharinä vors heimliche Gericht gela=
den. So geringe auch dieſe Nachricht zu ſein ſcheinet,
ſo große Bewegung muß doch dieſe Ladung veranlaßet

H 3   haben.

haben.   Aus ben noch vorhanbenen alten Raths-Rech-
nungen ist zu ersehen, baß sämmtliche Sechsstädte,
ohnerachtet bie bamaligen Hußitischen Händel ihre gan-
ze Aufmerksamkeit erforberten, bennoch wegen bieser
und anberer Labungen zu Löbau unter sich viele Unter-
hanblungen gepflogen haben.   Im Jar 1433. Sonnt.
Quasimod: senbeten sie enblich **Bernhard Dobe-
schütz** in Begleitung einiger anberer nach Arensberg,
baß er sie bei bem heiml. Gerichte baselbst verantwor-
ten ober vertheibigen möchte, als sie wegen **Johann
von Lune**, schon zum zweitenmal von **Girard von
Sure** Freigraben baselbst, vors heiml. Gericht bahin
gelaben worben waren.   Die Sache worüber sich bies
Gerichte von neuen einer Entscheibung angemaßt hat,
muß bereits rechtlich ausgemacht worben sein; benn
bie Städte ließen nicht nur um eben bie Zeit über ben
zwischen ihnen unb obgebachten **Johann von Lunen**
ertheilten königl. Ausspruch bei bem **Kapitul** zu **Bu-
bißin** ein Vibimus nehmen, um solches bei bem heiml.
Gerichte probuziren lassen zu können, sonbern auch bies-
falls an ben Kurfürst zu **Kölln**, bie Freigraben von
Dortmund unb **Arensberg**, so wie auch an beibe letz-
tere Städte Interzeßions-Schreiben ergehen.   Sie
waren überbies noch ungemein besorgt unb bekümmert,
sich von ber Beschaffenheit bieser heiml. Gerichte, be-
ren Macht, Ansehn unb Nachbruck, gründlich zu un-
terrichten, unb senbeten baher auf gemeinschaftliche
Kosten zuverläßige Personen ab, welche hiervon alle
nur mögliche Erkunbigung einziehen sollten.   Allein
letzteres glückte ihnen nicht so, wie sie es wünschten.
Denn aus einen von 1433. von ber Stabt **Bubißin**

an

an Görlitz abgelaſſenen Schreiben, iſt zu erſehen, daß man weder durch dieſe noch auch durch die an das Hoflager der Fürſten zu Meißen abgeſendete Perſonen, von der Beſchaffenheit dieſes heiml. Gerichts gegründete und ausführliche Nachrichten erhalten können.

Der Zeitordnung nach folgt nun der in den angeführten Dreßdn. Anzeigen von 1750. im 48 und 49ten Stück ſchon beigebrachte Fall, wo ein gewißer Freigrav der Grabſchaft Waldeck, Johann Monhoff, die Görlitzer wegen Johann Arnſtede 1445. vor ſein Freigericht unter der Linden zu Saſſenhauſen geladen hat. Wir beziehen uns hierbei auf die daſelbſt beigebrachte Nachrichten, und wollen nur zu Ergänzung der angeführten Umſtände, und zu Erläuterung der Geſchichte von dieſen Freigerichten, aus einem von dem Rathe zu Erfurt an den Rath zu Görlitz in dieſer Angelegenheit abgelaßenen Schreiben, eins und das andre hier beyfügen.

Die von beſagten Monhoff an den Rath zu Görlitz abgelaſſene und in den Dreßdn. Anzcigen befindliche Ladung und Sentenz war die Veranlaſſung, daß ſich dieſer bei dem Rath zu Erfurt, weil er näher bei dieſen Gerichten gelegen war, und mithin deren Gewalt und Beſchaffenheit zuverläßiger wiſſen konnte, erkundigte, auch ſich Raths erholte, was weiter zu thun wäre, daferne künftig von dieſem Gerichte an ihn etwas gelangen ſollte? Die hierauf unterm Freitag nach Valentini 1446. vom Rath zu Erfurt ertheilte Antwort hielt nachſtehendes in ſich: „Daß ſie ihres „Orts ebenfals ſeit langen Jahren mit denen Frei-„gerichten in viele verdrießliche Händel, welche

„ihnen viel Mühe, Arbeit, Kosten und Schaden
„verursacht, eingeflochten und verwickelt worden
„wären, wogegen sie sich durch ihre dieserwegen
„habende kaiserl. und päbstl. Befreiungen, die sie
„den westfälischen Gerichten bekannt gemacht, ver=
„gebens zu schützen gesucht hätten, daher sie end=
„lich auf Anrathen ihrer Herren und Freunde ge=
„nöthiget worden, sich gegen die angemaßte Ge=
„walt der Freigerichte zur Wehre zu setzen, wel=
„ches denn auch soviel gefruchtet hätte, daß sie
„von ihnen lange Zeit unbeirret geblieben wären;
„bis dermalen der obgedachte Monhoff wegen Herr=
„manns von Arnstede sie wieder zu beunruhigen,
„sich unterfangen wollte." Sie scheinen übrigens
dem Rath zu Görlitz gleiche Maasregeln anzurathen,
machen anbey in ihrer Antwort von dem angeblichen
Freigrav Monhoff und dessen Klienten eine dergestal=
tige Schilderung, daß wenn diese gegründet ist, man
sich nicht gnug verwundern kann, wie es möglich ge=
wesen, daß die Ausübung dieser Gerichte in so schlech=
te Hände verfallen, die Bosheit und Betrügerei aber
so großen Schutz finden können. „Denn beide (heißt
„es daselbst) sind verzweifelte hängensmäßige Bu=
„ben, welche schon lange Zeit in dem größten und
„schwersten Bann der heiligen christlichen Kirche
„liegen. Des erstern ausgelaßene Ladung und
„Urtheil sei daher schon diesfals an sich kraftlos,
„wozu aber noch dieses komme daß er auch nicht
„einmal als Freigrav von dem Käyser Friedrich be=
„stättigt worden wäre. Der Ehre, welche ihm
„Görlitz in dem an ihn erlaßenen Schreiben beige=
„legt,

„leget, wäre selbiger nicht werth; denn er sei vor=
„her lange Zeit ein Karnführer gewesen und der=
„malen noch vor nichts anders als ein Bube und
„als ein aus der christlichen Gemeinschaft gewor=
„fener Kätzer zu achten und anzusehen." Was
Hermannen von Arnstede anlangte, „sei zwar der=
„selbe vorher ihr Stadtdiener und Bürger gewe=
„sen, wäre aber, als er, wo er nur gekonnt, auf=
„geborgt und nicht bezahlt, endlich von ihnen als
„ein Aufseter und Betrüger aus der Stadt ver=
„wiesen worden." Beider Aufenthalt wäre ihnen
ietzo zwar nicht bekannt, sie hoften iedoch ihn noch
künftig auszukundschaften, selbige zu fangen und of=
fenbar zu machen:

Daß genannter Manhoffe und Hermann
Arnstede, neun Füße höher denn andere of=
fenbare Diebe hängen würde, von ihnen aber
fromme Leute wohl ungelästert und ungehan=
gen bleiben sollten.

Sie fügen diesen allen noch endlich bei, daß sie sowol
dieses als derer übrigen Freigerichte Hochmuth zu däm=
pfen alles nur mögliche um so mehr anwenden wollten,
als sich schon viele ansehnliche Städte, bey ihnen über
der heimlichen Freigerichte Bedrückungen beschweret,
sich diesfals Raths erholet, und ihren Beistand ver=
sichert hatten, warum sie dermalen auch Görlitz er=
sucht haben wollten.

Diesen allen ohngeachtet aber hat sich gedachter
Manhoff noch geraume Zeit in der Ausübung des Frei=
gerichts erhalten. Denn aus einer von dem Mühl=

haus=

hauſiſchen Syndico **Beniamin Chriſtoph Graßhof**
in ſeinem Tr. de Origine & Antiquit. Mulhuſae.
1749. p. 225. beigebrachten Urkunde d. d. **Eldrickhu-
ſen Dienſtag nach** S. Niclas **Tag** 1457. iſt zu erſe-
hen, daß er in nur genannten Jare die **Stadt Mühl-
hauſen** von einigen wider ſie bei ſeinem Freiſtuhl ange-
brachten Klagen losgeſprochen und darüber gedachtes
Dokument ausgeſtellet hat.

Der dritte Fall, der von dem über Oberlauſitz ſich
angemaßten Rechtszwang der weſtfäliſchen Gerichte zei-
get, hat ſich im Jar 1455. eräuget.   Nach einem von
dieſen Jare aufbehaltenen Schreiben d. d. **Donners-
tags vor Mariä Reinigung** hat **Johann Friemann,**
der ſich einen **Freigrav** in der freien **krum men Graf-
ſchafft** nennt, auf Anſuchen **Leonhard Ruthers** eines
Nürnberg. Bürgers, an den **Rath zu Görlitz** eine
Ladung ergehen laſſen, worinnen er von dieſem ver-
langt, daß er den **Langen Jacoff,** die **Ruthern** zu
bezahlen ſchuldige 300 Gulden Hauptſtamm, nebſt
Gerichtskoſten und Schaden zu vergnügen, anhalten,
oder auf dem Fall, da ſolches nicht erfolgte, ſelbſt be-
vorſtehenden **Donnerſtag nach** Miſericordias Domi-
ni vor ſeine Gerichte ſich geſtellen und daſelbſt ſeine
Ehre und Glimpf verantworten ſollte.   Der **Rath zu
Görlitz** aber, ohne ſich mit ihm erſt einzulaßen, wand-
te ſich an den **Rath zu Nürnberg,** und zeigete daß
wenn ſich **Ruther** bey ihm als ordentl. Obrigkeit gehö-
rig gemeldet hätte, die Sache längſt beendiget wäre;
und bat anbey daß er den Jmploranten als ſeinen Bür-
ger dahin anhalten möchte, daß er hier erſt die Ent-
ſcheidung der Sache ſuchen und erwarten, ihn aber

und

und seine Bürger ferner durch fremde Gerichte nicht beunruhigen lassen sollte.

Nächst diesen aber ist ein von Hanns Volmar von Ewern, so sich des Heil. R. R. und seines gn. Herrn zu Heßen und der Junckherrn zu Waldeck, Freigrav zu Freienhaag, unter der Lindau nennet, an die Stadt Budißin gerichtetes Schreiben vom Jar 1487. vorhanden, worinnen ersterer meldet, daß auf erfolgte Anklage Eckart Tuczels von Cassel, Lorenz Kannegießer, ein Budiß. Bürger von ihm in die hohe Acht des Kaisers verurtheilet und in diesen zugleich der Stadt Budißin bey einer Strafe von 50 Pf. Goldes aufgelegt worden sei, daß sie diesen verachteten recht und friebloßen mit Weib und Kindern aus der Stadt vertreiben, mit ihm ferner keine Gemeinschaft haben, sondern sich seiner Güter und Habe zu versichern, und hiervon sowohl ihm und den Stuhlherrn als dem Klä- ger Gnugthuung zu leisten suchen sollten; mit beige- fügter Bedrohung: daß wenn solches alles nicht befol- get werden würde, über den Rath und der Gemeine zu Budißin auf den Dienstag nach St. Catharinae d. ai. ein eben so schweres Urtheil wie über den Verachteten selbst ergehen würde.

Unter allen Fällen aber verdient nachstehender um so ausführlicher bekannt gemacht zu werden, als eines Theils, die hierzu nöthigen historischen Umstän- de aus den gleich zeitig geschriebenen und ächten Jares- büchern, und aus den noch in Originalien vorhande- nen Urkunden genommen worden sind, und andern Theils, aus diesen nach allen ihren Umständen aufbe- haltenen Nachrichten die ehemalige Gerichtsverfaßung, nebst

nebſt der Art der Beruffung auf die höhern Inſtanzen
ſehr erläutert, beſonders aber hieraus erſehen werden
kan, was für große Bemühungen die Weſtfäliſchen
Gerichte, ihren Gerichtszwang über das Markgrav=
thum Oberlauſiß zu erweitern angewendet, dieſes ie=
doch ſeine Befreiungen von ſolchem ieberzeit nachdrück=
lich zu behaupten geſucht habe.

Wir müßen aber hierbei im voraus um gütige
Nachſicht bitten, wenn wir bei dieſer Erzählung einem
oder dem andern von unſern Leſern etwa zu weitlauftig
ſcheinen dürften. Zur Vollkommenheit derſelben und
zu Erreichung unſerer hierbei führrenden doppelten Ab=
ſicht halten wir es vor nöthig, diejenigen hiſtoriſchen
Umſtände vorauszuſchicken, aus welchen man die Ver=
anlaßungen erkennen kann, und ſowohl die Bewe=
gungsurſachen als die Maasregeln zu entdecken, wel=
che man gehabt und angewendet hat, ſich von ihrem
Gerichtszwang zu befreien und loszumachen. Die Ge=
legenheit zu dieſem wichtigen Rechtshandel gab Nickel
Weller, ein Görlißiſcher Bürger und Einwohner.
Dieſer hatte nach den Jaresbüchern im Jare 1485. und
nach einem vom Rathe zu Görliß an den zu Breslau
abgelaßenen Schreiben im Jar 1487 in Geſellſchaft
ſeiner Frau und Mutter, und Zuziehung eines alten
Bauers, des Nachts in einer Scheune allerlei ſtraf=
bare Gauckelei getrieben. Man gab ihm Schuld, daß
er ein ungetauftes Kind wieder ausgegraben, aus deßen
Armesröhre, indem er die Höhlung mit Wachs von einer
Oſterkerze und Weihrauch gefüllet, ein Licht gemacht,
ſolches angezündet, und dabey, damit es ihm glück=
lich gehen möchte, nach damaligen Begriff Zauberei

getrie=

getrieben hätte. Weller mußte, als er diesfalls vor
Gerichte gefordert wurde, solches einräumen, und hat-
te nach dem Ausspruch des Richters und Schöppen,
dieserhalb seinen Hals verwirckt. Er wurde ins Ge-
fängniß gesetzet, und statt der ihm zuerkannten Leibes-
strafe auf Fürbitte des damaligen Landvoigts George
von Stein und noch anderer angesehenen Personen,
nur blos mit der Verweisung aus der Stadt, be-
straft. Aus seinen nachher sowohl bei dem geistlichen,
als Westfälischen Freigerichte gegen den Rath zu Gör-
litz angebrachten Beschwerden erhellet, daß diese Stra-
fe noch mit der Einziehung gewißer ihm zugehörigen
Grundstücke, und mit dem Verlust seiner außenstehen-
den Gelder müße verknüpft gewesen seyn. Nach sei-
ner Verweisung von Görlitz begab sich Weller nach
Breslau. Hier bewarb er sich sowohl beim Rath, als
dem dasigen Bischof Johann von Waradein, königl.
Kanzler um beider Fürsprache, und glaubte daß er hier-
durch bei dem Rath in Görlitz seine Wiederaufnahme
bewirken würde. Er erhielt zwar erstere, iedoch nicht
das, was er suchte. Denn der Rath zu Görlitz zeigte
in seiner hierauf an beide abgelaßenen Antwort die
Rechtmäßigkeit seines Verfahrens so gründlich, daß
sich beide seiner weiter nicht annahmen. Wie sich nun
Weller hier ohne Hülfe sahe, so wandte er sich an das
höchste geistliche Gericht, und fand Gelegenheit sich
beym Pabst Innozenz VIII. über das von dem Rath
zu Görlitz erlittene Unrecht zu beschweren, in Hofnung,
daß er dadurch sowohl die Wiederaufnahme in Görlitz,
als die Wiedererstattung seines erlittenen Schadens
und der ihm weggenommenen Grundstücke erlangen
würde. Er führete hierbei zur Ursache dieses an: daß
er

er den Görliß. Rath innerhalb der Stadt und der Meiß=
nischen Diöces, darunter diese Stadt läge, nicht si=
cher belangen, sich auch von diesen wegen seines so
großen Ansehens und Macht, einige Gerechtigkeit zu er=
halten, nicht versprechen könnte. Der Pabst wurde durch
dieses Vorgeben bewogen, eine Bulle d. d. Nonar.
Junii 1487. an Johann Medici Art. liber. Magr. &
Praeposito, und Nicolaus Tauchan, Doct. und Ca-
non zu Breslau ergehen zu laßen und beiden darinnen
aufzugeben:

> Vt illos sub quorum iurisdictione iniuriato-
> res ipsi (Gorlicenses) consistunt moneatis
> attentius, ut eidem Niclao (Weller) super
> his exhiberi faciant Justicie complementum,
> alioquin vocatis qui fuerint evocan & audi-
> tis hinc inde propositis quod iustum fuit,
> appellatione remota, vsuris cessantibus, de-
> cernatis, per censuram ecclesiasticam firmi-
> ter observari.

Die hiedurch in dieser Sache ernannten geistlichen
Kommißarien ließen hierauf an den damaligen Land=
vogt George von Stein die Erinnerung ergehen daß
er zufördert Wellern zum Eide des Verdachts laßen,
und ihm sodann binnen Monatsfrist zu seinen Rechten
verhelfen, mithin dem päbstlichen Befehle ein völliges
Gnüge leisten möchte mit dem Beifügen daß sie solches
außer dem laut der päbstl. Bulle, selbsten thun müßen.
Dieser Auftrag wurde d. d. Breslau den 14 Aprill 1488
mittelst eines pergamentnen Briefes, worinnen die päbstl.
Bulle ausführlich enthalten, ausgefertiget und ist nach
dem darüber ausgestellten Notariatsinstrumente dem

Land=

Landvoigte am Tage des Heil. Georgii durch den Ebdomandarium Ecclef. Mariae Magdal. in Breslau infinuiret worden. Weil nun aber bey der diesfals angestellten gerichtl. Unterfuchung Wellern hauptfächlich entgegen gestellet worden fein mochte, daß er wegen begangener Zauberey schon in den Bann der Kirche gefallen fey und fo lange als diefer nicht wieder aufgehoben worden, er nach dem geistl. Rechte keines Rechtes und Rechtstandes fähig fei; fo war diefer hierdurch genöthiget, wenn er anders fein Recht weiter verfolgen wollte; fich erst von dem kirchl. Banne zu befreien. Die Lozzählung hiervon aber konnte von keinem Bischof geschehen, fondern mußte lebiglich von dem Pabste felbst, weil dergleichen Fall zu denen befondern Refervaten gehörte, erfolgen. Weller mußte fich daher wieder an den päbstl. Hof wenden, und genoß bey diefem feinen abermaligen Gefuch die Unterstützung des Bifchofs zu Ostia, Julians. Diefer fprach vor ihm beim Pabst welcher diefen mündlich, oder wie er fich ausdrückt, expreffo mandato fuper hoc vivae vocis oraculo nobis facto, auftrug, den Bifchof Johann in Breslau, und deffen vicario in fpiritualibus Nicolao Tauchan d. d. Romae VII Idus Maji Pontif. Juliani IIItio anzubefehlen.

Vt, poftquam dicti (Weller & vxor ejus) fuperftitionem detestati fuerint & abiuraverint, ipfos & eorum quemlibet a dictis fententiis & exceffibus huius modi abfolvatis in forma ecclefiae confueta, & injungatis inde eorum cuilibet auctoritate & mandato predicto, pro modo culpae pœnitentiam falutarem.

Mit

Mit dem Beisatz:

inhibentes loci ordinario & praedictis quibusvis
aliis tam ecclesiasticis quam secularibus iudicibus
quibuscunqve & ipsos ve eorum propter promis-
sa in personas aut bonis ipsorum in futurum quo-
quomodo molestent inquietant perturbent &c.
nec hoc permittant.

Diese Anordnung wurde, wie die vorhergehende,
durch Nickol Tauchan, nach Ausweifung des hierü-
ber gefertigten Notariatsinstruments dem Rath zu
Görlitz insinuiret, und dieser anbey nach Breslau ad
videndum iurari & a praemissis excessibus absolvi
vorgeladen.

Ob nun gleich Weller ersteres befolgt hatte, und
hierdurch wiederum in den Schooß der Kirche aufge-
nommen worden war; so erreichte er doch nicht seinen
Zweck; sondern wurde von den dießfals niedergesetzten
päbstl. Kommißarien, dem Bischof zu Breslau und
dem Landvoigt George von Stein, als der Rath zu
Görlitz sein Verfahren gegen ihn bey selbigen nochma-
len gerechtfertiget hatte, ab- und zur Ruhe gewiesen.
Ohnerachtet dieses von Wellern so öfters gemachten,
iederzeit aber unglücklich abgelauffenen Versuchs und
vielfältigen Bemühens sein vermeintlich Recht durch-
zusetzen, glaubte selbiger dennoch, daß ihm zuviel ge-
schehen sei, und hofte, daß er seinen Zweck ohnfehl-
bar erlangen würde, wenn er sich an die Westfälischen
Gerichte wendete. Er that dies, und seine Wahl traf
dasienige, welches in Brackel bei Dortmund anzutref-
fen war. Bei selbigen hatte zu der Zeit Johann von
Hulschede, der sich von kaiserl. Gewalt einen gehul-
digten

digten Freigraven der Freigrafschaft und des Frei=
enstuhls zu Brackel bei der Stadt Dortmund nen=
net, den Vorsitz. Bei diesem brachte Weller seine Be=
schwerde über den Rath zu Görlitz an, der solche vor
vemfrogbar erkannte und darauf Montag nach Kreutz=
erfindung (3 May) 1490. an den Burgermeister,
Rath, Aeltesten, Geschwornen und gemeine Ein=
wohner und Bürger weltliche Mannspersonen über
18 Jahr alt, eine Ladung ergehen ließ:

Die Art und Weise, wie dieselbe den Görlitzern in=
sinuiret worden, war sonderbar und höchst seltsam. Denn
die Jahrbücher melden hierbei, daß man solche zu
Ludwigsdorf in Wentzel Emerichs Forwergk auf
einer Kleppen am Zaune steckend gefunden, und von
da hereingesendet hätte.

Weil nun das Markgrabthum Oberlausitz als eine
der Kron Böhmen einverleibte Provinz, vermöge der
vom Kaiser Karl IV. ertheilten güldenen Bulle und
deren achten Artickel das Vorrecht genoß, daß nie=
mand außerhalb diesem Königreich vor ein ander Ge=
richt geladen und gezogen werden durfte, die Stadt
Görlitz überdies besonders durch den Kaiser Sigis=
mund, d. d. Peruff. die decollat. Johann. 1433.
ebenfals unter einer güldenen Bulle begnadigt worden
war, daß ihre Einwohner vor keine fremde Gerichte
gefordert werden sollten; so berichtete der Rath zu Gör=
litz diesen Vorfall an den König Wladislaum, und
bat diesen, daß er seine an gedachten Freigraven abzu=
laßende Vorstellung wegen der Exemtion von den west=
fälischen Gerichten durch Interzeßionalien zu unterstü=
tzen geruhen möchte. Der Rath erhielt zwar hier die

J

gesuch=

gesuchte Interzeßionalien, allein das westfälische Ge=
richte, bei welchen inzwischen der Freigrav Hulschede
gestorben, und George Hackenberg an seine Stelle
gekommen war, ließ sowohl den König, als die Gör=
litzer ohne Antwort.

Inzwischen blieb der Rath zu Görlitz in dem von
dem westfälischen Freigerichte angesetzten Termin außen;
und Nickel Weller setzte an solchen seine Klage gegen
Görlitz weiter fort. Die untern Montag nach St.
Petri Kettenfeier den 2 August 1490 von dem Frei=
graven Hackenberg und seiner Freischöppen ertheilte
und unter ihren anhangenden Sigillen noch in der
Urschrift verhandene Sentenz, hat uns nicht nur die=
sen Umstand sondern auch die Art und Weise, wie
hierbei ferner prozediret worden, aufbehalten. Da es
zu unserer Absicht dienet, auch die bei gedachten Frei=
gerichten üblich gewesene Art zu verfahren bekannt zu
machen, so wollen wir aus selbiger das wesentliche an=
führen. Das auf die ergangene Citation schon er=
wähnte Außenbleiben des Görlitz. Raths war die Ver=
anlaßung, daß Weller zuförderst durch seinen Vor=
sprecher bei dem westfälischen Gerichte, des Raths zu
Görlitz Ungehorsam anklagte, ihn desfals in die Ge=
richts=Pöne und Bröche und zu Erstattung der Unko=
sten und Schaden zu verurtheilen ansuchte, und seine
vorher angebrachte Klage fortsetzen zu dürfen, um Er=
laubniß bat. Uiber beides wurde zuerst verabschiedet
und Weller wiederhohlte nunmehro seine Klage, fügte
selbiger zugleich noch bei, daß er seine zeither erlittene
Schmach, Schaden und Kosten außer dem Hauptgute
auf 500 rheinische Gulden geschätzt haben wollte, wor=

auf

auf wieder in Ansehung dieses Puncts vom Freigerich-
te gesprochen wurde:

Dat de obgenannte Nickel Weller solle inkom-
men in dat keiserlich Frygerichte selb dritte, alle ech-
te rechte. Fryscheffen des hilligen Richs, und haben
an itlicker hant eynen der vurgenannten Fryschef-
fen und fallen dar vor myr in de konigcklicke gewalt
up sine knye myt synen folgeren mit bloßen houb-
den und solle daz dar waren mit yme eide dat sul-
che vurgevorte syn klage aber de von Gorliß getain
war und oprecht zy, Und de twe zyn folger sollen
myt yreu eiden war machen und behaldten dat syn
eidt reyn und nyt meyne zy. 2c. 2c.

Er befolgte dies Urtheil legte nebst seinen Conju-
ratoribus diesen ihm zuerkannten Eid ab, und be-
stärkte also hierdurch seine sowohl über Kosten und
Schaden als über die Hauptanforderung angestellte
Klage nach Freistuhls-Rechte. Worauf denn wieder-
um erkannt wurde:

Dat Weller adir syn vulmechtigh procurator
den vurgevorden van Gorliß tsamen of bisunder
umb solche bose myshandelonge und verkortunge
houptguet und allen schaden wo de vurger ort ist
mogen afpenden off affmannen myt gerichte adir
zonder gerichte an yren libe und gude gereide of
onreide, Dat zy zo water of zo Lande uß straßen,
op markten in steden, dorfern of wibbotten oder in
wat enden en daz bequem est worde, und darane
nemen Betterrnge synes geleden Homoiß smaheit
und verkortonge, dar to Hobtgut und allen scha-

den

den dar op gegan wer eder noch komen mochte, son=
der brocke der Hern of gerichte da sulck g=schege.

Welchem Urtheil annoch die Bedrohung beigefügt
war, daß wofern jemand Wellern in Befolgung sei=
nes erstandenen Rechts zu hindern oder gar Wider=
stand zu leisten sich unterstehen würde, dieser hierdurch
ebenfals in des heil. Reichs schwere Ungnade, des
Freigerichts zu Brackel Poen und Bruch, dem
Kläger selbst aber zum Ersatz seiner Unkosten und
Schäden über die gewonnene Klage verfallen sein
sollte; Hiernächst aber wurde Weller auch noch be=
sonders in Ansehung der Görlitzer berechtiget, diese bei
deren Widersetzung

zo trecken und wynnen vit den Frygerichte in de
heimliche beslotene achte, und das dan aber er
leib und ere vartfaren als sich nach Fryenstols rech=
te don geboren.

Dieser weitläuftige Rechtsspruch endigt sich end=
lich damit, daß zu Bezeugung der Wahrheit und alles
das was hierbey vorgegangen gerichtlich und nach Art
und Weise der Freigerichte verabhandelt worden sey,
sowohl Jorge von Hackenberg sein bei dem Freigerich=
te führendes Amtssiegel als deßen Beisitzer, die die
Stantgenoten und echte rechte Fryscheffen des Heil.
Reichs genennet werden, die Ihrigen mit angehan=
gen und beigefügt haben. Diese letztere führen in ih=
ren anhangenden Sigillen theils auf verschiedene Art
formirte Kreutze theils aber auch einen Blumentopf
und Blumenstraus, wozu sie sich des grünen Wachses
bedienet haben. Untern Montag nach U. L. Frauen
Auffahrt, welcher auf den 16 Aug. fällt des 1490ten

Jares

Jares citirte nunmehr gedachter Hackenberg, der sich hier einen Freigrav des Freistuhls zu Wolmerstein nennet, die Görlitzer dergestalt peremtorisch; daß sie Dienstag nach der Octave Allerheiligen, als an dem hierzu bestimmten letzten Pflichttag vor seinen Gerichten erscheinen, beides dem Gerichte und Kläger gebührliche Gnüge und Ausrichtung leisten, ihr Leib, Leben und Ehre verantworten, oder in Entstehungs Fall gewärtig seyn sollten, daß er oder ein ander Freigrav auf Gesuch des Klägers nach Inhalt des vorigen Urtheils, sie

aus den gespanden Freigerichte und der heimlichen beschloßenen Acht ziehen und gewinnen und über ihren Leib, Leben und Ehre das strengste und schwerste Urthel und Vollgericht, welches ihm nicht lieb sei, sprechen, müßte.

Ohnerachtet nun diese anderweitige Ladung auf eine eben so ungewöhnliche Art als die vorige, da man die ietzige in der Mönchs=Kirche auf der Erde liegend fand, zur Wissenschaft des Raths kam; so wurde selbiger doch hierdurch veranlaßt, diesfals sowohl an den Kurfürst zu Cölln, als an den nurgedachten Fre:grav zu schreiben, und unter Beziehung derer wegen der Krone Böhmen habenden Befreiung bei selbigen um die Entledigung von diesem vor die westfälischen Freigerichte ihnen angemutheten Rechtsstande anzusuchen. Ersterer erwiederte hierauf nur so viel, daß er sich der Sache halber erkundigen und sich der Billigkeit und Gebühr nach verhalten würde. Letzterer aber ließ solches gar unbeantwortet. Bei dem an dem gesetzten Gerichtstage nicht erfolgten Erscheinen der Görlitzer

ließ

ließ endlich der Freigrav Hackenberg unter Gudenstag
nach Martin. Epiſcop. 1490. wider den Rath, Elte=
ſten, Geſchwornen Inwohner und Bürger der Stadt
Görlitz und alle weltl. Mannsperſonen über achtzehn
Jar alt, den heftigſten Bann und Achtsbrief ausge=
hen. Selbiger iſt auf Pergament ausgefertigt und
mit ſieben Siegeln verſehen. Die hierinne befindliche
Achtserklärung aber lautet in Niederſächſ. Sprache
folgendergeſtalt:

Und want Ich dan eyn bloiß Richter zy, des
hilligen Romiſchen Richs und nymantz recht
lois laiſſen noch von gerichts und myns Amptz
wegen nymand recht verſeggen of wegeren
magh, hiromb ſo neme ich de vurgenannte
Jorge Emrich Hanns Keggel haßeler baltzer
Kirchhof olnerich Sporen Symon hockener,
vart Burgermeiſter Rait, aldirſten geſworn,
burger und Inwoner der ſtat Gorlitz wertlich
Mannsperſonen bane actyn Jare ailt, de
neyne Fryſcheffen zyt as verklagete verwunen
und abertugede mann nith den vrede Frey=
heit und rechte, de Pawes und Keiſer geſath
und beſtetiget hebt, und vart alle Fürſten
hern Ritter Knapen und Fryen bezworen hebt,
und ſette ſe van aller veyhet und rechte in
konyngs ban und wedde, in den hogeſten un=
frede, und macke ze ſeyelos echtlois rechtlois
vredelois und onwerdich alles rechts, und
geve er lief den vogelen in der lucht und den
vißchen in den water to verteren und er zielen
in Gotz gewalt und wiſe or wyne wedewe,
oir

oir kinder weczen, und oir leen den leenheren
verfallen, und verscheme und verfhire de vur=
genannte verklageten von Macht der keiserli=
chen gewalt der Frygerichte und mynes ampt,
und gebiede heromb allen Fürſten, Herren,
Greven, Rittern, Knechten, Frygraven
und freyſcheffen des hilligen Richs by gelof=
ten und eben de zedem hillichen Riche gethan
hebt, dat ze de vorgenannte von Gorliz, ſo
war ze de bekommen mogen, or recht doin
und hangen an des konyngz wyme, dat is
an den neſten boem de en bequeme is, und
des nicht laiten by hogen pene des hilligen
Richs und by konyngs ban.

Uiber dieſes Bann= und Achtsurthel aber machte
eben dieſer Freigrav in einem Fer. IV. poſt Martini
geſtellten öffentlichen Anſchlage iedermann bekannt: daß
er die beiden Städte Breßlau und Görliz, wegen ih=
res gegen den Freigerichtl. Ladungen bezeigten Unge=
horſams auf Anſuchen Nickel Wellers in die Acht und
Bann geſezet hätte. Da nun hier in denen verhan=
denen Urkunden der Stadt Breßlau zuerſt gedacht,
und ſolche zugleich mit Görliz in die Acht erkläret wird,
ſo wird man wohl hierbei als gewiß vorausſezen kön=
nen, daß Weller bei den Freigerichten eine beſondere
Klage wegen des ihm von Breßlau ebenfalls verwei=
gerten Rechts gegen die Stadt Breßlau müße ange=
bracht und fortgeſtellet haben. Man erſiehet übri=
gens aus dieſen beiden Urkunden, was für ein groſ=
ſes Anſehen ſich dieſe Freigerichte angemaßt haben,

denn

denn unfer Freigrav bedient fich in diefem Anfchlage
diefes Einganges:

Allen Fürften Herrn Graven, Rittern, Knech=
ten, Amptleuten, Schulteißen, Bürgermeiftern
Scheffen, Rathen, Bürgern und Inwohnern der
freyen Reichs und andere Städte, fonft ingemein
allen chriftlichen Standes=Perfonen wes Standes
oder Condition fie feyn, thue Ich George Hacken=
berg ein bewert Richter und gehuldet, Freigrave
des heil. Reichs nach zymlichen reverencien und
Gruße zu wißen ꝛc. ꝛc.

und in dem Schluße, nach vorangefchickter Erzählung
des Wellerifchen Anbringens und hierauf von Freige=
richten erfolgte Entfcheidung, befiehlt er unter Bedro=
hung gleichmäßiger Achtserklärung, allen diefen vor=
ftehenden famt und fonders von käiferl. Gewalt, von
Rechts, und feines Amts wegen:

daß fie die von Breßlau und Görlitz nicht
haußen, herbergen mit fichern Geleite befchir=
men, befchützen, nicht mit ihnen eßen, trin=
cken, kauffen verkauffen oder fonft einigerley
Wandelung oder Gemeinfchafft haben follen,
fo lange, bis fich felbige fowohl mit dem Frei=
gerichte abgefunden, als dem Kläger felbft
ein Genüge geleiftet hätten.

Von diefem Patent hatte nun Weller eine durch die
Freifchöppen vidimirte Abfchrift bekommen, welche von
ihm zu Leipzig bei gehaltenen Markte bekentlich ange=
fchlagen, hingegen von denen damals anwefend gewefenen
Görlitzifchen Bürgern fogleich wieder abgeriffen wurde.

                                        Dies

Dies bisher so ungescheuete Verfahren der Frei=
gerichte veranlaßte endlich, beide Städte, daß sie sich zu
Liegnitz über ihre dagegen zu nehmende gemeinschaftl.
Masregeln berathschlagten, und hiebei dahin vereinig=
ten, daß sie gleichfals vermittelst eines Anschlages und
zwar iede Stadt insbesondere, ihr Verfahren in der
Wellerschen Sache rechtfertigen und warum sie sich vor
den Freigerichten zu stellen, nicht schuldig erachtet, zei=
gen diesen aber zu Breßlau, in Görlitz, Leipzig und an=
dern Orten öffentlich affigiren lassen wollten. Ueber
dieses ließen sie bei dem in Prag angesetzten Landtage
ihre Beschwerden wegen der von denen Freigerichten
sich angemaßte Gerichtsbarkeit über sie in Abwesenheit
des Königs Wladislaus bei denen böhmischen ver=
sammleten Ständen durch ihre Abgeordnete anbringen,
und bathen um deren Interzeßion an den Kurfürst zu
Kölln, und Landgrav zu Heßen. Beides erfolgete.
Allein letzterer antwortete auf die an sie abgelaßene In=
terzeßionen nur so viel: Daß woferne ihnen die Stüh=
le oder Freigerichte, worinnen denen Breßlauern
und Görlitzern Gewalt geschehen, gemeldet worden
wären er sich darein legen würden sich aber derma=
len, da dies nicht geschehen, zu nichts weiter ver=
bindlich machen könnte. So ungegründet das er=
stere war, so deutlich zeigte diese Antwort, daß so=
thane Fürsten diesen unter ihrer Landeshoheit sich be=
findenden Freigerichten einen gerechten Einhalt zu thun,
entweder keine Macht, oder keinen Willen hätten.

Was nun die nach der mit der Stadt Breßlau
getroffenen Verabredung von der Stadt Görlitz ent=

138

worfene und öffentlich angeschlagene Verantwortungen
und Rechtfertigung anlanget; So faßte solche nach-
stehendes in sich: Sie zeigt zuvörderst, daß ohnerach-
tet die von denen Freigerichten an sie ergangene Ladung
auf eine höchst ungewöhnliche Art an selbige gebracht
worden wäre, sie dennoch nach Vorschrift der von Kai-
ser Friedrich im Jar 1442. bekannt gemachten Refor-
mation dieser Gerichte durch Vermittelung Königs
Wladislaus sich zu rechter Zeit von diesem Frei-
gerichte abzuziehen gesucht, und bei selbigen erbo-
then hätte, daß wofern sie von Ihro K. M. als
ihren ordentl. Richter, oder derienigen Gerichtsstelle,
wohin sie gewiesen wäre, gefordert worden, sie Ni-
ckel Wellern ieberzeit zu Recht stille zu stehen, sich nicht
entbrechen haben würden. Letzteres zu fordern, hatte
man um so mehr Recht gehabt, als nicht allein Kai-
ser Karl der IV. das Königreich Böhmen, deßen ein-
verleibte Provinz; hiesige Lande wären, in der von
ihm im Jar 1356. publizirten güldenen Bulle Art.
VIII. von auswärtigen Gerichten überhaupt befreiet
sondern auch Kaiser Sigismundus 1433. die decol-
lat. Johannis zu Peruß, unter einer güldenen Bulle
noch überdies insbesondere die Stadt Görlitz mit der
Befreiung von allem Rechtsstande vor auswärtigen
Gerichten begnadiget hatte. Dieser ihrer Freiheiten
und Immunitäten ohnerachtet, hatte man zwar an-
fänglich glimpflich zu gehen versucht, auch diesfals sich
an den Freigraven schriftlich gewendet, ihm den Ver-
lauf der Wellerischen Rechtssache, das hierbei beobach-
tete Verfahren und die kaiserl. Befreiung von auswär-
tigen Gerichten gemeldet und gewiß geglaubt, daß man
künf-

künftig in Ruhe gelassen werden würde. Allein die Folge hatte ein anders gezeigt; denn die Freigerichte wären fortgefahren hätten sich recht an Görlitz genöthiget, und solche mit Hohn Schmach und Schaden belästiget. Die von Görlitz wollten durch diese ihre dagegen abgelassene öffentliche Vertheidigung ieberman ersuchen und bitten, daß sie denen von den Freigerichten wider sie angeschlagenen oder noch anzuschlagenden Urtheln, aus angeführten kaiserl. Begnadigungen und andern Ursachen, keinen Glauben und Nachdruck beilegen, sondern solche vielmehr vor nichtig und unkräftig ansehen, daher hiesige Einwohner diesfals weder anhalten noch beschweren, noch auch andern solches zu thun nicht gestatten und sie dadurch in ihren Gerechtsamen Freiheiten und Begnadigungen ungekränkt zu erhalten suchen.

Weller bemühete sich unterdessen sein durch den Ausspruch derer Freigerichte erstandenes Recht auf alle Arten geltend zu machen, wandte sich daher nach Hain an der Elbe, und andern meißnischen dem Markgrabthum Oberlausitz nahe gelegenen Oertern, und hatte hierbei die Absicht, die von Breßlau und Görlitz nach Leipzig und andern Orten durchreisende Kaufleute, mit ihren Waaren aufzuhalten, und sich durch sie wegen seines Schadens mit der Zeit bezahlt zu machen. Allein beide Städte setzten sich gegen sein Unternehmen dadurch in Sicherheit, daß sie sich bei Herzog Georgen Schutz und Geleite gegen ihn auswirkten. Wie nun hierdurch abermal seine Anschläge vernichtet worden, so suchte er Herzog Albrechts, der den 1 Aug. 1491.

1491. aus den Niederlanden in Meißen angekommen
war, Beiſtand und Schutz zu erlangen. Dieſer Fürſt
ließ auch wirklich ſeinetwegen ſowohl bei dem Land=
voigt Sigismund von Wartenberg, als dem
Rath zu Görlitz, ſchriftliche Erkundigung einzie=
hen. Allein da beide hierauf in ihren Antworten
IV. Fer. poſt Aſſumt. Mariae ausführlichen Be=
richt von der Welleriſchen Angelegenheit erſtattet hat=
ten, ſo war auch dieſer neuerliche Verſuch und
Wellers hierauf geſetzte Hofnung, wiederum ver=
gebens.

Bei dieſen vielen durch Wellern erregten Be=
wegungen, wurden endlich beide Städte veranlaßt,
ſich durch Fürſprache Königs Wladislaus beim Röm.
Kaiſer Friedrich ein an ſämmtliche Unterthanen des
Heil. Röm. Reichs gerichtetes Mandat und beſon=
dere kaiſerl. Inhibitoriales an den Freiſtuhl zu Bra=
ckel bei Dortmund und auch alle andere Freigra=
ven und Freiſchöppen in Weſtfalen auszuwirken.
Sie erlangten beide. Erſteres erfolgte zu Lintz den
11 Dec. 1491. und hielt ein Verboth in ſich, daß
niemand im ganzen Röm. Reiche die von den weſt=
fäliſchen Freigerichten gegen des Königs in Böh=
men Unterthanen verhangene Prozeße und ausge=
gangene Urthel, als gültig anſehen und ihnen ge=
gen diejenigen, welche ſolche beträfen, einige Hül=
fe leiſten ſollte, und letztere ſub eod. dato leg=
ten denen weſtfäliſchen Gerichten beſonders auf:

Daß ſie ihre vermeintliche gerichtliche Ue=
bung gegen des Königs in Böhmen Un=
ter=

terthanen unverzüglich abstellen, und hin-
fort wider sie ferner nichts fürnehmen,
handeln, richten, urtheilen und procedi-
ren, nach iemand andern von denen ihri-
gen in keine Weise gestatten sollten, wel-
ches alles, wenn es doch geschehen würde,
de, kraftlos, nichtig, untüchtig und ienen
an ihrem Leibe und Gütern ganz unschäd-
lich seyn würde.

Von beiden haben nachhero die von Breßlau und
Görlitz, iede insbesondere, beglaubte und unter des
Herzogs George zu Sachsen Insiegel ausgefertigte
Abschriften nehmen und diese nebst ihren besondern
und der Kron Böhmen überhaupt ertheilten Befrei-
ungs-Briefen durch gewiße hierzu bevollmächtigte
Abgeschickte, welchen sie zuvörderst sowohl von dem
Herzog zu Sachsen, als allen übrigen Fürsten, de-
ren Land sie bei der Durchreise berühren mußten,
sicher Geleite ausgewirkt hatten, in Abwesenheit des
Landgraben zu Heßen, an deßen gesetzten Stadt-
halter, dem Rathe der Stadt Dortmund, und
dem Freigraben von Brackel, insinuiren laßen.
Wobei noch iedwede Stadt über diese von ihren ge-
schickten Bevollmächtigten übergebene glaubwürdige
Abschriften gehörige Recognitiones verlangte und er-
hielt. In solchen bekenneten nun vorstehende, daß
sie die Abschriften zu ihren Händen erhalten hätten,
und solche beiden Städten zu Gute bis auf deren
Wiederfordern inne behalten würden. In derieni-
gen

gen welche der Stadt Görliß ertheilet und noch auf=
behalten worden; sagt der zu Brackel bei der Stadt
Dortmund befindl. Freigrav, Georg Koist, daß
er 1492. Montag nach U. L. Fr. Tag Purificat.
ein Transumt und Vidimus eines kaiserl. Man=
dats die heimliche Vrygerichte belangend, von
Herzog George zu Sachsen, durch Mstr. Mart.
Vogener bevollmächtigten Sachwalter der Stadt
Görliß, vorgelegt erhalten, und solches zu Be=
huf, Nothdurft und Besten gedachter Stadt, in
Verwahrung genommen hätte, welches er auf
des erstern Begehr als Freigrav unter seinen
Siegel, das statt des Wapens in einem lateini=
schen A bestehet, hiermit bescheiniget haben wollte.
Die Absicht welche man hierbei hatte, war diese, daß,
woferne iemand von derer gedachten beiden Städte
Einwohner an Leib und Gute mit dem Freigerich=
te etwa an diesen Orten aufgehalten werden sollte,
solcher sich auf die daselbst hinterlegte Befreiungs=
Privilegia berufen und damit schützen könnte.

Ob nun wohl auf diese Art, da des Freigerichts
ietziges und künftiges Verfahren gegen sämmtliche
Unterthanen der Kron Böhmen gänzlich kaßirt und
annullirt wurde, Breßlau und Görliß vor der Frei=
gerichte Gerichtszwang gnugsam gesichert waren sich
auch nicht findet daß Weller selbst nachher neue
Bewegungen gemacht hätte, so suchten doch sein
Sohn Wolfgang Weller und sein Eidam Urban
Schwerd=

Schwerdfeger, nach deſſen Tode die an den Rath
zu Görlitz habende väterliche Anforderungen im Jar
1502 von neuen wieder rege zu machen. Sie hat-
ten ſich diesfals an Ernſt den ältern Graven von
Hoenſtein, Herrn zu Zara und Klettenberg, und
an den Rath zu Altenburg gewendet, und dieſe
erſucht, daß ſie vor ſie zu Wiedererlangung ihres
väterlichen Vermögens interzebiren ſollten. Allein
in der Antwort eröfnete der Rath zu Görlitz den
ganzen Vorgang mit Nickel Wellern und gab zu
erkennen, daß wenn iene beide wider ihn etwas aus-
zuführen gedächten, ſie entweder vor hieſigen Ge-
richten, die niemanden das Recht weigerten, oder
vor den höhern Gerichtsſtänden, wohin er Recht zu
nehmen gewieſen ſei, ihr Geſuch anbringen möch-
ten. Dieſe ganze Sache ruhete endlich bis 1512.
da beide vorſtehende, Veiten von Taubenheimen,
aus der Pflege Meißen, vermochten, daß er ihre
Angelegenheiten beim Rath zu Görlitz wieder in An-
regung bringen möchte. Und dieſer bediente ſich hier-
zu des Hrn. George Slyben, des Fürſtenthums
Sagan und der Herrſchaft Sorau Hauptmanns und
Verweſers Interzeßion ſuchte auch ſelbſt nachher beim
Rathe zu Görlitz, vor ſich und 6 Perſonen um ſi-
cher Geleite an. Er erhielt ſolches bis Pfingſten ob
es gleich bei denen vorhabenden gütlichen Tracta-
ten nicht nöthig war, blos weil er es verlangte.
Es wurde ſolches nachher bis Bartholomäi iedoch
nur auf ſeine Perſon allein, weil ſolches auf meh-
rere zu erſtrecken bedenklich, prolongiret. Ob bei
denen

144

benen angefetzt gewefenen gütlichen Tractaten, die
Wellerifchen Erben von dem Rathe zu Görlitz et-
was erlangt haben mögen, können wir nicht gewiß
behaupten. Es laßen iedoch die von Wolfgang
Wellern und Urban Schwerdtfegern, fowohl vor
dem Stift zu Naumburg als denen Gerichten auf
dafiger Freiheit an Veit von Taubenheimen aus-
geftellten beim Rath zu Görlitz zurückgelaßenen ge-
richtl. Original = Vollmachten d. a. 1512. am Mon-
tage nach Okuli und die oben fchon angeführte vom
weftfäl. Freigerichten ausgefertigten befiegelten Ori-
ginal = Urthel und Sentenzien dat. Mont. nach
Petri Kettenfeier 1490. und Gudenftag nach
Martin Bifchof d. ai einige Vermuthung übrig,
daß man fich diefer bisher mit fo vielen Verdrüß-
lichkeiten verbunden gewefenen Streitigkeit und öftern
Zunöthigung durch den Weg eines gütlichen Abkom-
mens zu entfchütten gefucht haben möge.

Urkun-

Urkunden

zu der Abhandlung

von den Gerichts = Zwang

der

weſtfäliſchen heimlichen Freigerichte

gehörig.

I.

Des Raths zu Erfurth an die Stadt Görlitz
Schreiben den Freigraven Johann Mann=
hoffe betr. 1446.

Unſer willige vnd früntliche dienſte zu vor Erſamen
vorſichtigen vnb weiſen biſundern gunſtigen liben
Frunde als vmb uwer Erſame wiſheit geſchriben ab=
ſchriffte etlicher orteile Sentencien vnd gebothe die uch
von Johan manhoffe der ſich ſchreibet ein Fritze greue
der Graffſchafft zu Waldecke ſallen geſand ſin als wir
die Meynunge wol verſtehn werden darinne ir uch keyns
habt wollen verwillen Ir hettet danne zu voren ein
ſalchs an uns bracht vnd das ir ime uff bißmal daruf
zu antwort geſchrieben habet als ir uns des auch eyer
abeſchrifft mite haid geſant, darinne ir yme große
ere hab zugelegt der er doch gar unwürdig iß vnd als
ir in ſollicher uwerer ſchrifften begeret, das wir mit den
unſere ſolliche ſache anlangebe vnde wollen wy es un=
derſtanden werde möchte daz ir fürder darmibte unbe=
kümmert blebet. oder uch vorſtehn laſſm ab uch ſalli=
cher gebote aber berglichen mehir quemen ſo wir dan

K   ſelbin

selbin rechten nehir geseſſin und fürder wan ir dorynne
irfaren ſie ſollin wy ir uch mit der antwurte darynne
wuſtet zu halden 2c. 2c. Han wir wal verſtanden vnd
dancken uwer Erſamen wißheit ſolches uwert gutes wil-
len muwe unde erbeit mit ganczen vliſſe gütlich und
thun uch daruff gütlich zuwiſſen das wir unde die unſern mit ſollichen gerichten langeczit und viele ſchwer-
lich umb getreben zu graſen kaſten ſchaden muwen und
erbeit bracht würden ſiend alles weder Bebſtliche Key-
ſerliche vnd Königliche gnade und frieheit dy den Hoch-
würdigen vnde Hochgeborn Fürſten unſern gnebigen
Hern allin Korfürſten mit aren vnberſaſſen Ingemiſ-
gen vnd uns in biſundernheit von unſern heiligen ve-
tern den Bebiſten von unſern gnebigen Hern Römiſchen
Keyſern vnd Königen gnebiglich gegeben vnde beſteti-
get worden ſind nach lute vnd Inhalde Bebſtlicher
Keyſerlicher vnd Königlicher briue vnd der gülden Bal-
lin Alflange das wir nach rate vnſer Hern vnd Frunde
vns mit rechte daweder zu were geſazt vnd vns des auch
mit rechte uff gehalden geſchüzt vnd erweret haben,
Alſo das wir vnde die vnſern deshalben ettewin lange-
czyt gar guten Fride gehaid habin Sundern das ſich
diſſer vorgenannte Manhoff von Hermans von Are-
ſtete wegin nu weder findet vnd anhebet der ſelbe Man-
hoff und auch Hermann von Areſtete beyde alſo vor
zwifelte Hangmeſſige Buffen in den awer groſtin
vnd ſwerſten Bennen der heiligin Römiſchen Kir-
chen vnd der heiligen criſtenheit gar langeßyt ge-
weſt vnd nach ſind alſo das oen alle gemeynſchafft
der heiligen Criſtenheit verboten iſt und by andern
ſeligen fromen criſten leuten keine wonunge habe ſallin
nach

nach thorrin die anders solcher sachen geleginheit wissen
vnd vmb ewers vnd vnsers gelimphes willen wir auch
meynnen solliche swere processus hir bn uch zu verkunbi=
gen lassen uff das ir siner getichten macht vnd crafft=
losen gebothe nicht achten dorffet also als er doch ken=
ne geboth und macht vber uch haib der genante Man=
hoff haib auch von solchs grosen sweren bannes wegin
vber vns noch vber kenne andre frome cristen lute zu
richten noch zu orteiln vnd aber bn macht vnd gewalt
hette der er doch nicht haib so were das doch von solchs
bannes wegin gancz crafftloß vnd vor nichtiget wan
auch Kenser Sigmund claris gedechteniß enphelunge
thaid vnd von vnserme allergnebigsten Herrn Königk
Frederiche dichenne enphelunge haid aber bestetiget ist
demeselbin Manhoffe selbst wol wissintlich   Der ob=
genannte Monhoff ist auch nicht wert dz ir Jme solli=
che ere in uwern schrifften zuleget wan er enn Kärn=
furer lange gewest enn Buffe vnd uß der gemennschafft
der heiligen cristenheit geworffen vnd als ein uncristen
vnd ungehorsamer man der heiligin Kirchin also enn
Keczer ist gehalben vnd geacht dergenannte Hermann
Arestete ist auch vnser statt diner vnd vnser Burger ge=
west vnd hait viele der vnsern obil uffgenommen oen ore
habe vnd gut vnd oen die nicht bezalt vnde findet als
enn uffseczir vnd tuscher weder vns vnd die vnsern nu.
berebiliche sache Dar bane das er bn vns nicht sien
thav, Wir wissen auch nicht wu die selbin vorzwifelten
ungehorsamen Wonunge aber zuhalt haben vnd so wir
das irfaren werden wollen wir oen mit sallichen benuen
noch volgin sn vnd die ghenen bn sie hanthaben schuzen
hulfen vnde hegin fürder besweren vnd zubanne vorkun=

K 2   digen

digen laſſin nach lauffte vnd rechte der heiligen criſten=
heit vnd darfft uch ſallicher gebothe vnd ſchriffte des ge=
nannten Manhoffe in keine wiß entſeczen annemen noch
beſorgen danne wir hoffin vnd meynen ir ſollet noch wol
vornemen vnd irfar daß man derſelbin Manhoff und
Herrmann von Arnſtete ſo ſich ore zyt finde wird
Nuenfuße hocher dann ander offinbar dibe haugen
werdet vnd das frome lute von oen wal vngeleſtert
vnd vngehangen bliebe werden vnd wollin ſie yme vn=
ſern ganzen vliß vnde ernſt thun ſalbir furderſt mbgin
dacz wir vmb ſolliches ores groſen Homutis vnd torſti=
ger falſcher uberſchreibunge mit Hulffe des allmechti=
gin gotis vnd gotliches rechtis gein oen uffgehalden
vnd oen wandel darumb abe irmann Is habin auch
ander viele ïïergliche und mechtige ſtete ſich ſolcher For=
men vnd were ſo wir weder ſolliche frigreſſen are gerich=
te vnd beſwerunge vorgenommen han by vns irholet
vnd ſich deſgleich auch darmitte ſollicher gedrenkeniſſe
irweret vnd uffgehalden So uwer erſaine Wißheit der
ſachen gelegenheit allis diſſer geinwirtigir Johann Cruß=
har vnſer diner wol ſurder muntlich vnd ſchrifftlichin
von vnſer wegin vorlegin vnd irczelin wirdet vnd Bit=
tin uwer Erſamen Wißheit mit beſunderen vliſſe gutlich
das ir nch in die ſachin gen uns vnde den vnſern hal=
den wollet als ir vorbißher gethan habet als gehorſam
der heiligin criſtenheit vnd frome ſeliger criſten Lute als
ir ſtet ſo wir gancz glauben vnd anders von uch nicht
dirfarn habin noch wiſſen vnd als ir billich vnd von
rechtis wegin ſo wir hoffin' phlichtig ſtet zu thune vnde
uch in diſſen ſachin alſo trefflich behulfflich vnd furderlich
gein vns bewiſen wollit als wir des eyn ganz getruwen vnd

hoffin

hoffin zu uwer liebe habin dacz wollin wir vmb uwer
Erſamen Wiſheit mit ganzen Vliſſe gern vorbinen vn-
de Betin das uwer gütliche beſchreben antwurte. Ge-
bin under unſeren Secrt. uff fritag nach valentini an-
no ꝛc. ꝛc. ꝓ ſexto

           Der Raid zu Erffurd

An Erſamen vorſichtigen vnd weiſenn Deme Pathe,
    zu Görlicz vnſern Biſunderñ gunſtigen lieben
    Frunden.

               2.

**Achts Brief von 1487. eines Weſtfäl. Freygra-
    vens entgegen einen Ober Lauſitzl. Inn-
    wohner.**

Wiſſet Burgermeiſter Rat Gyldemeiſter Gylden
    vnde die gancze gemeinde zcu Budiſſin alle man-
nesperſonen was rober ꝛiiii jar alt iſt, awsgeſcheidene
die geiſtlichen, das ich nach ordenung vnd rechtem her-
kommen Der freien heiligen heymlichen gerichte nach
freienſtuls rechte. von ſwerer peinlichen clage halben.
Eins echten rechten freien Scheppen gnant Eckart tuczel
wonhafftig zcu Caſſel, lorentzen kanngißer eweren mite-
burger eſſte Inwoner, vff heute tag datum dis briues
vor mir an der wirdigen Hochgefreieten koniglichen
Dingſtadt vorm freienſtule zcum ffreienhagen vnder der
lindaw vororteilt vorrichtet vnd in die Hoen achte des
keiſers getan, So das ſeyn leib vnd gut an keynen
enden der werlde gleite obir velicheit nicht haben ſol

          K 3   aber

aber mag, vnde eynen iglichen Criftenmenſchen gemein=
ſchafft mit Im zcuhabin vorbotten iſt, Hyrwmbe ge=
biete ich vch von keyſerlicher macht vnbe gewalt myns
Ambts. euch den gewißen bei ewere Scheppen eyden
vnd den vngewiſſen bie nicht, frey Scheppen ſein bei der
pene ſvnffzig phunt ſines goldis koniglicher buße zcuuor=
meiden.   Das ir ben gnontn vorachteben rechtloſen
vnb fribeloſen mit weiben vnbe kindern von ewch awß
ewer Stabt treibet ſie nicht hawſet aber herberget, en
nicht abekeuffet aber vorkeuffet. en nicht brewet backet
fiſchet Smebet ober malet, nach keynerlej gemeinſchafft
mit en nicht habet, Svnbern was ir ſeyner guter bei
vch habit zcu ewern handen nemet bem gnanten cleger
wmb ſeine irwonnen vnb irſtanben Houbtſache mey=
nem gnebigen Stulherrn. bas gerichte vnb mich barvon
vergnugen thon. vnb nemet ſy ouch In keinhweiße
nicht weber zcu vch in ewer Stat. ir en ſehit bas benn
meyne woren abſolutlen vnber meynen Ingeſigel verſi=
gelt. barmitte ſie wiber In Iren freien frebe vnb ban
vormerckit vnb geſetzet ſein nach freienſtules rechte,.
Werde ouch biſen alſo nicht nachgegangen vnb bes vor
mir vngehorſam verclagit wirbt, So wirbt vff Din=
ſtag nach Sanbkatharinen tag ſchirſt komenbe ſoliche
ſwere ſentencie vber vch gehen.   So ober ben obin ge=
genanntin vorachteben rechtloſen vnb fribeloſſen irgan=
gen iſt, vnbe muſte euch ouch alßbenne bie obenge=
ſchreben ſweren buße vfflohen vnbe mit ſwerer folge bis
gerichtes ewch bie abe Irmanen, Das euch benne zcu
ſweren gefalle komen mechte bavor uch wullet huten,
iſt meyn getrawe Rat; Geſchriben vnber mins Inge=
                                                        ſigl

ſigl Am Montage nach Calixti Anno domin. Mº cccc⁰
lxxxvii⁰

Hans Volmar gnant von Ewern des heil. Ro-
miſchen Reichs Meiner gnedigen lieben hern
zu Heßen vnnd meyner gnedigen lieben Jung-
herrn zcu Walbeck freygraue zcum Freyen-
hagenn.

3.
Erſte Vorladung von heiml. Weſtfäliſchen Ge-
richten an Görlitz in Nickel Wellers Sache.

Wiſſet. Jorge Emerich Hanß Kuchel, Haſſeler
Balthaſar Kirchouff Vort ſamtlich Burger-
meiſter Rath Eldiſten Geſchwornen vnd Gemeine In-
woner vnd Burger wertlich Manns Perſonen vber
achtzehn Jahr alt der Stadt Gorlicz derben vorgeſagt
daß Ich Jhon von Hulſchede von keiſerlicher Gewalt
eyn Richter vnd gehulbigter frygraue der keiſerlichen
frygraueſchafft vnd freyen ſtuls czu Brackel bey der Stadt
Dortmunde gelegen auf heute tag datum diß Brieffs
becleibit vnd beſeſſin hat denſelben freynſtul czu Bra-
ckel mit Orteil vnd rechte geſpander Bangk czu richten
nach alten Herkomen vnd geſetze des groſſen heyligin
Keiſer Karolus vnd der frygerichte Rechte als ein ge-
buret der vor mir vnd ben freien ſtule erſchienen iſt der
beſcheidene Nickel Weller ein Recht Frey Scheppe
des heyligen Reichs vnd hat ſehr ſchwerlich vber vch
geclagit ewr Leyb vnd ehre ſehr hoch betreffende, dar-
vmb das ir denſelben beym ewr ſtadt vngeberlich wider
Form der Rechte vnde ane einig ſeine ſchuld habe an-
gegrif-

K 4

gegriffen gefenglich gefaß mnßhanbilt fere boßlich be=
tichtet belogen vnd vor einen vnglaubigen geschulben
der meynnung Jn alſo vmb ſein Leyb ere vnd gutt ge=
richte zu brengen, Wart das ir der ghener Jn alſul=
chen vngleubigen geschulben beßlich betichtet vnnd bele=
gen hatte, wiewol er der dinge alle vnſchulbig befun=
den iſt vngeſtrafft gelaſſen Jn gleichwol ſampt mit Weib
vnd kindern awßgetreben Jr ſemptlich gutt' Hawß
Houff vnde Garten czu euch genommen vorkaufft vnde
gefloſſen nach ewern vnd wiber ſeinen Willen, doran
ſein volmechtiger aber nymanbs ſeiner Wege Recht wel=
le geſtatten aller webir Got ere vnd Recht, als der=
ſelbe cleger bas mit weitere reden vorbrocht, weliche
clage bann vor mir mit ortel vnde Recht vemfrogbar
erkant vnd temptlich an einen freyen ſtule czu richtin,
demnoch hot berſelbige cleger mir mit ortel vnd Recht
abegewonnen, das ich euch ſemptlich vnd Jsliche Jnß
gerichte heiſchen ſelbe als Recht iſt, hir vmb gebiete
Jch uch von keiſerlicher vnd koniglicher gewalt vnd
macht meines ampts vnd der freien Gerichte in crafft
biß Brieues bas ir komet vnd ſein perſonliche mit ewr
ſelbs leibe in geburlicher gewait vnd mit rechter geteil
von lieten an den vorgenannten freyen ſtul czu Brackel
czu gerichte zeyt tagl. vff den Mantag nach S. Pe=
ters ab vincula tage nechſt kommend nach datum biß
bei uns vnd verantwartten bar bann ewr leib vnd ere
vor mir vnd den Freyen ſtule tagen benſilbigen cleger
obber einen volmechtigen procurator Tetet ir des nicht
vnd meyn keiſerliche gebothet vorachten Jnn vorſchme=
hunge der freyen Gerichte geſunne bann berſelbe cleger
forber gerichts, ſo muße Jch abber ein anber frygraue

in

in menier ſtadt obir uch richten als Recht wer, das
ſchwer fallen mochte. Ich gerne vorhett ſehege. Hir
wiſſit uch weißlich nach zu richten. Gegeben vnn-
der meynnen ſegil uff montag nach des heyligen creuces
Tag Invencionis Anno bůmi M° quabringenteſimo
nonageſimo

> Johan von hulſchebe von keiſerlicher Gewalt
> der freygrauſchafft vnd keiſerlichen fryſtuls
> ezu Brakkel bey ſtadt Dortmunt gelegen
> ein gehulbiget frygraue ꝛc.

Die Ueberſchrifft.

An Jorge emerich, hans kuchel heſeler baltaſar kirchof
albrecht ſporn vnd ſimon hockener Forth ſemptlich
Burgern Rath Elbiſtin Geſchworn vnd gemein ein-
woner vnd burger wertlich Manns Perſonen vbir
achtzehn Jar alt der ſtadt görliß dabey vnd vorge-
ſaßt awßgeſcheidin die freyſcheppen ſein meyn gut-
ten Frunden ſol dißer brief.

4.

Achtserklärung der Stadt Görliß von dem Frei-stuhl zu Brackel wegen Nikel Wellers Sa-che. 1490.

Jch Jorghen Hakenbergh van keiſerlich gewalt eyn
bewert richter vnd gehulbet frygrave des heilligin
romiſchen Richs Doekont vnd betzuge affenbare Vor
Alle furſten hrn hertzongen Greve fryheren Ritter vnd
Knechte Burgemeſtern vnd Reten Reichs vnd andern
erbaren ſteten ſus Jntgemein Allen erbaren Mannen
Se zyn wetzent aber vnwetzende dat ich hube datum diß

briefs

briefß den keiſerlichen frꜩenſtol ꜩo Brakel bꜩ der ſtat
Dortmonde gelegen Van beuel der Stoilꜩeren Vmb
gebreck willn ors frꜩgrave mit ortele vnb rechte beclevet
vnd beſeßen had geſpanber banck ꜩo richten In eꜩnen
affenbair frꜩgednigꜩe aß mꜩ na alben ꜩerkommen vnd
ꜩate des großen ꜩilligen keꜩſer karolus In der frꜩge=
richte rechte geborde Dar vor mꜩr an denſelben frꜩen=
ſtol gekomen vnd erſchine iſt Die beſcheden Nickell
weller eꜩn echt recht frꜩſcheffen des ꜩilligen richß und
ꜩaid mꜩr albar vermꜩꜩ ſeinen erloubten vorſprefe durch
got vnd recht angerofen vnd gebeten.   Nachdem der
Erbar Johan von Hulſchede ꜩelige des vurgl. frꜩen
ſtolß ter tꜩt frꜩgrave ſꜩner ꜩwar anklag halben, de von
Görlicꜩ ſunderlin ꜩc. Jorige emerich Hans koggel Haſ=
ſeler, Baltezar kirckhof olwerich Sporen Sꜩmon Ho=
kener Vart ſemptlich Burgermeiſter Rait alderſten
geꜩworen gemeꜩn Inwoner burger der Stat albar
vertlich mansperſonen bane achtzeꜩn Jair alt dar bꜩnne
vnd vorgeſeßen ꜩad doin laiben vnd vermꜩꜩ ſꜩne baben
Segelen vnd breuen verladen vnd ꜩeiſſchen laiſſen, vp
deſſen ꜩutigen dagꜩ orlieb vnd ere An den vurg. frꜩen=
ſtol ꜩo Brachel ꜩo verantworten. Innholt deſſelben ge=
richtꜩ Regiſter vnd als der babe der Jegenwardich bꜩ
ſꜩne eibe mꜩt etlichen teꜩfen ab ſich na freienſtolß rech=
te geborde ouck betugede Dat Ich dan de vurgnante
verclagete verbodede lute Burgermeiſter Rait und
gantꜩe gemeꜩn hat der Stadt Gorlicꜩ allhꜩr Fut=
gerichte heiſſchen ſolde vnd heiſſchede as recht iß der
freꜩenſtole oft Se icht darweren Sich tegen den kleger
ꜩoverantworben oder ꜩmantꜩ van erentwegen de ſi mꜩt
rechte verhalden wolte of mochte iſt terſelve tꜩt eꜩn
                                            Sende=

Sendebrief von dem Durchluchtigen hochmechtigen
fursten vnd heren heren Sladislaus konngk zo Beh=
men 2c. 2c. vitgeschickt Int gerichte geleßen vnd son be=
ortelt worden, Vnd dem nach Nickel weller In for=
deronge syns angehaven nicht hinderlich to sollen zyn
erkant vnd gewiſt, So ban deſelben verklageten van
gorlicz dar nycht geweſt Noch nymatz van erentwegin
erſchenen heft, de ze myt rechte verdebnngen wolte of
mochte Syt ze beshalben dem fry gerichte vnd fryen=
ſtole zo brakell in zware pene vnd broche gefallen vnd
dem kleger vmb ſyn ſprach koſt vnd ſchaden so nrothe
den na fryenſtols rechte behaltende vnd romende wordt
vultodone gewiſt Dar up Baid der vurbenompte Ni=
ckel durch ſyne erlobten vorſprecke eyns rechten ortels
Synt den mail de vurgl. van Gorlicz dem hemeli=
chen frygerichte vnd den keiſerlichn gevorderen vn=
horſam geworte weren vnd em vmb ſyn clage vnd Spra=
ke ten eden vnd rechte nicht antworden wolten Deſſhal=
ven dem gerichte In pene vnd broche vnd em Inkoſt
vnd Schaden gefallen vnd gewiſt weren, Wohe ban
Vortfaren ſolle na fryenſtols rechte Dat de vorgl. ver=
clageten geyn Vnrecht geſthenn vnd he ſich myt ym
vmb ſyn ſprake rechtz bekomen moghe Dar vp Iſt ge=
wiſt vnd gefonden worden vor recht myt folge des ge=
meynen vmbſtantz Die obgenannte Nickel Weller ſolle
ſyn ſprake vnd clag aber de genanten Van Gorlicz of=
fenen Vnd vor myr Int gerichte vp dom Vnd ſalle
vart ſyn houbt guet aber de vorgerorte verclagede vn=
horſam lute verfolgen kome wynne vnd behalden as recht
iſt det fryen gerichte Vnd iſt alſo derſelve Nikel Int
gerichte vor myr gekomme Vnd hait dar dorch ſyne
vor=

vorſpreke ſer zwerlichn aber uch geklagt Dar omb
dat he van den vurgl. van Gorlicz bynnen orer
Stat ongevorlich tegen got er und recht bauen eny=
ge ſyn Scholt angegriffen gefencklich ſatz vnd ſer
obel myſhandelt zy Dar omb daz etlich or borger
en ſer boſlich bedichtet belogen beclagt vnd beſchul=
diget hatten dat he em ongelobiger Ketzer ſolte we=
zen, der meynnong yn alzo vm ſyn lieb vnd er zo
bringen Wart daz ſe be ghene yn alſo bedicht belogen
vnd beclagt hatten, ſo he bar van alingh onſchuldig be=
fonden wort des rechten as ſich geburt ongeſtruffet ge=
laiſſen, vnd yn teſamen myt Wyff vnd Kynderen
uytsgedreben or ſemptlich guet reite vnd liggende
erbe tot ſich genomen verkoft vnd geſetzen haben tot
oren vnd legen ſynen willen, Dar ane auch ſyn vul=
mechtigen Noch nymatz ſyner wegen nyt willen ge=
ſtanden aller gewoltlick wilmobich tegen got vnd recht
welkes he ban Inlenbich ouch na andern Volen ver=
folgen Dar omb an Vnſen geſtlichen Vader den pa=
wes vnd anders getain tot geyner geborlichet of
vuller komen rechte ſy komen mogen tot ſynen groten
honn leſterlichen ſmahet hin der koſt vnd dreſlichn Scha=
den myt mer vnd langeren beten In der klag begreffen
Vnd hait dar omb ſolcher boſer verontrechtonge ver=
kortonge vnd angelietz alz ym be burgenante von Gor=
licz getain vnd gedain to werden geſchanſt hebt ſyn ſma=
het koſt vnd ſchaden Nemptlich vunffhonbert aberlent=
ſche Rinſch gulden iusbeſcheiden ſyn houbt guet gereite
vnd anreibe Vart allen Schateh vnd hinder be na ba=
tum diſ brieus bur op gaen Vnd komen of gedain magh
werden, Verfolgt gewonnen vnd behalten myt ortel

vnd

vnd rechte der frygerichte So sich geburde Vnd die selbe
Nickel weller haidt vart vermynt Synen vursprefen
eyns rechten ortels Nach dem Mail he sulch verfolg vnd
behalt doin machte na frynstols rechte wodane wysz he
dan Sodane syn klag kost vnd Schaden bewaren solde
dem rechte genochzam, Dar op ist var ein echten rech=
ten frycheffen des hilligen Richs myt folge des gemey=
nen vmbstantz gewist worden vor recht Dat de ob=
genante Nickell Solle Inkomen in dat keyserlich
frygerichte Selb dritte alle echte rechte fryscheffen
des hilligen Reichs vnd haven an Itliker hant ey=
nen der vurgl. fryscheffen vnd fallen dar vor myr
In de konycklike gewalt op syne knye myt synen
folgeren myt blotzen houbden vnd salle daz dar wa=
ren neyt yme eide dat Sulche vurgerorte Syn klag
aber be von Gorlitz getain war vnd oprecht zy Vnd be
twe zyn folger Sollen myt yren eiden war machen vnd
behaldten dat syn eidt reyn vnd nyt meyne zy Vnd ist
also be vurgnante Nickel myt syne folgern vurgenant
als ym ortel vnd recht gedeilt hait vor myr In de ko=
nycklick gewalt vnd frygericht komen vnd hait syn klag
kost vnd schaden wo de vurgeluyt ist, aber be von gor=
licz verklageten war gemacht vnd behalden as recht ist
ber frygerichte Dar op dan dem vurgl. Nickell wel=
ler myt ortel vnd recht erkant vnd gewist wort na
frynstols rechte Dat he aber syn vulmechtigh procura=
tor of procuratores dem vurgevorden von Gorlicz tsa=
men of bisunder omb solche bose myschandelonge vnd
verkortong Houbtguet vnd allen Schaden wo de vurge=
vort ist Mogen afpenden of afmannen myt gerichte aber
Jon der gerichte an yren libe vnd gute gereide of on=
                                                    reibe

reibe Dat jŋ jo water of jo lande vp ſtraßen op Marck=
ten Jn Steden dorferen of wibbolten aber Jn wat
enden en daz bequempſt worde Vnd dar ane Ñemen
Vetteronge ſyns geleden Homoitz ſmaheit vnd verfor=
tonge dar to Hobtgut vnd allen Schaden Dar ap ge=
gan wer eder noch komen mochte Sonder brocke der
Heren of gerichte dar Suls geſchege Wart wort mŋt
rechte ortelen erkant Wer ŋmaz eder enŋgh Man kleŋn
of vole be dem vurgl. Ñickel Weller aber ſyne geſanntte
procuratoren of hilferen hŋr entegen dŋt verfolgete ge=
wonne recht enŋgen weberſtant deden aber donn leſzen
vnd ŋm ſulcfz rechten nŋt gebrupen wolbin laiſſen Den
weren dem Hilligen Ñiche in zware angenabe gefallen
dem frŋgerichte jo Brakell in Pene vnd broche Vnd
dem Vorgerorten kleger Jn be vurgl. gewonen verfol=
gede klage koſt Smahet vnd Schaden to gelden erſche=
ne vnd mochte deſelben dan wart dar omb forderen ab
rechtis der frŋgerichte Wart iſt dar demſelben Ñickel
mŋt rechten ortelen vnd folge des gemeine vmbſtanz ge=
wiſt vnd erkant worden vor recht Wert zache dat ſich
be obgenanten verklageten verbabeden lude von Gorlicz
in enŋgen puncten, tegen deſſe vurgl. gewonnen behal=
ten vnd verfolgte rechte ſtelzen of zetten wolden vnd dat
vermeŋnten jo verharten mŋt weberſtrefe des rechten dat
alsban be obgenante Ñickel aber ſyn procurator be
vurſz van Gorlicz mogen trecken vnd wŋnen uit dem
frŋgerichte Jn de heimliche beſlozen achte vnd dar
dan aber er lieb vnd ere vartſaren as ſich nach frŋen=
ſtols rechte dan geboren ſal Want dan deſſe vur=
gerorte puncte vnd articule ortele verfolgnŋß vnd
behailt aber be vurgerordt verclagende Van gorlicz
gericht=

gerichtlich gescheyn gedan befolgt beorkont vnd myt dem
vmbstant bestedigit ist worden na fryenstols rechte vnd
nycht weberachtet of van dar getogen so Sich geborde
So dat men der nw vart. an geynen gerichten gestlich
of wertlich mch In geynen Capittelen myt rechte weder
achten sal of magh Dar an by vnd ane war en Stant=
genoten vnd vmbstant Alle echte rechte fryscheffen des
hilligen Richs Myt Namen Johan Elverfelt Jorghen
Kostes Johan grosper gosschalck Distell Hermann Wer=
necken vnd Reynolt Langenberch de to dessen puncten
In getugh wbe to versegeben gebeden zyt Wart ander
frygraffen zo vertigentzo So heb ich Jorghen Haken=
bergh frygrabe vurgl. to getuge der warheit aller vnd
itlichin puncte vurgevort Myn Segel van des fryge=
richtz vnd myns Ampt wegen an dessen brev gehangen
Vnd wy Johann Elverfelt Jorghen Kostz Johann
Gropp gosschalck Distell Herman wernefe vnd Renolt
Langebergh echte rechte fryscheffen des hilligen Richs
Bekennen So wy mede an dessen vurgl. gerichte verfolg=
nyß ortelen behalte geweft de geseyn vnd gehort hebin
Dat wy dan vnse Segele to vor der Veftnyß as vmb=
stant vnd Stant genot des frygerichtz vmb bede willen
Nickell vurgl. Mede by des frygraven Segell an dessen
brev hebin gehangen.   Gegeven vnd gescheit In den
Jare Vnfes heren Dufent vierhondert Negentzich vp
Mandagh Na Sant Peters dage ad Vincula

**Daran befinden sich sieben Siegel in grünen
Wachse und mit unleserlicher Schrift.**

5. Des

5.

Des Raths zu Görlitz Protestation gegen des Freigraffen Jorge Hackenbergs Achts Erklärung wegen Nicol Wellers Sachen. 1490.

Allen vnd Itzlichen geistlichen vnd wertlichen Personen Waß Adels Wurdigkeit, stands Ampts Wirden abir Weßens die sem Den diese anczeigung vnser vnschult Gleichbittung vnd Gerechtifeit vorkomet vnd gezeyt wirt Entbietten Wir Burgermeister vnd Ratmannen der Stat Gorlicz vnsere willige vnuerdrossne vnd fruntliche Dinst vnd thun hirmit kunth allermenniglich, So vnd als Jorge Hackenberg der sich nennet einen bewerten Richter vnd gehulbigten Freygraben des heiligen Reichs vnd keiserlichen freyenstuils czu Brackel bey der Stat Dortmond gelegen, vff Angeben Mickel Wellers etwan, vnsers mitwoners eine vermeinte sentenz vnd vrteil wider vns vnd vnser Stat Burger vnd gemein Inwoner, wertliche mansperfonen aber achtzehn Jar alt, hat gesprochen außgehen vnd vns nicht zu kleiner vnglymph Horn vnd schmacheit an manchen enden anschlohn lassen, vorInne er vns als vngehorsame vorhartte vnd widerstremige vnd mit ander weiter Beschwerniß belestiget vnd angeczogen, Wil vns bedunckten, das wir nach gestalten dingen sülben sulche vornehmens von dem gemelten Jorge Hackenberg billichen vertragen sein. Vnd damit meniclichen lauter czu mercken hab das wir zu vnschulden vnd aufferhalb der Billichkeit der masse beredt vnd vorgenommen wurden Haben wir vnser vnschuld vnd gerechtigkeit vnd vorbey des Widerteils vnczymlich vornehmen vnd vormessen-

meſſenheit, Auch wie ſich gemelte ſachen Im grunde
halten hiernach ſetzen vnd anczeigen laſſen; Denn als
wir ſeine vermeinte Heyſſchung vnd Citation die vns in
vngewonlicher weiſe beybracht entpfangen haben wir
vns nach lauth vnd Innhalt des Allerdurchlauchtigſten
grosmechtigſten Furſten vnd Herrn Herrn Fridrichs Ro⸗
miſchen Keiſers czu allen Zeiten merern des Reichs ꝛc. ꝛc.
Reformation vnd ordenung durch des allerdurchlauch⸗
tigſten großmechtigſten Furſten und Herrn Herrn Wla⸗
dißlauen czu Hungern vnd czu Beheim ꝛc. ꝛc. Königs
vnſers gnedigſten Herrn ſchriffte, von den berurten
Freyngerichten czu Rechter Zeit abefordern, vnd vns
an ſeine konigliche gnade, als an vnſern geordeten
Richter der vnſer zu gleich vnd recht mechtig iſt zu wei⸗
ſen begerenn laſſen, mit gnugſamer irbietung dem ge⸗
melten Nickell Wellern czu ſeinen ſchulden ſo er zu vns
vermeinte czu haben vor ſeiner konigliche maieſtat aber
ſuſt an allen geborlichen Steten, dohyn wir czu Rechte
geordnet, nach aller billichkeit czu antwortten, des wir
vns nach irbieten, In moſſen als wir allewege gethan
vnd Im ny keines Rechte gewegert haben. Vnd wie
wol wir von dem Grosmachtigſten Herrn, Keyſer Si⸗
gismunden ſeliger Gedachtnyß Innſunderheit gnedigli⸗
chen vorſehen, vnd vnder ſeiner keyſerlichen Maieſtat
goldnen Bullen begnadet vnd gefreyet ſein, Alſo das
wir vnd vnſer mitburger Inn gemein oder Inn ſunder⸗
heit Inn Wertlichen ſachen allein Inn den wertlichen
gerichten, dareyn wir gehoren ſullen berechtet vnd vor⸗
claget vnd nicht an fremde gerichte geczogen werden,
Gleichwol haben wir vns derhalb an die Begnadung
vnd Freyheit der loblichen Chron czu Behm, der wir
vor⸗

vorwandt vnd vnſcheidenlich eingeleibet ſein, gezogen
vnd gehalben, Vnd der Hirt zu braucht, domit ſie ett=
wa der Allerdurchlauchtigſte Herr Keiſer Karll der vier=
de loblicher gedachtniß alſo vorſehn, begnabt vnd ge=
ſreyet hat, das kein Furſt, Frey Edel, Ritter, Knecht
Burgirman Burger aber gebauer, nach ſuſt kein per=
ſon deſſelbigen Reichs, welcherley Weſens oder wurdig=
keit die ſein von keines Clegers wegen auß denſelben
Konigreich czu komen andern gerichte, denn czu eines
konigs zu Behm vnd ſeiner Konigliche maieſtat Houe=
gerichte ſal gezogen geladen nach geſordert werden
vmbe welcherley Sache das war, ſie ſey geiſtlich oder
wertlich aber beiderſeit gemiſcht, vnd ab Imandl. der
eegenannten Perſonen czu einigen Gerichte aus den ee=
genanten Konigreich zcu Behm geladen wurde vmb
welcherley ſache das werden ſall wider an den gerichte
erſcheynen nach czu antworten ſchulbig ſein, wo is aber
geſchehe, das Imand aus dem Konigreich czu Behm,
dawider geladen wurde vor geiſtlich aber wertlich gerich=
te weders das wir vnd do ſelbſt nicht irſchnne vnd wur=
de wider den einigerley proceß aber vrteil Is wer ein=
fallend aber gehnde Vrteil gegeben Is wer eins oder
mehr In welche eegenannten ſachen das were wie das
geoffenbart wurde abir geſchehe ſullen dieſelbigen La=
dung vnd gebot proceß vnd Vrteil vnd alle anhangende
vnd nachfolgende ſache, die douon komen mogen, aber
wie die nachfolgung ſey auß keiſerlicher gewalt ganzlich
ab tod vnd vnnutz ſein, Als denn ſulchs alles Inn dem
gemelten Priuilegio vnder ſeiner keiſerlichen maieſtät
goldnen Bullen gegeben Im achten Artickel inhaldenhe
des Konigs zu Behm vnd ſeines Reichs freyheiten wei=

ter

ter vnd clerer begryffen vnd außgedruckt ist, Ober das
alles wie wol wir des Innhalt vnser vnd der Chrone
zu Behm Freyheit, nicht vorpflicht ezu thun gewest,
haben wir vmb gutes glymphs willen des mehrge-
dachten Nickel Wellers boßheit, so er mit vncristlichen
Handel begangen, damit begriffen vnd derhalb bey vns
gefenglich gesaczt, darvmb er auch, wo Im vff vor-
bethe Hirrn vnd guter Frund nicht gute beczeiget gewest
sulde billich geleyden, vnd Recht vor vnrecht genom-
men haben Inn die obgemilten gerichte auch an Iren
enthalter geschrieben vnd vorkundiget, dodurch seyne
myßhandlung vnd Boßheit von In genticckt vnd er-
kannt, vnd sie In dorumb von sulchen vnbillichen vor-
nehmen furen vnd weisen mochten. Vnd wenn nun
solche getane Abeforderung gleichbietung vnd verkunt-
nyß vnser vnschuld, freyheit vnd gerechtigkeit, auch
des wieder theyls Boßheit vnd vnbillich handel wie hir-
uor angeczeigt, von den mehrgenannten Jorgen Ha-
ckenberg vnd den Freygerichten vnangesehen verachtet,
vnd vns vnhulfflich gewest, vnd sich ober das alles zu
vnns gedranget vnd genotiget vnd vns mit Hoen
schmacheit vnd Scheden, davon wir hiemit offentlich
protestiren, vorlezt vnd belestiget haben. Bitten wir
allermenniglich vnd besunder einen Yden nach seinen
Wurden Im demuthigen dienstlichen vnd frundlichen
Vleiß, sulch angeschlagen vormeint orteil ouch ab
was anders aber dergleichen durch den gemelten Jor-
gen Hackenbergk. Nickel Wellern aber ihre Helffer
vorbracht vorkundet außgeruffen aber wi itzt geschehen,
angeschlagen wurde dem nicht stat noch globen ezuge-
ben, Sunder auß vorgeburten vrsachen vor vnkrefftig

L 2   vnd

vnd vor nicht zu halten vnd dieselbigen so sulche vnber=
stehn zu thun, als wiederwertige keiserlichen vnd ko=
niglichen Privilegien vnd freyheiten vnser vnd der Chron
czu Behm ansehen, achten vnd vormercken Vnd ab sie
vns aber die vnsere darumb vermeinniten zu Irren vf=
fezuhalten oder sust In einigerley Weiße zu beschweren
Im des nicht czu sehn nach gestaten Sunder dieße vn=
ser redlicher entschuldigung zu glawben, Vnser gerech=
tigkeit gunstlich zu fordern dar benzeleigen vnd gnyssen
lassen. Als wir vns vorsehen ein Yder Inn Bedacht
der Billickeit zu thun geneiget seyn werde, Wollen wir
vmb einen Yden wie sichs gebort willig vnd bereit sein
zu vorbienen. Das zu Vrkunh haben wir vnser Stat
Secret hierunder an diesen Brieff drucken lassen.

(L. S.)

6.

Zwote Vorladung von heimlichen Westfälischen Gerichten an Görlitz in Nickel Wellers Sache. 1490.

Wisset Jorge Emerich Hanß Kuchel Balthasar
Kirchhoff albrecht Sporn Simon Hockener
vort Semptlich Burgern Rath Eldesten Geschworne
gemeine Imwoner vnd Burger Wertliche Mannßper=
sonen vber rviii Jar alt der Stadt Gorlitz, dor Inne
vnd vor gesessen awßgeschende die frein Scheppen semt
gutten Frunde daß Ich hewt datum diß Brives von
Befehl der Stulhern vmb gebrochs willen ires Fry=
grauen von Keißerlicher gewalt den Fryenstul zu Bra=
ckel bey der Stadt Dortmunde gelegen bekleibet vnd
besese

beseffen habe gespander Bangk zu richten in eine offen=
bare Gedinge als mir nach satze des großen heiligen
Keisers Karls Babists Leo vnd der Freien Gerichte
Recht gebuhrer davon mir erschienen ist der bescheidene
Nickel Weller ein Echt Recht Fryscheppe des heiligen
Reichs und hat mich durch got vermittelst seinen er=
leubten Vorsprechen gebethen vnd angeruffen, Nach=
dem mal ir seiner clage halber hier an den Fryen stul
befornß geladen verbettet vnd in vorachtunge vnd vor=
schmehunge der keiserlichen Gebot vnd fryen Gerichte
außengeblieben, Vnd ihn vm seine Sprache wieder
Ehren vnd Recht nicht antwortten woldet, des halben
auch den Fry Gerichte in Broche vnd Poen vnd ten
vmb seine sproche Kost vnd Schaden ausrichtunge zu
thun gewest werth, vnd so ir selche ausrichtunge byn=
nen gebuhrlicher Zeit nicht thetet, daß mann denn
die lezte schwere Sentenz vber ewer Leib vnd ere
geben sulde als recht ist; innehalts seiner Ortels bribe
darvbir sprechende, das ich Im dan ferth vollgerichte
staten vnd thun solde als sichs nach Fryenstuls Rechte
geborte, daruff vor mir mit Orteil vnd Rechte gefun=
den vnd gewist warth, daß ich euch den lezten Tag
vorkundigen vnd beczeigen solde ewr Leib vnd ere gen
hochste Rechte zu verantwortten, vnd so ir des alles
Inn Vorhartunge vnd Vorachtunge außenblibt, dann
thut synnen des Clegers eber ewr leib vnd Ere vortth zu
faren als Frystuls Recht were hirvmb gebiete Ich uch
semptlich vnd besunter von keiserlicher vnd konigl. Ge=
walt vnd macht meines Amts vnd der Frygerichte, daß
ir euch nach bynnen geburlicher Zeit dem Fry=Ge=
richte vmb peen vnd Broche, vnd den cleger vmb

L 3   seine

feine Sproche gewonnen vnd erftanden Koft vnd Scha=
den ausrichter thuet abber das ir fo ferne bas nicht ge=
fchehn komet vnd fein perfonlich obter durch ewere An=
wald vnd Vollmechtigen in geburlicher Gewalt vnd
Recht geteil von könten an den vorgenanten Frnenftule
zu Brackel uff Dinftag nach octava allerheil. Tag
nehft kommende, den Ich euch darze als den lezten
hochften pflichtag bezeige vnd vorantwort be ewr Leib
Leben vnd Ere gen Hochften Rechte kegen benfelben
Kleger abber feinen vollmechtigen thet ihre bas nicht,
gefonne bann ber vorgenannte Cleger forber Rechts
fo mufte Ich abber ein anber frngraue Jn meiner Stabt
euch vff macht bes vorigen Orteil brieus treifen vnd ge=
wynnen aus ben gefpanden frngerichte vnd heimlich be=
fchloffener Acht, vnd bann bie ftrenge fchwere Orteil
Sentenz vnd Volgericht vber ewr Leib Leben vnd Ere
geben bas fo fchwerlich czu thun vnd euch vil fchwerer
Fallen mochte, biß gebe Ich euch in den Beften zu er=
kennen Euch nach zu richten. Gegeben vnber meinen
Sigel auf den Montag nach Vnfer lieben Frauen Tag
Affumtionis

    Jorg Hackenberg von keiferl. Gewalt bes
    heil. Rom. Reichs vnd Frenen ftuls zu
    Volmerftein ein gehulbet Frngrave.

Die Auffchrifft bei biefer Citation ift ber vor=
hergehenden gleich.

                          7. Achts=

7.

Achtsbrief des Freistuls zu Brackel wider die
Stadt Görlitz in Nickel Wellers Sache.
1490.

In den Namen der hilligen brefolbiget bem rechten
trost behulp vnd bistant to done, Sy towetten,
Allen fursten heren Hertogen Greven Ritteren Knech-
ten Scholtz Burgermestern Rate zonbelin 2c. allen
frygraven vnd vri,scheffen des hilligen Romischen Richs
Dat Ich Jorigen Hackenbergh eyn gewert Richter vnd
gehulbet frygraff zo volmsteyn, hube datum dis briefs
ben vryenstoill zo brafel by ber stat dortmunde gelegen
Van beuele bet rechten Stolheren myt ordele vnd rechte
besetten hab gespand er banck to richten aber lief vnd
ere vnder konyngs bann, na des hilligen Richs ober-
sten vrygericht 2c. rechte, Dar vor my erschenen ist
be bescheben Nickell wellere ein echt recht fryscheffen bes
hilligen richs vnd hait mych vermyt seynen erloubten
vorsprefe eyner gicht boin fragen Oft ich ouch ab em In
verleben tyben vp macht syns ortell breifs myt ortell
vnb rechte gefonden vnb to gebeilt zy, den verflagefen
verfolgeden Mannen Nemptlich Jorige emrich Hans
Roggell Hasseler Baltezar Kirckhoff olverich Sporen
Symon hofener vart semptlich Burgermester Rait gl-
bersten gesworen Inwoner vnb burger der Stait gor-
licz ba bynnen vnb vorgeseczen wertlige mansperfonen
bane achteyn Jarr ailt, vitbescheden be vryscheffen wa-
ren, vor bessen vurgevorben vryenstoll eynen stefflifen
gerichtlifen plichtbag, er lief vnd ere ten besten vnb ho-
gesten rechte to verantworben, vf bynr tagh na Sont

L 4 leonar

leonarbi dage leben beſtnmpt vnd vermnt mynen verſe-
gelden breiff verboden heb laiſſen, Daz ich em dan alzo
geſchein zo Syne bekentlich was vnd toſtae Demnach
heft Nickel vermnt ſnne vorſprefen eyns rechten ortels
boin vragen Diewile he ſo dans burgl. gerichtz dages
gewarbet vnd die van den Stolheren vmb bewechlik or-
ſake ſnnen weber parthe to gude vp dat be leſte zware
Sententie heb mogen verhot blnven verlengt vnd biß
tem neſten gerichts dage dar peſt verlengt ſn, oft he
ouch ban hude dat bis briefs Syn Zake up de burge-
nanten verklagede verbodete Manne gelix vpten beſtnm-
ben pflichtbage vorderen verfolgen vnd vulforen moge
Na ſrnenſtols reichte Dar op mnt volge des gemennen
vmbſtantz vor reichtz gefonden iſt, dat he ſulx na reden
vorgeluet moge boin, Dar na heſt be obgenante Ni-
del durch ſnne dorſprecke ſnn klage geoffent Vnb So he
ban bie vorgnanten von gorlit Vor ben Erſamen Jo-
han van Hulſthede zeligen frngrave vor, verklaget vnd
mn na verfolgt vnd. Syn klage So ze gewonnen vnd
erſtanben heft Na frnenſtoils rechte Innholt eyns rech-
te ortelbriefs dar aber ſpreckenbe, Die mebe vermeldet,
oft ze ſich mit dem kleger vmb ſnn gewonnen recht vnb
mnt dem gerichte vmb pene vnd broſe bnnnen geborli-
cher tnt nnet ent Scheben, Daz er ban volgerichte vnd
bie leſte zware Sententie aber er lieb vnd er gefen mechte
laiſſen as früenſtols recht uitwiſet, vnd alz be burge-
nante verklagete vnd verfolgete Manne ban hnr an dem
vrnenſtoll op te tnt verſchrene vnd to gudere tnt, ab Ni-
del dat och mnt warhet bnbrachte ſo recht iſt, verbodet
waren, Debe he mnch vermnt Syne vorſprecken anro-
ſen, Dat ich be obgenanten van gorlit In bat gerichte
                                                    ſolte

solte heiſſchen, oft ʒe icht dar weren aber nmantʒ van
erentwegen vulmechtig de ʒe verantworten, wolbe of
mochte, Vnd So Jch) dan die ergenanten von gor⸗
litʒ as verklagete vnd verbotede lude heiſſchede eyn⸗
werf anderwerff derdewerffuit dem Oiſten vit dem
weſten vit dem Zuden vnd vit dem Norden vnd ver⸗
dewerff aber recht, Syt ſe dar nycht erſchenen Noch
nymantʒ van ever wegen vulmechtigen ʒonderidiſſ eyn
brief yan der Stat gorlitʒ an my geſchickt geoppent ge⸗
leʒen vnd beortelt worden Die dan na Synen Jnnhol⸗
de de Zache na orer geſtalt aftoforberen vnbendich end
dem Kleger Jn ſynne rechten, Na privilegien beſte⸗
donge und geſette der vrnengerichte onhinberlich gewiſt
iſt, Vnd dem Nae iſt mit Volge der gemenne frynſchef⸗
fen vor recht erkant Na frynſtols rechte Die wile de
purgnten verklageden van gorlitʒ den keiſerlicher ge⸗
boderen und Vrygerichte altyt onhorſam geweſte
ten eren of recht nycht antworden willen, daʒ dan
de Kleger vurgerorb ab he bat ror myt ortell vnd
recht behalden heft, Syn klage aber ſe, brengen ver⸗
ſcheinen vnd verfuren mege laiſſen alʒ frynſtols rechtis,
Dar na iſt aber erkant myt gemenne volge der vrnſchef⸗
fen Das die Kleger Syn klage aber de vorgl. ver⸗
klageten ertʒugen behalten vnd bewaren ſolte Selff
ſebende alle echt recht frynſcheffen des hilligen Richs,
Das die ſelue kleger dan alʒo gedain vnd de vemwro⸗
gige clage aber de van gorlitʒ ertʒuget behalten vnd be⸗
waret hait, ab rech iſt Vnd de vurgenante kleger hat
my dar op myt ortell vnd recht afgewonen, Die leſte
Sware Sentencie aber der verklageten van gorlitʒ lieb
vnd ere ʒo geven, Vnt want Jch dan eyn bloiß Rich⸗

Ʒ 5   ter

ter zy des hilligen Remischen Richs vnd nymantz recht
lois laissen naß van gerichts vnd myns Amptz wegen
Nymanb recht verseggen of wegeren Magh Hir omb
So neme Ich de vurgenante Jorge emrich hans kog-
gel hasseler baltzar kirchhoff oluerich Sporen Symon
hokener, Wart Burgermester Rait alderisten gesworn
burger vnd Inwoner der stat gorlicz wertlich Mans-
personen bane achtyn Jare ailt de neyne fryscheffen znt
as verklagete verwumen vnd abertugede Mann uith
den vrede fryheit vnd rechte de Pauwes vnd keiser ge-
sath vnd besediget hebt vnd vart alle fersten hern Rit-
tere knapen vnd fryen bezworen hebt Vnd Sette se
van aller dryhet vnd rechte In Konyngs ban vnd
wedde In den hogesten vnfrede vnd make ze Se-
gelos echtlois rechtlois vredelois vnd onwerdich allis
rechts Vnd gebe er lief den vogelen in der sucht
Vnd den vischen in den water to verteren vnd er
zielen in gotz gewailt Vnd wise or wyue wedewe
oir kinder wezen, Vnd oir leen den leenheren ver-
fallen, Vnd verscheme vnd verfhire de vurgn. verkla-
geten van Macht der keiserlichen gewalt der frygerichte
vnd myns ampt Vnd gebiede hir omb allin fursten her-
ren Greven Rittern knechten frygraven vnd fryscheffen
des hilligen Richs by geloften vnd eden ze dem hilligen
Riche gedain hebt dat ze de vurgnante van gorlicz So
was ze de bekomen mogin or recht Doin vnd han-
gen an des konyngz wyme Dat is an den nesten
boem de en bequeme is, vnd des nicht laiten by ho-
gen pene Des hilligen Richs vnd by konyngs ban Vnd
want dan dyt wu vurgerurt Steit vor my Jorigen
Hakenberg frygraven An den vurgen, vryenstoll to bra-
kell

fell gescheit vnd bar an ortell vnd recht ergangen ist des
ich my orkonde entfangen heb na Vryenstols rechte In
by ane vnd auer wegen rechter stantgenote vnd omb-
stant des gerichtz alle echt recht frycheffen des hilligen
Richs by Name Johan Rotert Johan Cliverfolt Jo-
rige Kost Herman wercke Renolt langenbergh Enge-
wert boltynck Vart Euert Vanden broche Scholtz Tho-
mas femme Johan Storm Johan van Vwerte Hans
engeler Goswin van Glatbecke vnd Johan loer vnd mer
guber manne genoch, So heb ich Jorige frigrave vors
Myn Ingezegel van gerichtz Vnd myns Ampt wegen
su dessen brief gehangen vnd wy Johan Rotert Johan
Elwerfelt Jorige Kost Herman wercke Renolt langen-
bergh vnd engelbert boltynck echte rechte bryscheffen des
hilligen Richs Bekenne So Alle desse burgn. puncte
mede vor ons gerichtlich ergangen geschein vnd an ons be-
orkondet zyt na fryenstols rechte Dat wy vmb bebe
willen Nickel wellers onse Segele als Stantgenoten och
an dessen breff gehangen hebin Gegeuen In den Jare
Dusent Veirhundert Negentzich vp gudenstag Nach
Martini dage des Hilligen bischoffs.

Daran befinden sich sieben Siegel in grünen Wach-
se, und besondern Zeichen.

8.
Urtheil des Freigravens Jorge Hackenberg in Nikel Wellers Sache. 1490.

Allen Fursten Herrn Grauen Rittern Knechten Amt-
luten Schultissen Burgermeistern Scheppen Rathe
Burgern vnd Inwonern des fryen Richs vnd anderer
stebte sust In gemeine allen christlichen Mannspersonen,
wes standes oder condicion sie sein Thu Ich Jorge Ha-
ckenberg

172

ckenberg ein bewert Richter vnd gehuldet Frygraue des hi=
ligen Richs nach zymlicher reverencien vnd grusse ezu
wissen das einer genant Nickel Weller ein echt recht
Frnscheppe des Reichs befores vor mir mit den heymli=
chen Frygericht an den keiserlichen fryen stul zu Brackel
by der stadt Dortmunde gelegen vmb etliche wandelberge
Klage als er die mit eiden nach Rechte bewart behalden
vnd gezeuget hat bie semtliche Burgemeister Rath Eldi=
sten Geschworn Burger vnd einwoner der Stete Breß=
law vnd Gorlitz wertlich mannspersonen vber achtzehn
Jar alt, der nicht Frey Scheppe ist verbottet, vnd so
sie In verachtung vnd verschmehung der fryen Gerichte
außengeblieben sent verclagt verfulget vorwonnen vm
seine Spruch Koist vm Schaden vff sie erstanden hat
alles nach der Fryen Gerichte Rechte Inhalt etlicher
Ortel Brive vnd ander processen den Eleger doruber ver=
sigelt gegeben, vnd wenn benn bie vorgenannte van
Breßlaw vnd Gorlicz ben keiserlichen frngerichte vnd ge=
bote vngehorsam allezeit geworden vnd ben Eren vnd
Recht nicht antworten wolden hat mich der vorgnante
eleger angeruffen vnd gebeten ein for der vor fulg van
gerichts wegen zu geben, So man dann als Recht awß=
weiset allen vorhartten widderstrenigen bie Eren vnd
Recht zu pflegen vngehorsam werden keine meinschafft
thun vnd pflegen sal, hirumb gebiete Ich euch sampt
vnd besundern van keiserlicher Gewalt van Rechts vnd
meines Amts wegen mit diesem Brieve das ir die vor=
gnante vorÿ..rtte Vngehorsamen von Breßlaw und
Gorlitz nicht haußen herbergen sichern geleiten beschir=
men beschutzen nicht mit In essen trincken kewffen vor=
kewffen aber sust einicherley hanbe wandelung abber
gemenschafft mit Inhaben abber zu werden gehabt ge=
statten

ſtatten bis zur zeit ſo dem heimlichen Gericht vmb pene vnd Broche vnd den Cleger vnd ſein erſtanden Recht volgeban haben, vnd dar nicht kegen thun by dem hechſten gebote vnd by Rechte daräuf geſazt. Iß were Sache Ir Im mittel der zit geborlich rede verbrechten worumb ſie keißerliche Geboter billichen voracht ſulden, Wann Ich adder ein ander Frygrave anderß wan ſulchs mit clage angebrocht wurde vbir euch muſte richten als Fryenſtols Recht wer das zu ſchwer kommen mechte. Orkunde meines ſigels van Gerichts wegen Donn den uffs ſparn gebrnckt datum ano Dmi 1490 feria 4ᵗᵃ poſt Martini Epiſcopi.

> Wir mit namen Heinrich weſſenſchloer Hanß von eckelßheim vnd Johañ Ine van Kaſſel alle echte Rechte Fryſcheppen daß dieſe copia von Wort zu Worte vber eintryt mit den Heubtbrive des zu ware bekenntnis haben wir unſer Sigele vnder vffgedruckt ꝛc. ꝛc.

Dieſe vorgeſchriebene Sententz hat Nickel Weller im marckte zu Leipzik angeſchlagen und die von Görlitz habein ſie abgenommen.

9.

Keyſer Friedrichs Befreyung von Weſtfäliſchen Gerichte in Anſehen Behmen und Ungarn. 1491.

Wir Friedrich von Gotts Gnaden Nomiſcher Keiſer zu allen Zeiten Merer des Reichs czu Hungern dalmatien Croatien ꝛc. Konig Herzog czu Oſterreich czu ſteier czu Kerndten vnd czu Crain Grave czu Tirol entbieten

bieter allen vnd jeglicher Churfurſten Furſten geiſtlichen
vnd weretlichen Prelaten Graven Freien Herrn Rit-
tern Knechten Houbtlewthen Vizthumben Vogten Pfle-
gern Vorweſern Ambtlewten, Schultheißen Burger-
meiſtern Richtern Reten Burgern vnd Gemeinden vnnd
ſonſt allen andern vnſere vnd des heiligen Reichs Vn-
derthanen vnnd Getrewen In was Wirden ſtatis adir
Weſens die ſein ſo mit deſſen vnſern keiſerlichn Brive
adir gloublich Abſchrifft der von irſucht vnnd ermannt
werden Vnnſer gnad vnd alles gut Erinwirdiger Hoch-
gebornnen Wolgebornnen Erſamen Edlen lieben Neuen
Ohmen Churfurſten Furſten Anbachtigen vnd Getra-
wen Vnns hat der Durchluchtigiſt Furſt Wladißlaus
Koning czu Hungarn vnd Behmen vnnſer liber Oheim
vnd Churfurſt furbracht Wie wol er einen Jeden auf
gepurlices erfordern gegen ſeinen Vnderthanen Recht
vnd alle pilligkeit furderlich ergehen czu laßen willig
vnnd geneigt So ſullen doch doruber auch wider Frei-
heit dormit die Crone czu Behmen beßhalben von Wei-
land vnſern Vorfaren am Reiche Romiſchen Keiſern
vnd Konigen löblicher furſehen ſei, etliche ſein vnd
der ſelbigen Kronen Vnderthanen Je czu Zeiten mit
Weſtueliſſchen gerichten aws angenommener Mutwil-
liger cklage vnd vmb ſachen die daſelbſt hin czu recht-
fertigen nicht gehorig furgenomen vnd czu procediren
vnderſtanden daburch ſie vmpillicher weiſe beſchediget
vnnd czu ſchaden bracht wurden vnd vns doruf mit
vleiß erſucht vnnd gebeten Jne vnd die ſeinen hierinn
zu vorſehen vnnd weren uw ſolch Handelunge von die
obberurter maßze beſcheen als ir ſelber verſteet vnzimlich
weren vnd zu gedulden nicht geburtten.   Demnach
empfeh-

empfehlen Wir vch allen vnnd ewer jeden besunder von
Romischer keiserlicher macht ernstlich mit dissen Brive
gebietend ab ir durch Jmant wer der aber die were ytzo
adir hinfur auf solch vormeynt Westfelisch Orteil pro-
ceß vnd ervolgung wider des ehegenannten Unsern lie-
ben Ohmens Vnterthanen obberurter Massen ergan-
gen vmb execution angelanget, vnnd ersucht word das
ir euch dann des nicht annehmet noch beladet noch
Jnen dorinn eyncherley Hulf noch beistant beweiset
noch deshalben keinerlei Handlung widir sie gestatet.
Sunder die personen so czu des gnannten Vnnsers lie-
ben Ohmens des Konigs czu Hungern vnd Behmen
Vnberthanen Spruch czu haben vormeinen czu recht
Fursten Lieb vnd die gerichte dohin sie gehoren weisen
da eynen Jeden ferberlich recht ergehen sal doran thut
Ir vnnser wißlich meynung. Geben zu Lynncz am
eilfften Tage des Monaths December Nach Cristi ge-
burt Virczehnhundert vnnd im ein vnnd newnczigisten
Vnnsers Keiserthumbs Jm virczigsten Jarin.

ad Mandatum Dni Jmperatoris.

Anmerkung 1.
Auswendig an einen Ende: Generalmandat Behmen
auf Pergament wo auf der Rückseite der zwey-
köpfigte Adler in roth Wachß gedruckt war.

2.
Der Rath zu Görlitz hat Ao. 1492. solchen bey Her-
zog Georgen zu Sachßen producirt und hievon
ein Vidimus machen laßen.

10. Ab-

10.

Abſchrifft des recepiſſe von Frei Stuhl zu Bra-ckel. 1492.

George koiſt der Frygraueſchafft vnd vrpenſtolls czu Brakell bp der ſtat Dortmond gehuldet Fry-gruwe ꝛc. ꝛc. Doe kont vnd bekenne, daz ich Nach Criſti gebort der mpnder taill In dem twe vnd negen-tigſten Jare vf manbag nechſt vnſer livn Vrowen Da-ge purificationis Tranſſumpt vnd warheftige Vidimus eins keißerlichen Mandat de Hemliche Vrygerichte be-langende van dem Hochgeborn Furſten vnd Hern Hern Georg Hertzoich ezv Sachſen ꝛc. ꝛc. vorgelegt vnd mp durch den beſcheiden Meſter Martin Bogner als Zachwalden der Stat Gorlicz darzo geweldiget, preſentiret vnd vurgebracht, vff des obgerurten Zach-walden vermitlige begerte vnd nicht vor des Frygerichte of mpnes Ampts wegen entfangen geleſen vnd to behouff not dorft vnd beſten derſelven ſtat Gorlicz In Bewa-ronge genommen habe en die to iren geſpnnen webe vnd to antworden ſunder Jnbracht ane argliſt To getäge heb Ich Frygraue vnter mpn Segel beneden vpt Sparn gedreckt Datum die et anno quibus supra.

(L. S.)

V.

V.

Vermischte Urkunden.

M

Inhalt.

Die erſten drei hier auf einander folgenden Urkun=
den betreffen die Geſchichte des Herzogs von Sa=
gan Johann des zweeten. Er war ein Sohn
des Herzogs von Sagan Johann des erſten, wel=
cher bald der wilde, bald der Sperling genennt
ward. Er erhielt vor ſeine Perſon den Namen des
Grimmigen, den er auch mit Fug und Recht ver=
diente. Er richtete ſo viel Grauſamkeit aus, als
ihm ſein kleiner Diſtrikt zuließ, den er beherrſchte.
Welch Scheuſal würde er geworden ſeyn, wenn er
ein großes Reich beſeſſen hätte! Einen ſeiner Rä=
the ließ er im Zorn enthaupten; ſieben Rathherren
im Thurm in Glogau ließ er erhungern (1) weil er
Verdacht wider ſie hatte; ſeine Schweſter verjagte
er, und tödtete ſeinen Bruder Balthaſar, andrer
Greuel zu geſchweigen, die ihm beigelegt werden.
Die drei Urkunden legen ſeinen elenden Karakter ge=
nug an den Tag. Die mittelſte iſt der Aufſatz, wel=
chen die in Glogau gefangenen Rathsherren in ih=
rem Gefängnis aufgeſezt haben.

4) Die vierte Urkunde iſt der von den Schleſiſchen
Fürſten und Städten im J. 1435. errichtete Land=
friede, aus einer Kopie. Er befindet ſich zwar ſchon
in Sommersberg Scriptor. Rer. Sileſiac. T. 1. p.
1019. aber aus einer ſehr fehlerhaften Abſchrift, we=
nigſtens iſt die Sprache des Jarhunderts nicht bei=

behal=

(1) Der würdigſte Pendant zu der Geſchichte des Ugolino.

behalten worden, und mit der neuern Sprache sind eine Menge Fehler eingeschlichen, welche in meiner Kopie vermieden sind. Diese ist überdieses ziemlich gleichzeitig, welches Sprache und Interpunktion dargiebt, und welches mich auch die Handschrift lehrte, die ich in diesem Zeitpunkt oft gefunden habe.

5) Der Kurfürst von Sachsen, Fridrich und seine Brüder Johann und Georg, thun den Ständen des Reichs, die Befehdungen von Otto Schenken kund. 1509. am 25sten November. Aus dem Original.

6) Schreiben des Raths zu Görlitz an die Teutschen Stände, welche sich auf George 1428. zu Nürnberg versamlen wollten, um Schutz wider die Hussiten. Aus dem Original. Vermuthlich ist also das Schreiben nicht erst fortgeschickt worden.

7) Verbündniß der Herzoge zu Sachsen, und der Fürsten und Stände in Schlesien, mit Einschlus der Sechs = Städte, gegen die Hussiten. 1429.

8) Schreiben des Königs von Polen Sigismunds an die Stadt Görlitz 1521. worinnen er sie ersucht, dem Könige von Ungarn gegen die Türken zu Hülfe zu eilen. Eine gleichmäßige Ermahnung an die Böhmen von eben dem Könige Sigismund, findet sich vom Jare 1525. im Dogiet Cod. Diplomat. Regni Vol. 2. Magni Ducat. Lithuan. Tom. I. pag. 28. n. 27.

9) Des Königs von Böhmen Johannes Privilegium den Bürgern zu Görlitz über ihre Lehngüther gegeben. 1329.

10) Nach=

10) Nachricht von den Gauckeleien Nickel Wel-
lers. 1492. Aus einer Kopie. Sie gehöret noch
zu der Nachricht von den westfälischen Gerichten.
In einer alten Chronick der Oberlausiz fand ich sie.

I.

Schreiben des Kurfürsten von Sachsen Ernst an die Stadt Görliz den Herzog Hans von Sagan betrefl. 1475.. Ex Origin.

Von gots gnaden Ernst Herczog zu Sachßen des
heyligen Romischen Reichs Erczmarschalk kur-
furste lantgraue In doringen vnd marcgraue zcu
menssen

Vnsern Gunstigen Grus zcuuor Ersamen Weisen
besundern lieben vns zcweyfelt nicht uch ist vnuorbur-
gen das der hochgeborne furste herre Albrecht Herczog
zcu Sachßen ꝛc. ꝛc. vnnser lieber bruder vnd wir vor
wynachten zcwey Jar vorgangen dem hochgebornnen
fursten Herren Johansen Herczogen in Slezien vnd vom
Sagan den Sagan prebus vnnd numburg mit irer zu-
gehorunge abgekaufft vnd zcu vnsern handen bracht,
welchen kauff wir nicht uß vnsern furnemen Sundern
uß anbytunge vnd manchfeldiger vlisiger Ansuchunge
des gnanten Herczogen gethan, vnd deßhalben die gnan-
ten Slos Stete vnd merkte gar eins gleichen kouffs vnd
vmb ein leichte geld zcu langen tagen, wolten von Im
bekomen haben das wir aber nicht gethan auch nicht an-
gesehen das die Stat Sagan, durch In mit suwers
noth vnnd die andern mit Iren zcugehorungenn sust yffs
hochste vorterbet vnnd vor armet waren, vnnd das wir

M 3 der

7

der Stat Sagañ an gult vnnd dinſten In ſechs Ja=
ren desgleichen der andern zcugehorungen In einem
ganczen Jare vſſer der molen, die dann auch noch vn=
gebuwet waren gar nichts gebruchen konten Nach dem
das alles vorſaczt vor pfendt vnd zcu der loſunge lange
vff ſagunge ſein vnd dennoch die Cziñſe mit der houpt=
ſummen muſten gegeben werden, vnnd das von der
Hochgebornnen furſtinne frauwen M. gebornnen von
Teczſchenn Herzoginn In Slezien vnnd vom Sagan
des hochgebornnen furſten herrn balthaſars Herczogen
In Sleſie vnnd die zceit zcum Sagan ſeins Bruders
vnnſers lieben ohemen zeligen nachgelaſſen Wittwen vn=
ſer lieben Muheme vnd ander mergliche anſpruche, dar=
czu warenn, Sundern die gnanten Slos ſtete vnnd
merkte mit aller Irer Zcugehorunge von dem gnanten
Herczogen, vmb funffczigk Tuſent hungeriſche gulden
gekoufft vns daruber mit dreyen ſynen Swestern frew=
lin Bebe Scolaſtica vnd nyſelyn zeligen vmb ir gerech=
tifeit vnnd aberichtunge vß irem vetterlichem vnd mu=
terlichem erbe vnnd gute vertragen vnd der iezlichen fur
ſollich ire gerechtifeit Tauſent vngeriſch gulden gegeben
die alſo balde gnuglich vnd bar beczalt deßgleichen dem
gnanten Herczogen an den funffczig Tuſend gulden als=
balde Syben Tuſent hungeriſch gulden vnd darnach vff
oſtern nehſt volgende drey Tuſend hungeriſch gulden
das wir Im nicht mehr denn vierczig tauſent hungeriſch
gulden ſchuldig bleben die wir Im nicht eher dann von
der czeit, obir drey Jar, vnd vff weynachten ſchierſt
kommende zcu bezalen ſchuldig geweſt ſeint, vnd das
wir Im Sollich Summe geldes uff die gnante czeit
wes wir das vor die vorſaczten gulte vnd guter nicht
ußge=

ußgegeben hetten, dar zcu In den dreyen Jaren yn
des Jars czwey Tusent Reinische gulben Tausent uff
Johanis baptiste vnd Tusent vff weynachten, Sulcher
Summe ym aber seinen erben uff alle vnd die leczten
Tageczeit die hauptsumme follens gutlich vnd vnuorezogi
lichen zcubeczalen, nach allem seinem willen gnugliche
vorsicherunge gemacht, vnd wie wir Im der czwey Tu=
sent Reinische gulden nicht hetten geben vnd des gein
Im vorschriben dorffen, denn er hette Im czu der zceit
gar gerne gnugen lassen das wir Im In den dreyen
Jaren des Jars von der hauptsumme zcwey addir dry
Tusent gulden gegebenn vnnd vns die zcu allerczeit an
der hauptsumme abegehen lassen, wir habens aber nicht
thun wullen, Sundern yn vnd sein weip vnd kinth vnd
das er sein hauptguth behalten, vnd die zceit uß doran
nicht zceren dorffte, Sundern das zcu seinem nucz wib=
der anlegen mechte angesehen, vnd Im des Jars czwey
tusent Reinisch gulden darzcu eine gute husunge an vnn=
sern Slos zcum Hayn vnd zcu dem selben Slos des Jars
an gelt korn marcz hafer vnnd ander notturfft uff funff=
hundert Reinische gulden werd In gegeben vnd zcu ge=
ben vorschriben das wir alles nicht gedorfft vnd wie vor
berurt gar wol wolten behalten, So haben wirs doch
ganz vorgeblich vnd vff sunder fruntschafft Im seiner ge=
maheln vnd irer beider kyndern zcu guth gethan, also
wir daß alles wu des not sien wurde wol getruwen wa=
ren scheyn zcu machen In vortruben das ur sollichs,
das Ime In sollicher maß von vns zcu grossem nucz
entstanden auch zcu fruntschafft uffgenomen, vnd zcu
langwirigter zceit, dankpar gewesenn sein das aber von
Im nicht vormerkt Sundern vil mal vndirricht, das

er

er uns alle vnſer fruntlich Thun Jn arg gewendet, vnd
vns nachgeſaget das wir yn vmb ſeine lant vnd leute
bracht, guth vnd gelt Jnnehetten, vnnd ym nichts ge=
ben vnd alles das wir Jm zcugeſaget abber vorſchrie=
ben weren, hetten wir Jn keins gehalten das von Jm
gar vnbillich geſcheen vnnd dem gnanten vnſerem lieben
Bruder vnd vns dar an gar vngutlich gethann, wann
wir Jm noch keinem manne ny nichts zcugeſaget noch
vorſchriben wir habens uffrichtiglichen alſo fromen für=
ſten zcugeburt gehalten, desgleichen wir Jm auch ſol=
liclicher dann wir Jm ſchultig geweſt ſeint, getan,
alſo ſich das klerlich erfindet das wir Jm, an der vor=
ſatczunge der Zcugehorunge des Sagan, prebus vnd
Numburg acht Tuſent Reinſch gulden Jn der zceit zcu
ſeyner notturfft geben vnd beczalt haben, der wir Jm
doch nicht einen heller vor wynachten ſchirſt kommende
zcu gebenn ſchulbig geweeſt weren, vnnde alſo er dem
gnanten vnnſerm lieben Bruder, vnd vns mit ſollichem
vnbilligen an den hochgebornen furſten, herren Wilhelm
Herczogen zcu Sachsſen 2c. 2c. vunſeren lieben vettern
durch ſein eigen perſon bracht vnd Jn gebeten vns zcu=
uormogen das wir Jm yßrichtung thun wolten, vnd
ſo vns ſollichs der gnante vnſer lieber Vetter forber zcu
erkennen gab, haben wir ſeine liebe gebethen Jn der
ſachen czwuſchen dem gnanten herczogen vnd vns vor
ſeine liebe einen Tag zcumachen des gnanten herczogen
vorbringen vnd vnſer antwort zuuorhoren vnnſer bey
der glimpff vnd vnglimpff zcuuormercken, daruff ſeine
liebe dem gnanten Herczogen vnnd vns vor ſeine libe
eynenn Tag gein erffurt geſaczt vnd die ſachen zcwuſchen
Jm vnnd vnnſern Rethen von vnſer wegen uff Sont=
obend

obend nach Concepcionis marie virginis Im vier vnd
sibentzigesten Jare, vorhort vnd vff einen forbern vff-
tragk nach inhalt czweyer vßgesinten zcebeln dem gnan-
ten herczogen vnd vnnsern rethen von vnnser wegen obir-
geben welcher vorfassung vnd beteibigung wir vnnsers
Teils gancz nach gangen, Also das des gnanten vnn-
sers lieben Wettern abeschit vnnd orkunde vns des tages
halben gegeben, clerlich besaget, das aber von dem
gnanten herczogen nicht gescheen vnd vns bar uber die
Sume, So wir vor die vorsatzten gult vnd guter uß-
gegeben nach Redelicher Rechnunge uffzcunemen Vnnd
zcu Quittiren wegert, vnd als vns uß gemeynem ge-
richte angelanget, vns nach mals als nor berebet vnd
drauwe thun sal, was vnser Slos vnnd Stat Sagan
uß zcubornen vnser Slos vnd stat haine obir Elbe In-
eunemen vnd anber beschedigunge zcu zcufugen wie bil-
lich das geschen vnd ap es dem furstlichen wesen zcu ge-
bort konnet Ir wol vorstehenn vns bekumert aber sien
vnbillich rede vnd dren az er die tete Menigk Nach dem
offinbar Wie des gnanten vnnsers lieben Bruders vnd
vnser Herkomen vnnd wesen Im heyligen Romischen
Reich, vnnd derneben besgleichen sein handel, do er
gewest wol erkont ist, vnd so wirs nur als wol billich
were, wissen hetten, beswerte vns sein vornemen wid-
der vns gar nichtes Getruweten vns vnd seiner helf-
fer mit der hulffe gots Ale anber Vnnser vn-
hende vnd beschediger wol uffzcuhalten vns gefyle
aber baß, das er vns vnbillicher nachrede vnd wid-
derwertiges willens vortruge vnd sich beczolunge vor
die vorsatzten gult vnnd guter was der vorfur vßge-
ben vnd nachmals vorfur vß zcugeben geburen wirdet,

M 5   vnd

vnd vns das an der hewptsume abeczoge vnd quitirte
Als er vns noch lwte seiner vorschreibunge zcu thune
schuldig ist, vnd seiner beczalunge der hinderstelligen
Summe vff wynnachten schirst komende von vns gutlich
zcunemen wartende were, vnd vns mit seinem handel
Im die uff die gnante zceit furczuhalten nicht vrsache
gebe die wyle sich denn clerlich erfindet das wir Im nach
Inhalt des beteidings durch vnnsern lieben Vettern an
der hewptsumme zcubeczalen nichts schuldig die gebre-
chend sind denne ezwuschen vns vnd ym In der gnan-
ten zcedeln bestympt, vor vßgetragen das dann fur mit
fasten solt gescheen sein So aber das seinethalben nicht
gescheen ist vnnser vleissige gutlich Begerunge den gnan-
ten Herczogen zcuuormogen das er vns sollicher vnbilli-
cher nachrede vortrage vnd sich vnsers ußgegeben geldis
vor die vorsaczten gult vnd guter vnd wes sich das nach
dafur vßzcugeben geburen wirdet mit vns abber den
vnsern berechen das an der hewptsume abecziße vnnd vns
des quitirn auch vmb das vns abegehet, an seiner vns
obir geantworten vorczihunge, vorgnuge die herschaft
vnd wychbilde nach lute seiner vorschribunge löße vnd
freyhe vnd der beczalunge an der hinderstelligen Sum-
me vff wynnachten schirst komen von vns wartende zcu
Seinen nucz gutlich beczalt vnnd uff nehmen vnd vns
yn domitte uff zcuhalten vnnd zcuvorczihen, mit seinem
vnbillichen furnemen, nicht vrsache gebe vnnd was er
vns vorschriben vnd der losunge halben schuldig, auch
was der beteidingk durch den gnanten vnsern lieben vet-
ter zcwuschen dem gnanten Herczogen vnd vnsern Rethen,
von des gnanten vnsers lieben brubers vnd vnsir wegen
zcu erfurt gescheen ist, vnd wie wir vns von des gnan-
                                                        ten

ten vnsers lieben brubers vnd vnser wegen dem beteiding
nach gehalten, werdet Ir Jn Jngelegter abeschrifft ſi=
ner vorſchribung vnd vorczeichnunge der obin geben eze=
deln des beteibings zu erfurt vnd die abeſchrifft des gnan=
ten vnsers lieben vettern/abeſchit brieffs des Tages zcu
Ezeicz wol vornemen das alles vnuerbroſſenlichenn horen
vnd vermerken vnd ap der ſachen halben von dem gnan=
ten herczogen aber von ymands anders von ſeinen we=
gen Im zcu glimpff vnd vns zu vnglimpff abber das
ſich die ſache anders dann wir Euch Jczundt hier mit
zcu erkennen gebenn ſolten begeben abber halten, an=
gelanget were, abber noch gelangen wurde Ir wullet
das uff vns nicht gleuben vnnd vns dar Jnne vor ant=
wort haben vnd vor antworten. · Als wir vns das vnd
alles guten zcu uch vorſehen wollen wir wibber vmb gein
uch Jn allem guten zcu bedenken vnuorgeſſen ſein. Ge=
ben zcu Schellenberg Am dinſtage nach Corporis Chri=
ſti Anno dni. ꝛc.ꝛc. lrr quinto.

Den Erſamen weißen dem Rathe zcu Gorlicz vnſern
lieben beſundern.

2.

Geſchriben ym thorme auffm Schloſſe zw Glogaw
yn ſchwerem gefengnis am mitwoch nach Marie
Magdalene, Anno ꝛc. ꝛc. 88. (1)

Nach der geburtt Criſti tauſend vierhundert vnnd
ym acht vnnd achtigſten iare am ſonnobend vor
Grego=

(1) Von dieſer Geſchichte und Grauſamkeit des Herzogs Jo=
hannes vom Sagan ſehe man Sommersberg Script. Rer.
Sileſiacar. Tom. I. S. 738.

Gregori das was am sonnobend vor Oculi yn der hey=
ligen fasten yn der silbade, co, ra, tur, gre, k (2) do hatt
der hochgeborne furst hertzog hans vom Sagan vns ar=
men leuthen die zeitt an kotts stabtt gesessen haben zw
Glogaw Nemlich Johannes keppell Mats kelner,
hans prufevr, Anthonius knappe Caspar Scherer,
Niclaus guntzel vnnd Bernhard dreysstigmarg yn ge=
fengnis genommen vnnd selbst gefangen vnnd vns be=
schuldigtt mit viell Klagen der wir vor goth vnschulbig
seyn wir habn auch vns zur hand voranttwortt vnnd zu
vorantworthen erbothen Vnder den stugken vnnd kla=
gen was das eyne das wir an land vnnd stete die von
koniglicher Maiestat wegen gesamlett worn solden ge=
schriebn haben sie solden kommen wir wolden yn schlos=
vnd stabtt Glogau eyn gebn des wir nie gedocht hatten
vnnd bothen vnser vnschold vnnd anttwortt vnnd auch
auff alle die andern ertichten klagen es mochte vns aber
alles nichtt helffen er wolde auch vnser anttwortt nichtt
horen vnnd lies vns armen vnschuldigen lewthe yn
schmere gefengnis setzen yn eynen keulichten thorm auff
dem schlosse zu Glogaw do wir yn grosser nott vnnd
iomer gesessen Auch habn wir auff die heylige Oster=
liche Zeitt flenssig gebethen, das man vns nach ord=
nung vnnd gebott der heyligen Christlichn kirchen die
heyligen Sacrament wolden mit teylen es hott vns ar=
men lewthen leyder nicht wieberfaren kennen als benn
seyn wir von den vnsern aus der stab gespeysett wor=
ben. Dornach wolde ers vns nymmer vorgonnen
vnnd wurden do von hofe gespeysett eyne kurtze Zeitt
des

(2) S. Haltaus Calendar. medii aeui. pag. 153.

des tags zwier vnnd denn fortt nicht meh denn eyn moell
Albo habn wirr alle siebn yn grossere nott vnnd iomer
gelebt mancherley engsten vnnd durfftikeitt erliben wie
vnnd yn was wehse mehr viell dovort zu schreybn vnnd
zu sagen die Zeitt leib es nicht vnnd sind beynander
briebn bis auff den obend der allerheyligsten iungfrauen
Marien ihrer heyligen auffnemung yn den himell den
man nennet wurtzwey do ist eyner aus vnserm mittel
nemlich Anthonius knappe gestorbn an alle Sacramentt
der heyligen kirchen dorumb wir alle vnnd er selbst fleys-
sig gebethen habn es mochte ym nicht geschehn mo-
gen (3) vnnd ist also yn rew vnnd inikeitt auff die
barmherzikeitt gots als eyn from Christen man vorschey-
den der almechtige gott sey ym barmherzig vnnd gnebig,
nach seynen abscheyden habn wir aber grosse nott vnnd
engsten erliben vnnd haben vns wollen sachn finden der
wir vnschuldig seyn vnnd worn vor gothe vnnd do sie
keyne sache an vns finden konden habn sie aber vns
eyn zeitt lang lassen sitzen Itzund speysse vnnd trang
gnug geben schiere nichts vnnd habn vns also yn nott
vnd durfftigkeitt lassen sitzen bis auff den tag vnser lie-
ben frawn ihrer geburtt den man den letzten (4) nennett
do habn sie vns zu hand den andern tag dornach wieder
speyse noch trang gebn vnnd haben itzund also gesessen
bis

(3) Man verfuhr mit ihnen, wie man mit den größten Böse-
wichtern zu verfahren pflegte, denen man die Sakramente
nicht zukommen, höchstens noch die Monstranz zeigen ließ.

(4) *Haltaus* l. c. pag. 123. Das Fest der Geburt Maria heißt
auch, das Jüngere, welches ebenfals so viel ist, als das letz-
te. Den Ramen hat es daher, weil es die größere Festtage
beschließt, welche der Maria zu Ehren gefeiert werden.

bis an ben vierben tag bas vns von yhn wieder fpeyfe noch
trang worden ift mag eyn idermann woll mergfen wie
lange wir vns ane fpeyfe vnnd trang gewefen mogen
wirr habn fleyffig vormantt vnnd gebethen vmb die Sa=
cramentt der heyligen chriftlichn kirchn fie feynb uns
alle vorfagtt nu mergfen wirr das wir eyns graufamen
vnnd engftlichen tods fterben muffen der allmechtige
gott wolbe vns denn fonderlichen mit feyner gneden er=
halben hierinne So bzeuge wir vor allen ben biefe vnfer
fchrifft fehn oder horen lefen finb wir vmb die Sacra=
mentt der heyligen kirchen gebethen vnnd fie vns vor=
faget worden das wir fterbn yn dem heyligen Chriftli=
chen glawbn vnnd yn gehorfam der heyligen Chriftlichn
kirche vnnd fterbn vnfchulbiglichn alle der fachn halbn
bie vns vnfer herr vor dem gefengnis auff dem margte
vor dem Rabhaufe vnnd auch in bem gefengnis obir=
legtt hatt das zihen wirr vns an gott vnnd wollen auch
vnfern herzog hans vor bem geftrengen vnnd Ernften
gerichte gotts anttworthen wan eyn iederman woll merg=
ken kan hette auffrichtige fcholb vnnd fache zu vns ge=
habtt vnnb hette der volfommen mogen er hett vns
nichtt yn eynen wingkel fo iemmerlich vnd engftlichn
vorbammen laffen Wenn er fich bfortt fo wir zu lichte
vnnb vor lewthe hetten follen kommen feyne groffe ge=
walb vnnb vngerechtigfeitt die er an vns vbet vnnb vn=
ferr gerechtigfeitt vnnb vnfcholb hette mogen offenbarr
werden Sinb er denn der allmechtige gott vmb vnfer
funnde willen alfo vber vns vorhengtt fo woln wir es
gebulbiglichn auffnemen vnnb leyden vnnb feyne barm=
herzigfeitt biethen vmb eyn felig8 enbe vnnb biethen alle
frome Chriftenmenfchn den biefe vnfere fchrifft zu han=
ben

den kompt vnnd die hoeren vnnd lesen das sie dieseß
vnser vnschold vns vnnd vnsern armen weybern vnnd
kindern zw guethe nach sagen vnnd zw ehren auch den
almechtigen gott vns durfftigen vorlassen mensche bie=
then das er durch seyne grundlose barmherzigkeitt vnnd
seynen heyligen biettern todt vns wolde vorleyhn yn
diesn vnsserm leyden vnnd iamer bstendigkeitt vnnd ge=
dold bis an vnser ende vnud eyn seligs ende vnnd nach
diesem lebn das ewige leben Amen. Geschrieben yn
grossem iamer vnnd betrubnis am freytage vor exultacio=
nis S. crucis ym iore der geburtt Christi 1488. Do
hatten sie vns Itzunder bey vierr tagen wieder (5) speyse
nach trang gegebn der almechtige gott vorgib es yhm
vnnd allen ben die todt vnnd tadt dorzw gegebin.

Am Sonnobend an dem obende des heyligen creu=
ces do sind sie aber zu vns kommen vnnd habn do Ni=
claus guntzell aus gnoden von vns aus dem torhme ge=
zogen vnnd haben vns andern lassen sitzen habn wir
aber flyssig ermanett vnnd gebethen vmb die Sacra=
mentt der heyligen Christlichn Kirchn wir mochten key=
ne antwortt erlangen also kothen wirr das man vns so
iemmerlich nicht wolden lassen vorterbn vnnd wolden
vns speyse vnd trang gebn do lissen sie vns gebn eyn
halb schog buchnethen vnnd zwue kannen bierr vnnd
eyne kanne wasserr domitte musten wir vns betragen
bis auff den dinstag Am dinstage erbuthen wirr kaume
vmb gots willenn das man vns eyn kanne trinken gab
do worn ynne bey zehen quartt bierr do betrugen wirr
vns aber mitt grosserr nott bis auff den Dornstag nach
Lam=

(5) weder. Uberall lautet es in dieser Nachricht so.

Lamperti den selbigen tag habn wir grosse nott erliben dorstshalbn wirr habn geschrien vnnd gebethen vmb gotts vnnd vnser liebn frawn willen vmb eynen trunng wasser er konde vns nichtt werden vnnd musten grosse nott dorsts halbn leyden yn derselbign nott habe ich das geschriebn wie es gott fortt machn will stehet zw seynen gnoden denn gebn sie vns nichtt meh speise nach trang so kan es mitt vns nichtt lange wehren Doch durch= wirgkett vns der hunger nichtt also weh als der durst 2c. 2c.

Item die gelubbe ym gesengnis zum ersten hab ich Bernhard mich kegen posen zw dem heyligen leichnam mit eynen lichtt von 1 Pf. wachs vnnd eynen silbern opferr

Dem heilgen creuce zw Glogaw yn der Capellen eyn lichtt von eynen pfunde wachs.

Marian der mutter gotts mitt dem todten Jesu yn der grunen capellen eyn lichtt von eynen pfunde wachs.

Sanct Johans zw Breßlaw eyne messe eyn pfund wachs mit eynen silbern opperr

Sancto Servatio eyne singende messe mitt eynen burnenden (6) lichtte vnd vorkundigung seyns lobs vnnd lebns

Meyne liebe Barbara die gelobbe die ich yn mey= nen gesengnis gethon habe bitt ich dich wan du es be= quemlich geschigken kanst wollest die halben dem heil=

gen

(6) burten vor brennen. Engl. burn. hat sich in der Ober= lausß unter den Landleuten noch erhalten.

gen leichnam Marien der mutter gotts vnnd den liebn heiligen vnnd dem heilgen creucze wan sie vns yn dem gefengnis zw mancherley nott vnnd engsten getrostett habn.

Meyn lieber son Caspar sind der allmechtige gott vber mich vnnd mein weyb vnnd kinderr so iemmerlich nue vorhangen hatt so bfele ich auch meyn armes weyb mitt allen irren kindern wollett das beste nebn andern guethen freunden die yr zw hulffe nemett rothen vnnd helffen als ich euch gentzlich getraw vnnd nie anders erkandt habe will ich den allmechtigen gott vor euch biethen denn ich nichtt meh thuen kann Ich hab das alles geschriebn vnnd gehandelt an dem dornstage nach natibitatis Marie sitzende nebn andern guethen freunden yn grosser nott vnnd angst denh man vns itzunder wieder speyss nach trang gegebn hatte bey dreyn tagen wie lange es mitt vns gewehren mochte oder kan mag eyn iberman woll abnemen oder mergken Also mussen wir sterben eyns iemmerlichen vnnd engstlichen todts vnschuldig der sache die wir vberlegt seyn vnnd das vns alle Sacrament der kirche sind vorsagt drumb wier sleissig gebethen habn der allmechtige vorleyh vns gebold rew vnnd leibt vber vnser suende auch eyn seligs vornunfftigs ende vnnd nach diesem lebn das ewige lebn Amen

Johannes Keppell.

N   3. Kbs

3.

König Matthias wider den Herzog Hansen von Sagan.

Matthias von gottes gnaden zcu Hongern vnnd Be-
heim konig vnnd Herzcog zcu Ofterreich zc. zc.

Wolgebornen Befonndern lieben Vns zcweiuelt nicht
ir muget wol haben vornahmen das wir durch
entwende groben vorhandlung, vnnd vngehorfam wil-
len die Herczog Hans vom Sagan In vorgessung sei-
ner glubd vnd Trew wider vns begangen hab, bewegit
seyn, In als den vnßern, als wir dann mit der Hulf-
fe gots nw gethon haben zcu straffen vnd zcubemutigen
In welchen Hanblungen, die da man mit klennn zcu
frubong vnnßer land vnd lewdt vnd aufnemen gemey-
nes nutzs dienet, Wir nicht allein vnßer furften vnnd
vnderrtanen In Sleßien vnd lawßniz gehorfam dinftlich
vnd willig erfordern Sonder auch ettlich der anftoffen-
den vnd vmbwonenden fürften, die von vns als koni-
gen zcu Beheim belehent feyn frönntlich vnnd vnparteysch
erkant habenn, des wir vns denn vnnd wol billich ge-
gen dem Hochgebornen furften Hrn Johansen Marg-
grauen zu Brandenburg Eurfurftn zc. zc. dem denn et-
lich lehen von vns zcu erkennen vnnd zcu emphohen ge-
boren auff meinen sein fronntlich erbieten So er vns
vnd auffs Jongft durch seyne Rete vnnd bottschafft den
Grauen von Roppin vnnd Sigemunden Rottinberg
In meynung das er die selben seyne lehn, von vns als
sich geburt empfahen, vnd die mit allein gegen vns vor-
dynenn Sonder sich auch fonft dermaffen gegen uns
halttenn vnd beweiffen wollte, dadurch wir nit anders,

benn

denn liebs vnd guts von Im gewortten sollten, gethon
hat, vnnd dem gunstigen gnedigen vnnd gneigten wil=
len nach Im vff sulch seyn erbietten durch vns allweg
begegent, gleicherweiße also vorhofft vnd vorsehenn
hetten, Aber gar vil anders denn sulch seyn erbietenn
gelawt, vnde sich denselben letzen nochgebut hat er sich
gegen vns gehaben vnnd erkennen lassen wann an alle
vrsache auch vnbewart vnd vnentsagt hat der Graue
von Zolern der seyn Hewbtman vnd derselben stabt vnd
Slosser so von vns zcu lehn ruhren, vorweser ist, vnd
die Inne hab mit sampt demselbin herzog hannsen, wey=
land Hertzog fridrichen von lignicz dazumal vnser Hewbt=
man vnnd annder dy vnzsern. Als sy vnßern feinden
den Schwarm so Herzcog Hans wider vns geworbenn
vnnd aufbracht, vnnd auff vnßern schaden In Glo=
gaw zcu Im hett Inbrengen wollen entgegen gezcogen
seyn, in rugken geeylt, die selbin feind furgeschoben.
durchbracht. vnd den vnßern so vil irniß vnnd hinder=
niß gethan, das sy ant In nicht haben zcusamen ko=
men nach sy als wol hett gescheen behaltin mogenn Sich
auch des nit benugen lassen Svnder als die selbenn Be=
heim zcu rugk dennoch weder heym geiaget worden seyn
vnd In keyn hoffnung mer dann durch den gnanten
Marggrauen In Glogaw zcu komen gewesen ist, Hab
er sy darnoch durch dy herschofft Stet vnd Sloßer, die
als obgemelt ist. von uns lehen seyn. nicht allenn zci=
hen lassen, Svnder auch drInn behawst vnd enthalt=
ten, vnnd In auffs leczt wider vns so vil hulff zcu=
schub vnd beistands getan, das sy vff vnßern schaden
dennoch In glogaw komen seyn, wie gar zcnmlich gut
vnd recht sulchs ist vnd wie sich das eyner frontschafft

N 2   glei=

gleichet ob wir des auch nutz aber schaden enphangen
haben, muget ir wol ermeſſen vnd wie wol wir In dor:
vff ettwofft durch ſchrifften auch botſchafften, das er
vns gnanten von Zolern als en anfenger diſer ding diß:
halb In ſtraff ſchicken, vns auch wmb des begangen
vnrechts abtrag wendung wederkervng thvn wolte erſu:
chen haben laſſen, Er ſich auch Dorvff irboten hat ſei:
ne Rete deßhalben zeu vns zeu ferttigen Haben wir
etwelange dorawff geharret vnnd In zeuuorſicht er wur:
de ſich dermaſſen doreyn ſchicken. das wir vorgnugit
wurdenn, vns auch furtter keyner feintſchafft nicht ke:
gen Im vorſehen dorſſten mit der Tat, wie wol es die
billichs langeſt daentgegen gebraucht haben ſollten, gut:
lich ſtill gehaltten vnnd vil libes frvntſchafft dann den
krieg gegen Im ſuchen vnd nehmen wollen So vns
aber noch langer bite nichts dorauff wir vns verloſſen
vnd glouben ſetzen hetten mogen von Im begegent iſt,
er ſich ouch als wol zeu gebencken iſt, nit dorvmb, das
er ſich gegen vns friblich haltten Svnder was newes
vns zu widerwillen anheben woltt weitter bey vns vn:
ßerm lieben brueder vnd fronde dem konige vonc Be:
heim wmb voreynigong vnd puntnuss weder vns vor:
ſucht vnd beworben Als deſſelben vnnßers lieben brue:
ders vnd frvnds des koniges von Beheym kantzler ſolchs
offenlich vnd vnvorhollen vor meviglich. Hie von Im
geſaget vnd außgeben hat wir vns als ir ſelbiſt vorſte:
hen muget, awß anzceigen berurter vngeborlichen wi:
der vns begangen hendl vnd bintniß, die als itzdt ge:
meldt iſt keyn frvntſchafft nochs guts Sonder nur krieg
vnd widderwillen, gegen vns anzceigen. mit ſorgen vnd
vnſtatten geweſen, vns da entgegen bei der zceit nit

zcu

zcu bewaren, vnd haben beßhalben nit an groß vrsach.
Die eyn yder vorstendiger nach gestalt des handels wol
zcuschetzen hab, Als dorzu gedrungend bißelang vns
vmbe das beschehen von Jm zcu gnugen abtrag wen=
dung vnd wiberkerung beschicht vnd wir gemelter vnd
vnder praenißhalb das er der furan keyne weder vns
suchen machenn noch auffnehmen noch sich anders dann
frvntschafft liebs vnd guts gegen vns gebrauchen wolle
von Jm vorsicher, seyn fiend werden mussen, doch nit
der meynung das wir weder ichts das dem Romischen
Reich zcugehort dann was sich vngeuerlich durch fur=
trung begeben mechte. sein noch thvn Svnder allein
vnßers schadens von den Sloßen vnd Steten die vn=
ßer lehnschafft seyn vnd von dehnen vns solcher schaden
zcugezcogen ist, bekomen wollen, das haben wir uch
vnuorlvndt nit willigen laßen, aufft das ir des Han=
dels wissen habt mit vleiß begerende, ob der anders
dann diße vnnßer schrifft Jnhelot vns zu vnglimpf Jn
euch vnd ander des Heilgen Reichs vorwanten getra=
gen wurden dem keynen glauben zcugeben Nach euch
dorvff zcu ichte wider vns bewegen laßen Wellen wir
wit gvnst vnd gnaden gegen vch irkennen Geben zu
Wienn am Sontag Esto mihi. Anno Dni rc. rc. 98.
vnnsser Reiche des Hongrischen Jm rrij. vnd des beh=
mischen Jm zcwenzcigsten Jare

Ad mandatum Dni Regis.

Den wolgebornenn vnnßern besvnndern liebenn ben
Grauen von Anhalot.

N 3   4. Land=

4.
Landfrid der Schlesien. 1435.
Ex Copia.

Von gots genoden wir Conrad Bischoff zcu Bress=
law Bulko hertzog zcu Oppol Johannes sein Son
Bernhard hertzog zcu Oppol ludwig hertzog zcum Brig
Johannen hertzog zcum Sagen Conrad kenthener Con=
rad der wyße Conrad der Junge Dützins orbins her=
czogen zcur Oelse. heinrich hertzog zcu grossen Glöge
ludwig hertzoge zcu loben wenczlaw hertzoge zcu Trop=
paw mit seinen brudern den Jungen vnd Niclas her=
tzogk zcu Ratthevar mit wenczlaw seynen bruder (1)
wenczlaw hertzog zcu Tesschen mit seinen bruder, wen=
czlaw vnd syne brudere zcu awswiczen alle fursten yn
Slesien mit sampt desin noch geschriebin Edelin vnd
weysin Olbrecht von kuldicz hewptman der furstinthum
Swidnicz vnd Jawer manschaft Rathman vnd Ste=
tin do selbist mit iren zcugehorunge manschaft Rath=
lewtin der Stat Breßlaw manschaft Rathmañ der
Stete Namslaw Newenmarckt vnd Auryß Tirlick (2)
hewptman zcu Glocz manschaft Rathman der Stat do=
selbist mit Sampt monsterberg vnd frankenstenn ! vnd
yrer manschaft vnd der Apt zcu Brüne (3) Bekennen
in desem offin briffe allen den die ym sehn oder horen
lesen

(1) Beim Sommersberg lautet es also: Wenczlaw hertzog
    zu Troppaw mit seinen brüdern, Niclas vnd wenczlaw
    Hertzoge zu Ratibor.

(2) Dieser Name fehlt beim Sommersberg, weil er vielleicht
    undeutlich geschrieben war, und steht dafür; Aures — iz.

(3) S. hat noch: mit der Stadt daselbst.

lefen das der allirdurchluchtigifte furfte vnd hirre hirre Segemunt Romiffcher keyfer zcu allin ezeitin merer des Reichs vnd zcu vngarn vnd zcu Beheme ꝛc. ꝛc. konigk vnßer allir gnedigifter liber hirre fenne achtbar fendebothen (4) dy Edelin her Niclas von Blabin Ritter vnd hannus Nefchborn (5) von Biffchofwerbe, zcu gefchickt vnd gefandt hat dy fennen genodin meynnunge brifflich vnd muntlich an vns brocht habin das feyner genode noth vnde begerunge fey das wir vns vor einen vnd vorbinden fullin zcu eynen lantfrede got zcu lobe feynen genodin zcu dinfte, vnde wolgefallin vns felber vnde defin landen zcu fchotze vnd zcu fchirmunge Dor uff fey wir eyntrechticlichin eyue worden noch fulcher feyner genodin befelunge als feyner genodin getrawe vnde gehorfame furften vnd vndertanen vnd habin mit gutem vorrothe vnßer Eldiftin manne Rethe vnd gemeyne der Stete vns geeynit vnde vorbunden, eynen vnde vorbunden zcu eynem rechten landfrede yn krafft defis briffis das wir mit enander mit aller vnßer macht vnd vormögen getrewlich Rothin helffin vnd bey fteen fullin, vnde wellen vnfrede vnde gewalt vnrecht zcu wedir fteen vnd mutwillen yn gehorfamekeit zcu brenzgin, von eynen itzlichin der ym am gleichin vnde rechts nicht wil loffin genuge, der lande befchedige nemelich, alfo ap ymant were dy zcu den landen gehören oder nicht, der do fchulde hette aber habin welde vnder vns zcu ymande aber keynerley (6) anfproch vorneme, Is wer vmb erbe güttir aber ander fache, der fal das fortern

N 4

(4) S. Stände Räte, nichts anders als Sendebothen nur falfch gelefen. (5) S. hat Mafchborn. (6) S. hat einerley.

bern vnd lawtpern (7) vor ben furſten Steten aber
gerichten bor ynne by ſchult (8) gelegin vnde gewant iſt,
Ab bas by herren Stete aber Richter ſelber nicht an=
langet, ſunber was ſchulbe vmb ezinſe uff weberkoffen
wern, bas ſal man halbin noch ber briffe lawth Sbſt
ſal man eyn yber man, wen is anlangit beS rechtin
gunnen vm zcu ſtaten an argf (9), wer is aber ſache,
bas ber furſte hirre Ritter aber knecht (10) ben anclager
beS rechtin wegirthen vnb nicht enbithen, aber nicht
recht tetin yn achtzehin wochen noch enanber folgenbe
bem vor zcu komen vnb wo ſich ber ſelbige webir ſynes
rechtin bitelagen vnbe birhornn mag (11) Haben wir
vns vorbas voreynt, vnbe eynen hewptman des lanbe
fredis birforen vnb irwelt, kyſen vnb birwelin kegin
norticlich mit beſim briffe ben Erwirbigen Jn gote va=
ter hern vnb hochgebornen furſtin hern Conrab biſſchof
zcu Breſſlaw ben wir bor ezu habin vnb halbin wellin
Is wer benne ſache bas her borch merklicher ſachen ge=
brechin willen (12) borbey nicht bleyben konbe aber abe
ginge von beS Tobes wegen bas ſal beſinn laubfrebe
nicht hinberniſſe noch ſtorunge brengin, Sunber wir
ſullin mit gemeynen rothe eynen anbern hewptman ky=
ſen vnb ſetczen zcu vnſters gnebigiſten hern des keyſſers
willen Alſo bas beſir lanbfrebe vnb bunth vnuorrucket
bleibe vnbe ſal ſteen gantzer Jar bier nach enanber fol=
ginbe, bemſelbin hewptman ber izunt iſt aber benne

ſeyn

(7) lawtper, erlautern, S. hat bas neuere Wort lautern.
(8) S. bie guter unb ſchulb gelegen. (9) an arg fehlt
beim S. (10) S. hat nach: Stabte ober Richter.
(11) S. hat: erholen Macht haben. (12) S. umb merk=
licher Gebrechen willen.

feyn wirt, Globen wir alle bey vnßern rechten trawen
vnd Eren bey zcu fteen zcu helffin vnd zcu rothen vnde
gehorſam zcu ſeyn alſo das hernoch benant wirt, zcum
irſten wer alſo nicht rechtis bekomen mochte vnde wor=
be des clagin dem hewptmanne zo ſal der hewptman
das teyl beſenbin das do angeclagit iſt vnd ſich birfa=
ten ap der anclager alſo rechtlos geloſſin ſey, were is
denn alſo, ſo ſal ym der hewptman beſcheiben vor den
buncz des landfrebes vnd vor dy die bortzu gekorn wer=
bin yn nehſtin ſechs wochin vnd dornoch noch ſchulbe
vnd antwort awſproch thun. In den andern czwelf wo=
chin nehſte volginde Alſo das dy ſache yn achtczehn wo=
chin geancz werde, vnd wer den awſproch nicht welbe
ober werde halbin zo ſullin vnd wellin wir eyntrechtcli-
chin vnbe getrewlich noch irkentnis des hewptmans vnd
der dy borczu gekoren ſeyn helffin das vngehorſam Teil
borczu zcu brengin vnd zcu ſtroffin (13) das her gehor=
ſam ſey vnd rechte thu vnd was der hewptman borczu
hulffe vorbirt von eynen ydermann von vns noch ſey=
ner anflage ym zcu ſenbin dy ſal her borczu ſenbin uff
ſeyne eigen koſte czerunge vnd ſchadin an offczoge alſo
dicke als not ſeyn wirt, vnd worde is bor ober not ſeyn
das der hewptman mehr hulffe borffte czo ſal yderman
mit gantzer macht volgen als der hewptman befelin wirt
Wordin ouch wir furſten vnter vns icht czwetracht aber
ſchulbe zcu ſammene haben worvmme das wer, das ſal
eyn yderman dem is not tut brengin vor den hewptman
Ꞃ 5   vnd

(13) Bei S. heiſt die Stelle alſo: Alſo das die Sache in
achtzehn Wochen geendet werden und wer denn baß er
gehorſam ſei ꝛc. ꝛc. Es ſind alſo einige Zeilen ganz weg
und die Stelle hat keinen Sinn.

vnd vor den bunth vnd sal sich do, nach schulde vnde nach antwort lassin dir kennen vnde scheiden, Ap der hewptman (14) vnd der bunth des selber nicht finden mochten, so mogen sy das holin lassin uffir beider gelt do sy das ezu roth werbin, vnd was denn doruff vor recht gesprochen wirt der an sol ym eyn yderman lassin genugen vnd dor webir nicht thun mit sede noch mit rothe yn keyer weyse, Duch sal nymande der lande beş schediger hawsen hofin furbern vertigen noch gleite gebin yn keyner weyse, zunder wo schedeliche lewte bey eynen ydermanne yn seynen gebythen slossin Steten dorffern aber andirswo funden worbin zeu den sal man des rechs ten helffin, wer das nicht thun welde, aber there den sal der hewptman dor vmb beşern, (15) noch des bunş des dirkentnisse Auch ap ymant welde aber werde dorş ober von keynen (16) slosse hofe aber feste aber aws Steş ten beschedigen aber sulche schebliche lewte hegen in welş cher Stat slosse veste oder hofe merkten aber dorfş fern (17) dirfunbin worbin, dy sal man von staden an berynnen mit des Hewptmannes hulffin vnde des bundş nis (19) vnd sal dy feste belegin vnd von danşen nicht czihen man habe denne dy veste gewonnen, vnd geş brochin wy man des den zeu rothe wirt, Duch sal nyş mant Inwennig den landen (19) noch awswenig den landen krige an sloen an des hewptmans vnd des bunş dis roth vnd wissen Sunder worde ymant vns aber dy vnsern land aber lewthe an greyffin aber beschedigen mit

eigeş

(14) S. oder.   (15) In meiner Kopie hat eine neuere Hand
beşern in büşer verwandelt.   (16) S. einen.   (17) bei
S. fehlt aber dorffern.   (18) bei S. stehet mit gemeiş
ner Hulfe der Bundes   (19) bei S. fehlt den landen.

eigener gewalt zo ſullen wirs den vnßern zcu wiſſen (20)
thun vnb den vinden wedir ſteen noch des hewptmans
vnbe des bunbnis irkenntniſſe mit gantzen trawen an
argk Duch ſullen alle vorbingete dorffer vnb guttir gantz
gefreyt vnbe der vorbingunge gancz loz ſeyn von eynen
yberman, vnbe nymant ſal vorbas eyns anbern gut be=
ſweren vorbingen noch beſchebigen dorch keyner ſachen
willen yn keinerley weyſe vnb eyn yberman ſal gebru=
chen des rechtin, vnb wer alſo weder das rechte tete,
mit dewbe rowbe aber anbern ſchebelichen bingen wy dy
wer (21) vnb eyn iczlicher beſunber yn vnßern guttern
aber pflegen funben vnbe gehaben mochten dy ſullen vn=
be wellen wir ſelber laſſen uff nemen vnb das recht mit
ym begehn an anruffunge des bunbes (22) wo aber yn
welchin enben das geſchege, zo ſal eyn ybermau is ſey
furſte ritter aber knecht Stete aber dorffer dy das vor-
nemen aber angerufft werbin getrewlich volgen zcu roſ=
ſe vnbe zcu fuſſe noch iren beſten vermogen an argk dy
beſchebiger hindern vnb uffhalbin mit leibe vnbe mit
gute das ſal ſich nymant ſchotczen mit gutlichin geſchef=
te mogeſchafft (23) aber anber hel frebe, worbe ouch
ymant vnber vns vmb gewalt aber vnrecht vor dem
hewptman vorclagit demſelben vorclagitten ſal der hewpt=
man beſenbin vnbe vorbeſcheiben vnb ſeyn antwort do
webir hören vnbe das richten noch birkentniſſe des bun=
bes wer eyn ſulchs vorſucht vnb borczu (24) nicht ko=
men welbe als ym beſcheiben was an rebeliche helfrebe
dem

(20) S. hat Hülfe thun. (21) anſtatt wy dy wer hat S.
die wir (22) bei S. ſteht noch: würd auch iemand ei-
nen Zuſpruch thun in den Landen dieſes Bundes. (23)
d. i. Verwandſchaft. (24) S. anſtat vorzn, trozte.

dem ſal der hewptman in dy Ochte thun, vnd kundi-
gen laſſin noch rothe der, dy von dem bunde derczu ge-
geben ſynt vnd wer denne dy ſelbigen vor ochtigitten
lewte hawſen hegen worde (25) aber fertigen worde der
ſal nn der ſelbigen Ocht ſeyn, dorczu ſullen (26) wir
gemeynnlichen helffin vnd rotin ſulche echtir noch yren
rechte zcu twingen Ouch ſal kein fürſte Stete oder land-
lewte keyn ſunderliche eynunge noch bunde habin noch
machen dy do weder vnßern gnedigiſten hern des keyßers
lande vnßern landen aber deſim landfrede zcu ſchaden
were Qweme is dorczu das ſloſſer, deſtin ſtete vnde
merckte gebrochen worden als oben genant iſt, ſo ſal
man das mit den guttern dy dorczu gehoren halbin vnd
do mit thun nach des hewptmans vnd des lantfredis
dirkentnis Ouch ap ymant vnder vns dy czu deſim lant-
frede gewillet habin als ſy oben genant ſynt yr eigin
ſegil nicht an deſin briff wellin aber wordin hengin bey
czehn Tagen nehſt nachfolginde alſo ſy des irmanit wer-
din, wer der were furſte aber Rethe der lande vnde
Stete, der ſal vor vallen ſeyn czehn tawſent ſchogk be-
hemiſcher groſſchen dy eyn hewptman des landis (27)
vnd der land frede mit macht an im fordern vnd yn
manen ſullin an yrem gute vnd habe vnde ſullin do mit
thun nach gemeynnen rothe des lantfredes, do mit ſal
doch deſir briff nicht gebrochen noch gekrenckit noch ge-
ſwechit ſeyn Sunder nn ganczer kraft vnd macht ſal
bleiben ſam (28) alle ſegil doran hängen, vnd dy an-
dern gehorſamen dy ir ſegil han angehangen ſullen be-
ſin

(25) S. lieſt fördern.   (26) S. hat noch, und wollen.
(27) S. hat des Bundes.   (28) als ob, S. lieſt: ſambt.

fin bunth getrewlich halbin vnbe volfuren dy bier Jar
vnuorruckt als oben genant ist, vnb sullen die ange=
horsamen dorczu twingen vnde dorczu brengin mit macht
vnb wy sy mögen das sy recht thun noch des landfre=
dis awsweisunge vnbe wer desin landfrede vnd bunth
vnber obgenanten (29) nicht getrewlich welbin helffin
volfüren mit leibe vnd mit gute vnb doran sterunge vn=
de hinbernisse machte mit vngehorsam dem hewptman
vnb seynem gebothin aber mit vorhalbunge seynis an=
slagis der hulffe vnbe bestendickeit des landfredes zo her
des irmanit werbe, ober den sullen vnbe wellen wir
getrewlichen nn der gemeyne helffin vnbe rothin vnb
czu seynen guttern, des wir vns itczunt offenbarlich
kegin enanber bewaren, vnb wollen den aber dy, an
weme das broch worben dorczu twingen (30) mit gan=
czer macht das her sulchin schabin gelbin vnb weber
awse richten musse noch des hewptmanns vnbe des land=
fredis irkentnisse Duch ap keinerley (31) sache vor den
hewptman vnb vor den bunth bracht vnb vnme recht
gebethin worbe, wy dy sachin bekant mochtin werbin
ap dy also clärlich nn desin brife mit namen nicht be=
nant wern das sal keyn hinbernisse brengin Sunber der
Hewptman sal vnb mag dy sachin vorhoren handeln
vnb richten mit den dy dorczu aws dem bunde gegebin
sint also volkomelich als ap is also nn dem briffe mit
namen aws gebrockt wer, vnb was der Hewptman vor
den gemeynen nutcz des landfredis irkennit furbirt vnb
gebewth

(29) S. hat: und wer unter uns diesen Landfrieden und
Bund nicht 2c. (30) Die ganze Stelle vnd wellin
den — twingen fehlt beim Sommersberg. (31) wieber
wie oben N. 6.

gebewth das wellen wir gemeynictichen halden vnde ge-
horſam ſeyn Ouch was von krige oder von namen ſich
vor deſim bunde irgangin hettin, das nicht erbe gut-
thir vnd geltſchawlt an langit ap ymant vmb ſulche
ding beruchtigit wer, ap derſelbe vnd wen das eurit
gnobin ſuchen worde an den hewptmane So mag der
hewptman mit des ſachwalden (32) wille denſelbigen
wol genode thun, vnd ap der Sachwalde vngewonlich
ſeyn vnd nicht volgin welde, So mag der hewptman
mit den by dorczu geforn ſeyn denſelbin wol genode
thun, vnd mit yn beſtellin das ſy das vorbas nicht wehe
thun, vnd was der hewptman thut do bey ſal es blei-
ben, Das wir alle obgeſchreben vnde ſtucke bünde (33)
vnd Artickel ſtete gancz vnd vnuorbrochin halbin vnd
wol furen wellin, bey vnßern guten trawen vnde eren
an alle argeliſt, des czu woren bekentniſſe habin wir
obgnanten furſten dornoch hewptleut man vnde Stet
vnſer Jngnſigel an deſin briff loſſin hengen das geſchehn
geſchreben vnd gegebin iſt zcu Breſſlaw noch Gotis
geborth xiiij hundert Jar donoch in dem xxxv Jar
an mittwoch ſente Mathei tage. (34)

(32) S. Sachen Wald. (33) S. hat Puncten.
(34) Beim S.: an der Mitwoch an S. Mathäi des zwölf
Bothen und Evangeliſten Tag.

5. Frie-

5.
Friedrich Kurfürst zu Sachsen und seine Brüder, wegen Otto Schenkens Fehde 1509.
Ex Orig.

Allenn wnnd Jglichen, Ganstlichen vnnd Wertli=
chenn Churfursten, Fursten, prelaten, Grauen
Franenn Hawptlewtten, Amptlewten, voigten, Er=
barmannen, Burgermenstern, Reten, der Stete vnd
gemeindenn vnnd sunst allenn andernn diß briues an=
sichtigen Embieten von gotsgnaden Wir Friedrich des
henligen Remischen Reichs Ertzmarschall vnnd Chur=
furst, Johanns gebrudere vnb George Re. Ken. mai. vnd
des selbigenn Renchs Erblicher gubernator Jn Fries=
landenn, gevetternn, Hertzogenn czu Sachssenn Lannb=
graffenn Jn Duringenn vnnd Marggraffen zu Menß=
sen, vnnser fruntlich dinst, vnb was wir liebs vnnd
guts vermogenn, allezeit czuuor gnade grus vnnd al=
les gut. Erewirdigistenn Erewirdigenn Jn got veter
vnnd hochgebornenn fursten, lieben Bruder, Ohenm
Schwäger vnnd Freunde, Wirdigenn Wolgeborne
Edel, gestrengenn vhestenn, Ersame vnnd wensenn,
liebenn Andächtigenn besonndernn vnnd getrawenn, Vnns
ist Jn vorzeitten manchfeldiger wense. angelangtt Wie
enner der sich nennet Otto Schencke von landesperg,
sich an vill orterrn habe horenn lassenn, wie er vnns
vnb den vnnsern vnguts czuwennden wolle, vnnd nach=
dem wir nichts mit nme Nach Er mit vnns, als wir
nicht annders wißenn czu schaffen gehabt, denn Allen=
ne enner vormennten forderung halbe, vonn hannsen
vonn Biberstenn seligenn guterrn, So wenlanndt der
hochgebornnen Furstenn herre Ernst Churfurst 2c. 2c.
vnnd

vnnd Albrecht gebrubere Herczogenn zu Sachssen ꝛc.
vnnser liebenn herrn vnd vater seliger vnd loblicher ge=
bechtnuss, Eines steten vnwiderruflichenn Erblichen
kauffs, Erkaufft haben, herrurende an denselben gu=
tern, dann gemelts Otto Schenck vater vnd volgende
seine Sune. Eines Zuspruchs vonn wegenn des Er=
bes vnd Erbrechts gegen vns In suchung gewest, der=
halbenn Inen an Etlichenn gehaltenn Tagenn, durch
vnnser Rete gutliche auch vberflussige Rechtliche Erbiet=
tenn, zu schlewnigen auftrage vorgewandt der sie aber
keynnes annehmen wollen, darauff wir vns vber solli=
che gutliche vorschlege vnnd Rechtliche Erbiettenn bil=
lich Eynes argenn, vnguts adder tetlichen vornemens
yrn halb zubesorgenn adder befahrn gehabt, Aber das
vnangesehenn, hat Sich gnanter Otte Schencke, mit
Etlichenn seinen helffernn vnabelich vnnd vnbewartt
seiner Eren vnderstandenn vber auffgerichtenn keniglli=
chen landfriben, auff vnsern Rat vnnd liebenn getra=
wen, hausen von Minckwitz Ritter auff der Herschafft
Sonnewalde, zu halten, In willen vnnd Meynunge,
denselben Nydderzuwerffen, vnd nachdem gedachter
vonn Minckwitz durch gute warnunge, des Innen wor=
denn, hat er czu vorkommung seines schadens dargegen
getrachtet, denselbenn Otto Schencken mit seinen helf=
fern In mergliche Antzall. In Eynnen halt nagst bey
Sonnenwalde darInnenn sie nahent Eynnen gantzenn
Tage heymlich gelegen, betretten vnd als wir bericht
seyn, also vberenlt, daß Er sich mit Ime gemenget,
vnd In sollichem gemelter Otte Schenck, als flüchti=
ger, Dietterichenn Rabnill Eyn gefengknus verspro=
chen hat, wollenn sollichs nicht weytter anzeigen dann
wir

wir vnns des vonn ben Jhenigen, so babey gewest, be=
richt beschehenn wie dann brey Ebellewte vnnd Ein
knechte dye bey Jme nybbergeworffen, barunter Eyn
Knabe gewesenn, vnnd nach vorhanden ist, besgleichen
Mattesponemans Jeßka genanbt, ber gebachten vonn
Minckwitz vorkuntschafft, vnnd bas Jtzt genannte ge=
stecket halt, bemselben von Minckwitz vnnd annbers Et=
lichenn annbern ben vnnsern vonn bem Schenckenn zu
vngutenn vnb schabenn vormeint, wellicher vollgenbt
auch nybergeworffen, vnb vonn vnns Enthalbenn wir=
bet, Ann alle nottigunge freymuttiglich thun bekennen,
vnb aussagenn, Vnnd nachbem Otten Schenck Jn bie=
sem seinem vnabelichen, vnEhrlichen vnb vnbewartten
vornehmen, nicht gelungen hat er czu beschenunge sei=
nes bosenn Hannbels, fur sich, ouch aus seinem be=
wegenn, mit Jme Curbe vonn Schierstatt Claus hol=
steynn, heinrich Schilling hanns Schwartzce, hiero=
nimus scheutzell vnnd Clemens borleben, Eyne ver=
meynte vnbillige rehbe gegen vnns vnb ben vnsern muth=
williglich vorgenommen. Jn bemselbenbe seinem Weh=
besbriue, thut Er Erstlich wie er vonn mehr bestymten
hansen von Minckwitz Ritter vberfallen vnnd nochfol=
gennbe bas er Dietterichen Rabiel Eyn gefengknis ver=
sprochenn vnb besselbenn mit vnbestenbigenn wortten
vorlewkentt, vormelben vnnd anzeigen, hat sich ouch
barJnnen vnberstanbenn vnns mit Etlichenn worttenn,
bye villeicht seins bebenkens vnns czu vermeynter
Schmehe, vnb verletzungen vnnsers furstlichen fri gs,
Reichenn solltenn, anzutastenn. Jn bem bas er vor=
wenbt, wie wir vonn bietterichenn Rabiell, haben
wollenn, ben Schenckenn als er bericht sey czu Manen,

O   vnnb

vnnd briue vber Jnen anzcu mit eynem Anhangk, wo
man Eynen vnenbelichen Jm hauffen hette fyndenn
mogenn Man hette Jme sollichs ouch auffgeleget, vnd
man muße Lewthe suchen, die Ehr nicht lieben ꝛc. ꝛc.
Sollichs anzceichenns wir got lob als Fromme Chur-
fursten vnd Fursten, vonn Otto Schenckenn billich ver-
tragen waren. Dann wir Jn bergleichenn vonn An-
deren hohenn vnd nybern stenden, dye Ehr mehr, dann
der selbt Ott Schencke lieben thun, solichs vnerfintli-
chenn bezcichtenns biss anherr verschonnet worbenn seynn
Wollenn vns des fals, vnnser vergangenn lebenn, bar-
Jnnen wir got lob nicht annbers dann als fromme Re-
girenbe Churfursten vnd Fursten, befundenn als wir
ban ouch czu got verhoffen, bis czu Ende vnnsers le-
bens hynforder befunden werben wollen Entschulbi-
genth laßenn vnter vnd nach sollichenn vngegrintten,
vormeynttenn Vrsachen, werbet Jn desselbenn Schenk
Otten Vehbes Brieffe, auch Ein vrsach seynner Veh-
be vonn Jme angezceigt als Ob Jme das seine vber
Etliche furschrifftenn. So Er bey Etlichenn Churfur-
sten Furstenn vnd herrenn an Vns ausbracht, gewal-
biglichenn vorgehalben werde, zceigt aber mit nicht an,
was Es sein muge. Vnnd wu Es dye als obsteht, dye
Bibersteynische herschäfft, belangenn were, borvonn
wir boch nit wissen solt von Jme mit vnbillich bebacht
seyn, Wie wir vns an Etlichenn gehaltenn Tagen, ge-
genn Jme vnd seinem brubern, burch vnnser Rete, Jn
der guthe, auch zu vberflußigen Schlewnigen Recht-
lichen austrag vor vnnser Rete vnnd nachfolgenbe, vor
koniglichen wirbe zu hungarn vnd Vehmen, Erbotenn,
vnnd keynnes billichenn geweigert haben, der aber keyn-
nes

nes vonn Jnenn hat angenommen werden wollenn,
doraus Eyn Jder vberlich zu ermessenn das gemelts
Orten Schennck vermeynnte Vehde, aus keynner recht=
lichen gegrunten abber bestenbigenn vrsachenn Sünder
allenne aus mutwillen vorgenommen biewenl vnns dann
zubedenkenn steht, das mehr gemelter Otto Schenncke,
bey hohen vnd nydern stenden vnns zu vnglimpff,
vnnd zuuormeinten fug, darthun, mochte, als Er
auff obberurtte gestalt gegenn vnns, zu seiner vehde
verursacht, wie Er dann mit keynnem glawbenn noch
grunt, darbringen mag habenn wir bedacht nicht vn=
noth zu seyn, gelegenheyt vnnd her Rurunge der sa=
chenn, auch anzuzeigen, wie wir dann Jtzt, als sich
Jn warheyt, nicht Anders helbet, nach der lenge bar=
gethann habenn wollenn Vnnd ist gegenn Ewern lie=
benn Churfursten vnnd Fursten vnnser frunlich bete
vnnd gegen Euch anndern vnnser gutliche begere, wo
mehr bestympter Otto Schencke Jchtes, vnns zu
diesenn sachenn zubeschwerung vnnd vormeynter vorle=
tzung vnnsers furstlichen Jugs gegen Ymandt vorge=
wendt hette, abber noch thun worde.   Jr wollet dem=
selbigen nicht weytter noch annders denn wie wir noch
der Lenge habenn berichtenn laßenn glawben zuwendenn
Jnem auch als dem Rechtsluchtigenn vnnd Friedebre=
cher nach Jnnhaldt des koniglichen landtsriedenn vnnd
vormuge der vorwanthnuss Erkennen, Achten vnd hal=
denn. Darzu Jn Ewern Furstenthumen, Grafschaff=
ten, herschafften vnd gebietten nicht hausen, hegen ad=
der vnderslaiffen nach nyemandts den Ewern gestattenn,
Sundern Ernstlich beuelhen wo Er mit seinem anhan=
gen helffern vnnd helffers helffernn, ankommen vnd be=

treten werdenn, dieselben als Friedbrüchtige zu Recht
anzunehmen vnnd zu befestenn Domit wir nach Jnhalt
des keniglichenn Lanndtfriedenn, gegen Jnen was Recht
ist, bekommen mogenn das wir vns der billigkeit nach
gentzlich vortrostenn Vnd wollen Es umb Euch Churs
fursten, vnnd fursten. Fruntlich vordynen vnd vor=
gleichenn Auch gegenn Euch annbernn gnebiglich zu er=
kennen geneigt seyn. Gebenn Czw Molhausenn am
Sonntage katherine der heyligenn Jungkfrawen Anno
domini rv͞ nono.

(L. S.)   (L. S.)

kurfuerstlich   fürstlich

6.

Görlitz an die Kurfürste.: vmb Schutz wider die
verzweifelten vnd verdampten Ketzer aus Be=
heim. Durch Matthes Geiselern aus Gör=
litz abgesandt. 1428.

Den Erenwirdigen Jn gote vatern den Jrluchten
hochgeborn Fursten vnd hrn, Hrn Cunrab Erczs
bischoffe zcu Mencz hrn Otten Erczbischoffe zcu Trier
hrn Dittherich Erczbischoffe zcu Colln ꝛc. ꝛc. hern lub=
wige pfaltzgraffen bey Reyne ꝛc. ꝛc. vnd herczoge Jn beyern
hrn herczoge zcu Sachssen vnd marggraffe zcu Mies=
sen ꝛc. ꝛc. hern Fribriche marggraffen zcu Brandenn=
burg ꝛc. ꝛc. vnd Burggraffe zcu Nurenberg alle des
heiligen Romischen Reichs kurfursten vnsern gnedigen
lieben hrn Adir Jrer gnaden Reten dy zcu Nurenberg
an sand Jorgen Tag vff dem Tage beyenander sein wer=
ben

den Empieten wir Burgermeister vnd Ratmanne der
Stab Gorlicz vnser vndirtenige vnd willige dinſte zcu
allirczeit bereit Erenwirdigen hochgeborn Furſten gne=
digen lieben hrn mit demutigenn fleiſſe bitten wir ewir
gnade zcu wiſſen das wir zcu ewern gnaden ſenden den
Erbarn mathis Genzeler vnnſern eidgenoſſen von ſul=
cher anfechtunge ſchaden vnd obirczogis der vordampt=
ten kerzer nachdem als wir, von vnſern gnedigen hrn
den Furſten In der Slezia vnd andern vnſern frunden
Tegelich gewarnet werden vnd auch von ſulches gelbes
wegen als denn von dem Erenwirdigiſten vnſern gne=
digſten hrn hrn dem Cardinali vnd ewern gnaden vff
dem Tage zcu Franckenfurd gerotiſlagit wurden iſt, vn=
ſern gebrechen vnd verterben von obirczogis wegen der
kerzer dorten allir ſachen an ewir gnade zcubrengen vnd
zcuſagen von vnſern wegen eigentlich vndirrichtet Eren=
wirdigen vnd Irluchten Furſten gnedigen lieben hrn
ſynt Ir denn von dem almechtigen gote als obirſte vor=
ſteher vnd vorweſer der heiligen Chriſtenheit dorzu ge=
ordnet vnd geſaczt ſeit vnd dorvmb ſo biten wir ewir
Furſtliche gnade mit vndirtenigen vnd demutigen fleiſſe
ſulches ſeines gewerb vnd botſchafft von vnſir wegen
von Im gnediglich vffczunemen zcuerhoren, vnd vns
gnediglich dorvndir zcubeſurgen mit hulffe vnd Rath
nach ewir gnaden irkennen vnd wolgeuallen, das wir
von den vorczweifelten kerczern ſo Jemmerlich nicht vbir=
czogen noch vorterbit werden, das wollen wir den al=
mechtigen got vmb ewir gnaden langleben vnd wolge=
faren zcu Tage vnd nacht gerne beten vor vnnſern gne=
digiſten hrn dem Romiſchen ꝛc. ꝛc. kunige fleiſſiglich
dankſagen vnd vndirteniglich vmb ewir gnaden vnd die

ewern

ewern zcu allirzceit nach ganczem vnserm vermogen wil=
liglichen vordhnen.   Geben zcu Gorlicz am Sunna=
bende vor dem Suntage als man Jn der heiligen kir=
chen gotes singet misericobias dom. vnder vnserm Stab
Secret Anno zc. zc. rrviij=

(L. S.)

7.

Verbündniß der Herzoge zu Sachsen, mit dem
schlesischen Fürsten und Stänben nebst Ein=
schluß der Sechs = Städte und Lande gegen
die Hußiten. 1429.   Ex Orig.

Jn Gotis namen Amen.   Czu lobe vnd ere dem Al=
mechtigen gote seiner werden Muter der Hymel
Koniginnen Marien czu sterkunge dem heiligen cristen
glouben vnd allen cristengloubigen die Jn dissen enden
von den vorbampten Keczczern zcu Behemen mit mor=
be Brande zcustorunge vil Kirchen vnd mit Roube
grußamlichin vor gewalbiget, vnd hertlichin benotiget
werden zcu troste vnb zcu Dinste dem Allerburchluchti=
gisten Fursten vnb Herren Hrn Sigemunde Romischen
Konige zcu allen czyten merer des Richs zc. zc. vnb czu
Behemen Konige vnsern gnebigisten lieben Herren, ha=
ben wir von Gotis gnaden Friderich Herczoge zcu Sach=
sen vnb Friderich Lantgraue Jn Doringen vnb Mark=
graue zcu Missen vor eynen man an einer teile mit ben
hochgebornen Fursten ern, Conrade Bischoue zcu Breß=
law Herrn Lobewige zeum Brige Hrn Johanse zcum
Sagan hrn Conrade Centhener Hrn Conrade dem wißin
gebrudere zcur Olsen vnb czur Cosse Hrn Ruprecht vnb
Herrn

Hern Lodewige Gebrübere zcu Lobin vnd zcur Olen,
Herczogen In Sleſien, vnd den Edeln Geſtrengen
Tuchtigen vnd wolweiſen ern boten von Czſchaſtolawicz
Landen Mannen vnd Steten der Furſtenthume Breß=
law Swynicz vnd Jawwer vor einen man am andern
teile eynunge vnd vorbunteniße eynander getruwelichen
zcu helffen vnd zcuroten widder die vorgenanten Kecz=
czere zcu Beßemen vnd ire volleiſt (1) begriffen betei=
dinget vnd gemacht Eynen vnd verbinden vns in craft,
diſſes Briues vnd von Datum diſſes Briues vnd von
diſſen neſtkomenden ſente Jorgen tage vber eyn gancz
Jar vnſers gnedigſten Hern des Romiſchen 2c. 2c. Ko=
nigßs vnſern Landen vnd Luten an beiden teilen zcu
Beſchüczczunge vnd czu beſchermunge vnd die in Fribe
vnd in gemach zcu brengen vor yn mit der hulffe Gotes
des Almechtigen noch vnſeren beſten Vormiegen, Alſo
nemelich in weres da Got vor ſie der almechtige vnd
nicht gebe vnd vorhenge das die vorgenanten vorbamp=
ten, vnbe vorthumpten Kecxer die Sleſie mit macht
vberzcyßn würden vnd meynten zcubeſchedigen, wenne
banne die vorgenanten Furſten vnd herren Lande vnd
Stete in der Sleſien vns vorgenanten Hrn. Friberiche
Herzogen zcu Sachſen vnd Hern Friberiche Lantgrauen
In Doringen vnd Marcgrauen zcu Miſſen mit irer
redlicher botſchaft vnd Briuen by ſie vns gen miſſen
thun ſollten Jemanten vmb Hulffe yn widder die Kecz=
czere In eyn Felt zcu ſenden, das ſie vns benne benie=
men wurden wo ſie das gemocht hetten in der Schleſie
So ſullen globen vnd wullen wir ane geuerbe vnd len=

D 4   ger

(1) Helfer.

ger ufczog in ben virzcentagen bie ſich mit bem Tage iter vorkunbigunge anheben vnb nach einander volgen werden Tuſenb woel beſaczter Pferbe reyſiges Geczuges uzrichten vnb In bie ſenben uf unſer eigene zcerunge vnb ebinthure (2) gein Liegenicz Alſo bas ſie in ben virzeentage bahin kommen aber zcwene aber bry Tage bornach ane geuerbe vnb In banne volgen ſollen in bas felb wo bes nottorft ſie wirbet In ben begriffen Lanben vnb in bem Felbe by yn zcu harren by wiele bas Felt weret, wer es aber Sache, bas bie vnſern in bie Sleſie gwemen uf eine Tagereyſe nahe ber Stat ba ſie vns bas Felt benumet vnb beſcheiben hetten vnb ſie banne in bem Felbe nicht weren. So mogen vnb ſollen by vnſern mit guten gelimpfe webbir keren mit guten eren vnuorbacht vnb uf bas mal bamite ben Bunt nicht gebrochen haben. Desglichen wibberumb weres ba got vor ſie vnb nicht vorhenge ab by vorbenanten vorbampten vnb vorthumpten Keczcere bas Lanb zcu Miſſen, bas vnſer vorgenanten Furſten beiber iſt mit macht vbercznhn wurben, wann banne wir obingenante Furſten Herre Friberich herczoge zcu Sachſen, vnb Herre Friberich lantgraue in Doringen vnb Marcgrauen zcu Miſſen bie vorgenannten Furſten heren Lanbe vnb Stete in ber Sleſien mit vnſer rebelicher Botſchaft vnb Briuen bie wir ben Furſten gen Liegenicz vnb ben Lanben vnb Steten gen ber Swynicze thun ſollen Jemanten umb Hulffe vns wibier by Keczcere ehn Felt zcu ſenben

(2) ebinthure iſt bas franzöſiſche Risque, Unternehmung, wo Nuzen und Schaden auf ber Seite bis Unternehmens iſt. Hier zeigt es an, baß ſie von ben ſchleſiſchen Fürſten keine Entſchädigung forbern wollten, wenn es unglücklich abliefe.

den dar wir Jn danne benennen wurden wo wir das
gemacht hetten in dem Lande zcu Miſſen So ſollen vns
die obingenanten Furſten Herren Lande vnd Stete ane
geuerde vnd ane lengern vorczog Jn den virczentagen
die ſich mit den Tage vnſerer vorkúndigunge anheben
und noch einander volgen Tuſend wolbeſaczter Pferde
Reiſiges geczuges vß richten vnd vns die ſenden uff ire
engen zcerunge vnd ebinthure gein Dreßden Alſo das
ſie in den virzcentagen dahin kommen ſollen, adir zwe-
ne adir drie Tage darnach ane geuerde vnd vns danne
in das Felt folgen wo des nottorfft ſie wirdet in den
vorbegriffen Landen vnd in dem Felde bn vns behar-
ren bn wiele das Felt wert. Weres aber ſache das bn
iren Jn das Land zcu Miſſen gwemen uf eine Tage-
reyſe nahe der Stat da wir nn das Felt benumet vnd
beſcheiden hetten, vnd wir danne Jn dem ſelde nicht
weren So mogen vnd ſollen die iren mit guten gelim-
pfe weder keren mit guten eren vnuorbacht vnd uf das-
mal domidte den Bunt nicht gebrochen haben, Ouch
als wir Herre Friderich Herczoge zcu Sachſen vnd Herre
Friderich Landgraue Jn Doringen vnd Marcgrauen
zcu Miſſen, vnd bn obingenanten Furſten Lande vnd
Stete in der Sleſien an beyden teilen vns voreyet vor-
bunden vnd vorſchriben haben mit den Mannen vnd
Steten des Sechs Lande vnd Stete Alſo weres Sache
da got vor ſie das ſie die Keczere ubercznhn vnd vir-
gewelbigen welden, das wir Friderich Herczoge zcu
Sachſen vnd Friderich Lantgraue Jn Doringen vnd
Marcgrauen zcu Miſſen, mit unſer macht gen Budiſ-
ſin komen vnd ein Feld da machen ſollen vnd wir Fur-
ſten Lande vnd Stete in der Sleſien mit vnſer macht

gen Görlicz komen vnd euch eyn Felt da machen sellen,
weres aber das by Keczczere vor Budiſſin legen Alſo
das wir mit vnſer macht dahin gen Budiſſin nicht ko=
men konden vnd besglich ouch ab die Keczczer vor Gor=
licz legen Alſo daß die uß der Sleſien mit irer macht
dahin nicht komen konden So ſollen vnd gleben wir
obingenanten Herre Friderich Herczog czu Sachſen vnd
Fridrich Lantgraue In Doringen mit vnſer macht czu=
rucken vnd czukomen by Biſchofeswerde, vnd wir vß
der Sleſie mit vnſer macht czurucken vnd czukomen by
den Luban vnd in den Felde ye czubeharren bys das wir
einander Botſchafft gethun mogen wo wir czuſampne
komen vnd gerucken An welchen vnder vns beiden tei=
len das bruch werbe das got nicht gebe vnd alſo als vor=
geſchribin ſtet nicht qwemen So ſall das ander teil den
vorgenanten Landen Mannen vnd ſteten der Sechsſtete
getruwelichin das ander teil helffen dermanen by tru=
win vnd eren bys das In darumb vzrichtunge geſche=
ge, Ouch iß beret vnd beteibinget Nemelichin Alſo welch
teil dem andern In ſyn Lant czu dem Felde die Hulffe
vnd volge mit here thun wirdet dasſelbe teil ſal vnd
mag ſpiſe notturft vnd futer nemen In dem Lande bo
es demen Hrn czu hulffe komen iſt vnd die Folge ge=
thon hat Aber mit namen nymant ſal plundern noch
nemen das er weg furen ober triben wolde ane arg So
ſol ouch das teil in des Lande danne das Feld gemachet
wirbet in den Steten vnd ouch in den Felde allerlie
nottorft bequemer kouf ſeczczin vnd Ibermann fry czu=
backen czubeſtellen vnd by ſtraßen uffen behalben als das
woel billich vnd recht iſt. Vnd wenn ſie banne alſo in
gotis namen czuſampne in das Felt kommen So ſollen
wir

wir obingenannten Furſten Manne Lanbe vnb Stete
in diſſen vorbuntenijſſe begriffen noch guten Rate eꝫnen
frien margkt laſſen ruffen vnb ben ḥertlichin ꝫcu vor-
teibingen vnb ḥantḥaben baß er wirbiclichin geḥaltin wer-
be vnb baß alle vnb icliche ſtucke punckte unb articfele
biſſer eꝫnunge vnb vorbunteniſſe von unß vorgenanten
Friberiche Ḥerczoge ꝫcu Sachſen ꝛc. ꝛc. vnb Friberiche
Lantgrauen Jn Doringen ꝛc. ꝛc. ſtete feſte vnb vn-
vorbrechlichen geḥalben werben ſollen baß gereben wir
bꝫ vnſern Furſtelichen Wirben ane geuerbe vnb beß czur
Orkunbe vnb merer ſicherḥeit ḥaben wir bebe vnſer In-
ſegele ḥierane ḥengen laſſen. Gegeben nach Chriſti
Gebort Virczenḥundert Jar vnb barnach in ben Newn
vnb czwenzigſten Jare an Sontage nach Vincentii
Mart. (ꝫ)

(ꝫ) Unten ḥangen zweꝫ Siegel eins in rotḥen Wachß bar-
innen 5 Schilber in ber Mitten baß Sáchßl. oben ble
Churſchwerbter auf beiben Seiten 2 Lòwen, unten ein rechts-
ſeḥenber Àbler. Das zweite iſt bloß in gelbes Wachs ge-
bruckt unb entḥált baß Tḥùringiſche Wappen.

8. Lite-

8.

Literæ Sigismundi Reg. Polon. ad Gorlicen-
fes. 1521. Ex Autogr.

Sigismundus dei gracia Rex Polonie Magnus
Dux Lituanie Rufsie Pruffieque &c. Dnus et
heres.

Amati nobis grate dilectjJam fatis conftaré De-
bes uobis Turcarum Jmperatorem, fumma
vi et conatu Regnum Vngarie adortum, arcem
Sabacz intercepiffe. Byclohrad et Temeschwar
præcipua Regni propugnacula, et in prefens Ca-
pitaneis et prefidijs opportanis deftituta, omni
vi oppugnare quibus potitis, quod dnus deus
auertat, actum videtur de Regno illo vniuerso,
et prefertim minus nunc quam unquam alias ad
reprimendum tanto pofti inftructo, eo vero Re-
gno tam potente in discrimine conftituto, quis
non videt et alia vicina dominia et vniuerfam de-
hinc rem Chriftianam, hanc calamitatem fubi-
turam. Quare nos licet a bello prutenico,
quod magno impendio geffimus, nondum re-
fpirauerimus, Licet etiam Mosci et Tartari no-
bis nunc magis, quo magis videtur commodi-
tus impændent, et prope fines opportunitatem
irrumpendj iam expectent, in his tamen diffi-
cultatibus noftris, et quod in celerj et inopi-
nato euentu, præftari a nobis tumultuarie po-
tuit. Mittimus fuppecias fereniffimo domino
Nepoti noftro ac Reguo ejus Vngarie, et vos
omni

omni ſtudio rogamus vt ad ſuccurrendum quam
celerius Regi ſuo Regnoque vicino, arma capia-
tis et occurratis, ac ad arcendum tantum diſcri-
men, quod licet paulo ſerius, certiſſime tamen
ad vicinos dehinc ad reliquos permanaret, omnes
vires intendatis, facturj pro veſtra virtute, et
prudencia, proque communi re et ſtatu ipſius
ſereniſſimi Regis veſtrj, de quo non minus agi-
tur quam de his qui iam naufragium paciun-
tur. Sed credimus vos in tanto negotio ex
cuius euentu, vita, honor et ſalus tam Regis
quam omnium ejus ſubditorum dependet mul-
tis admonitionibus non egere. Datum Craco-
uie die XXII Menſis Julij Anno Dni. M⁰ D⁰ xxj⁰
Regni vero noſtro quintodecimo.

Commiſſio propria Regie
Maieſtatis

Inſcr.

Amatis Proconſulibus et Conſulibus Ciuitatis
Gyerlicenſis nobis grate dilectis.

9. Johan⸗

9.

Johannes Königs in Böhmen Privilegium über die Lehngüther der Bürger in Görlitz 1329.

Ex Autogr.

Johannes dei gracia Bohemie Rex ac Lucenbur-
genfis Comes ad univerforum noticiam teno-
re prefencium volumus peruenire Quod nos ani-
maduertentes grata fideliaque fervicia noftrorum
fidelium dilectorum ciuium ciuitatis gorlicenfis
quibus in confpectu regio quam plurimum com-
placere curaverunt volentesque premifforum con-
templacione eis munificencie noftre dexteram ex-
tendere liberaliter quatenus freti noftris regali-
bus prefidiis ad noftra fervicia fe erigant ferocius
in futurum hanc graciam duximus faciendam quod
nulla bona feudalia ciuium noftrorum predicto-
rum gorlicenfium que nunc habent vel habere
poterint in futurum que bona vulgariter *lenguter*
nuncupantur per mortem feu aliam, caufam
quamcunque in diftrictu gorlicenfi ad nos devol-
venda in perfonam vel perfonas aliam vel alias
illo adhuc vivente cujus bona talia effe nofcun-
tur transferre concedere vel donare volumus nec
debere absque expreffa licencia et voluntate bo-
na talia feudalia poffidentis   Et fi fortaffis quod
abfit ex oblivione vel alia caufa quacunque bona
feudalia dictorum civium in diftrictu gorlicen-
fium vt premittitur in perfonam aliquam trans-
feremus vel transtuliffemus exclufa condicione
pre-

pretacta auctoritate presencium decreuimus et
volumus, quod hoc nullius debeat esse roboris
aut momenti, sed penitus irritum vanum et
inane harum nostrarum testimonio literarum
quibus sigillum nostrum est appensum. Datum
wratislavie sabbatho proximo post diem beati
Jacobi Anno Dni. Millesimo treceтеsimo vige-
simo nono.

10.

Nickel Wellers Kundschaft seiner Gauckeley mit einem Röhrlein aus einem armlein eines vngetauften Kindes ausgegraben. 1492.

Vor allen vnd izlichen bekennen wir burgermeister
vnd Rathmanne der stadt Gorlicz, so vnd als
vns der erbare Rath der stad breßlaw vmb ein be-
kentniß wie sich nickel Weller bei vns gehalden hat
ersuchen lassen So befindeir wir daß gescheen sey
nach Crists vnsers hern geburt der minnern zal
Lxxxiiij Jaren das der gnante Nickel Weller mit
vnd neben nickel Jonen vnd seiner mutter, die er
In seiner behawsung gehalden vnd mit notdurft ver-
sorget hat, sich vnziemelichs vnd vncristlich handels
vndirstanden domit, das sie in einer schewne ein
vngetauft Tod kindlein vßgegraben, vnd von einer
rohren seines arms, die sie mit wachs vnd wey-
rauch von der osterkerczen gefillet, ein licht gemacht
vnd bey nacht domit gezawbert vnd gelucht haben,
Als sy denn solchs selbist igliches Insondirheyt bey
vns

vns an stab do is craft vnd macht hat bekant, vnd
wir auch soliches warhaft befundin haben. vnd wie wol
die gemelten mißehandler vmb soliches vncristenlichen
handels billig solten erliten haben, das wir Jnen gleich-
wol vmb heren vnd guter frunde vorbite wilen barm-
herczikeit irczeiget vnd sie nit der gerichte willen von
dieser Koniglichen stab vorwiset haben deß vrkund ha-
ben wir ꝛc. mit vnserm stab secret versigeln lassen ꝛc. ꝛc.
(1492 den 5 Febr.) Vnd wo der erbare Rath czu
breßlaw das geld, so von den vnmündigen kindern bei
vns vorwest, czu sich nehmen vnd die kinder vorsor-
gen vnd sich gegen vns vorschreiben will, das wir der-
halben von meniclichen anspruch bekomen vnd entladen
sein, wollen wir solch geld dem gnanten Rate czu
breßlaw genczlich folgen lassen.

VI.

Einige Urthel

der

Schöppen zu Magdeburg.

Aus einer großen Menge Urtheilen der Schöppen zu Magdeburg habe ich einige zur Probe aus=gelesen. Zu wünschen wär es daß die große Samlung, welche sich in Görliz befindet, wenigstens auszugsweise abgedruckt, und nach ihrem Inhalte ge=ordnet würde. Die teutsche Rechtsgelehrsamkeit wür=de einen großen Zuwachs, und manches annoch dunkle Recht und Gewonheit Erklärung und Aufläuterung er=halten, welches auch von denen vortreflichen Manu=skripten, die das Teutsche Recht betreffen, und daselbst verborgen und ungenüzt liegen, zu wünschen ist. Die=se Schöppen=Urthel, welche wie andre Urkunden ge=brochen, und auswendig durch einen durchgezogenen ledernen Riemen bevestigt und mit rothen Wachse be=siegelt sind, befinden sich auf Pergament geschrieben. Erst steht die Geschichtserzählung, wie die Sache er=gangen, nebst der Frage, was Rechtens sei. Unter diese Schrift schrieben die Schöppen zu Magdeburg ihr Urthel, und sezten oben über die Geschichtserzä=lung die Worte: Scheppen czu Magdeburg, gewön=lich. Manchmal befindet sich auch die Geschichtserzä=lung und Anfrage gar nicht dabei, sondern das Urtheil ganz allein.

Die wenigen Urkunden, welche ich ausgewählt habe, sind folgende:

1) Vom Jar 1416. das Einlager betreffend, und vor=züglich die Einmanung. Der Landvoigt der Ober=lausiz und die Sechs Lande und Städte waren in dieser Sache von dem Herzoge von Sagan Johan

dem

dem erſten, und den Herrn von Hockenborn zu Schiedsrichtern erwählt worden, und lieſſen ſich dieſes Urthel finden.

2) Vom Jar 1463. angemaßte Obergerichte betref= fend, in Seidenberg.

3) Iſt ein bloßes Schöppen=Urthel ohne die Urthels= frage, und betrift einen neuen zum vorgegebenen Schaden des Nachbars unternommenen Bau einer Mauer. Der Fall war in Lauban geſchehen, wo= ſelbſt ſich Richter und Schöppen an die zu Görliz wendeten, welche hierauf ein Urthel in Magdeburg einholten. Dieſes geſchah mehrmalen damals, wie man denn noch ein gedrucktes Beiſpiel in Schotts iuriſtiſchen Wochenblatt. S. 97. findet, der un= gedruckten zu geſchweigen.

4) Seidenberg war, wegen der angemaßten Oberge= richte in die Acht von der Stadt Görliz gebracht worden, und darinnen ſechs Jar geblieben. Im Jar 1469. zerſtörten die Huſſiten des Städtgen, einige Bürger wolten ſich aus der Acht ziehn, wand= ten ſich alſo an die Stadt Görliz, welche ſie in die Acht gebracht hatten, und dieſe holten ſich darüber 1470. ein Urthel, ob ſie die ganze Stadt oder ein= zelne Bürger aus der Acht laſſen möchten. Zu glei= cher Zeit fragten ſie an, was das heißt über quere Nacht, ein Ausbruck über den ſie ſtreitig waren, bei Gelegenheit daß ſie einem Gaſte ein Ding beſtel= ten über quere Nacht; und ob ſie an gebundenen Tagen pflichtig wären einem Gaſte Ding zu hegen. Auf beide antworteten die Schöppen zu Magde= burg,

burg, aber auf iedes befonders, weil fie niemals zwo
verfchiedene Sachen in ein Urtheil brachten. Es
ift immer ein fehr merkwürdiges Urthel vorzüglich
in der Lehre von der Acht.

5) Vom Jare 1462. Wer unterm Gerichtszwang ift,
braucht keine Bürgen zu fetzen.

6) Da nichts feltner ift als ein Urthel der Schep-
pen von Dona, fo will ich zum Befchluß noch eins
beifügen. Es ift das einzige, welches ich gefunden
habe, und überdiefes nur Kopie. Im vierzehnten
Jarhundert hat die Stadt Görlitz bisweilen, aber
fehr felten ein Urthel dafelbft hohlen laffen, welches
man daraus fieht, daß die Bezalung dafür fich in
den Rechnungen noch findet, fie find aber alle ver-
loren gegangen. Diefes einzige nur hat fich noch
in einer Kopie erhalten, die aber felbft fo vermodert
ift, daß ihr Dafein nicht lang beftehen kann. Die
Art und Weife diefe Urthel abzufaffen, muß bei
Ihnen beinahe befchaffen gewefen fein wie bei denen
zu Magdeburg.

I.

1 4 1 6.

Hinke Berke von der Duben Here czu der Leipen
ffoyt czu Lusicz vnde czu Budiffen.

Unfere fruntliche dinfte zeuuor Erfamen Wol wei-
fen befundern lieben Frunde Ewir Weißheit thun
wir wiffin, daß der Hochgeborne Furfte vnd Herre
Her Johanneff herczoge czum Sagan an eynem vnd

P 3　　　　　die

die Edelen Herren Er ffrederich (1) Er Hans vnd Er
albrecht gebruder von Hockenborn am andern Teile mit
guten willen des rechten vff vns vnd zcu vnns mechti=
cliche sint gegangen yn sulchin geschichten vnd worten
als hie noch steht geschreben.   Die Edelen heren von
Hockenborn die setezin yn Jrir clage vnd schreiben also,
Edeler lieber herre voyt vnd gestrenge erbarn vnd wei=
sin von landen vnd steten lieben herren vnd frunde, Als
wir ffrederich hans vnd Albrecht gebruder von Hocken=
born uff euch vnßer Sache vnd bruche die vns not thun
kegen Herczog Johansen vnd seine Burgen noch lawte
iver briue des wir auch eynne Abschrifft senden mechtigli=
chen vff recht awsczusprechen komen sein, zum irsten als
vns Herczog hans vnßer gelt uff Tage bezalt sulde ha=
ben, abir zcinse dovon geben, nw hot her vns des
houptgeldis nicht gegeben noch zcinse dovon zcu rechter
Zceit, des wir vnuorwintliche schaden haben vnd netmlich
ffunfhundirt schog Lrrriiij schog groschen, an czeringe
briefgelt botenlon, das wir awsrichten vnd beweisin wol=
tin, wie vns das vor recht gesprechen wirt.   Auch als
wir wol drey Jar gemanet haben, vnd vnns nicht
mochte gehalden werden zo weyst vnßer briff vs, wer
ab vns nicht gehalden wurde mit beczalunge des houpt=
geldis abir zcinse. zo salde vns herczog Hans mit sinen
burgen halden mit Jnleger vnd doraus nicht komen in
keyner weys, wir weren denne Houpt Geldes Zcinse
                                                             vnd

<hr>

(1) ffrederich. Dieses ff ward da gebraucht, wo wir ein gros=
ses F schreiben. So hab ich auch bb. ff. ll. anstatt B. K. L.
gefunden, z. B. in dem alten teutschen Liede, welches sich
im 11ten Stück des Deutschen Museum's von 1776. befin=
det, war der Zeilenanfang mehrentheils mit einem doppel=
ten Buchstaben, wenn es B. K. L. sein sollte.

vnd schaden gantz vnd gar beczalt. Nw wir denne von
nicht halden vnd Beczalunge wegen Houptgeldes Zcinſe
vnde Inlegers, douon wir vnuorwintlichen ſchaden
entphangen haben, Bethen wir euch dir kennen vnd
nach rechte awßczuſprechn ab vns hercog Hans mit ſinen
Burgen billichn beczalen ſullen noch awſweiſunge ewer
Brieue vnd Segil, Houptgeldes Zcinſe vnd ſchaden,
Wen ſie ſich des obir ever Brife lawt ſchutczen abir
weren mogen abir was Ir vor recht awſpricht.

Doweder der Hochgeborne Furſte vnd Herre her
Johaneſſ Herczog zcum Sagan nn ſiener Antwort ſet-
czet vnd ſchreibet alzo. Als wir Johans von Gotis
gnaden hercoge in Sleſien vnd Hern zcum Sagan vnd
ouch die von Hockenborn vnßere Sachen an euch Ede-
ler Er Hinke Birke Voyt zcu Budiſſin vnd zcu Lu-
ſicz ꝛc. ꝛc. Geſtrenge Woltochtige Erbirn vnd Weiſin
den manſchaften der Lande vnd Rethen der Stete Bu-
deſſin Gorlicz Zittaw Lobbaw Luban vnd Camencz alz
an vnße vorwilte gekorne Richtere komen ſynt, vns ſul-
cher Sachen vnd bruche zcu ſcheidene noch rechte Mu-
ten vnd biegeren wir Egenanter herczog Johans eyn
gewere von denſelben von Hockenborn ffrederichs hauſſe
vnd Albrechte eynen ytzlichen beſundern von vnſir ant-
wort, das vns die getan vordinget vnd vorwiſſet wer-
de alz recht iſt, wenn ſie nicht beſeſſen ſint in den Lan-
den, vnd dieſelbe Sache vnd Schuld andere Lewte von
irentwegen ouch zcu ſtet, vnd wollen eyn Recht gerne
irkennen loſſen, ab ſie vns die Gewere icht billichen alzo
ſullen voltzien thun vnd vorwiſſin, alzo was wir mit
rechte von en gelebigen, das wir das mit vnſſern Bur-
gen von den andern iren getrawen Henden abir wen die

P 4 Sa-

Sachen anlangen abir anlangin wurden ouch gelebiget
sien vnd bleiben billichir vnd er wen das sy sichs dir
weren mogen zcu rechte —— Noch der gewere wen vns
die als recht getan ist, setczin wir als benne die von
Hockenborn wedir vns ire Zcusproche ouch beschrebin ge=
antwort habn bie ir vns forder geantwort habt, doruff
ist vnßer kegenrede Ir habt vornomen das vnßer gelt=
brif ynne hat, nemlichen das wir die von Hockenborn
beczalen sullen zcum Grefensteyne abir zcu Sonnen=
walde, wohin sie kysen, haben bie von Hockenborn
vns noch vnße Burger keyne der Stete namhaftig in
iren Briffen gemacht vnd vns vnde vnße Burgen an
den gnanten Steten sie zcu beczalen ny vormanet, des
wir sy mit Iren eigenen Manebriffen vorczewgen, Son=
der sy haben vns wedir Got vnd rechte geschulden ge=
lestirt vnd verclagt, vnd vnße Burgen er denne sy vns
solchir stete eyne benant haben, synt denne nymand
schulbig ist noch gesacztin keiser rechte zcu bezcalin an=
ders denne siene globbe stehen So bethin wir euch noch
gotlichen rechte zcu birkennen alzo als wir von an sul=
che Stete eyne, als vnser Geltbriff awssagt nicht vor=
manet synt ab wir nw icht billich vmb sulche scheden die
sie zcu vns setzcin vnd clagin antwort lebig sein sullen
er denne das wir keynerley antwort doruff thun dorf=
fen vnd wellen des noch rechte gerne by euch bleiben.

Vnd forder alz sie setczen das sie drey Jahr gema=
net solben haben, vnd von deswegen furdern sie Houpt=
gelb Zcinse vnde schaden als das Gesecze von Worten
zcu Worten awsweiset, doruff ist abir vnßer Regen=
rede Wir habn in dem obersten Gesecze vmb den Scha=
den vnßer Regenrede getan So habn wir en ouch die
zcin=

zinſe, was wir en der ſchuldig ſynt geweſt ſie beczalet, die ſy von vns ufgenommen habin, des wir Jre zweit- briffe haben. Beſundern vnns das houptgelt, das ſy ſy an vns furdern noch Inhaldunge des Brieffs, als ſy meynen des wir en ſullen vorfallen ſein. Sprechen wir das vnſer Briff Lawt Inhelbet yn ſienen erſten Ge- ſetczen, das des houptgeldes Betzalunge an vnßern Willen ſtehn ſal, ab wir das nicht beczalen welden noch machten von deswegen meynen wir das wir en das houptgeldes nicht phlichtig ſynt zeugebn noch irem Wil- len, ſundir noch vnßern, als der Briff Inhelbet, vnd wer wol der leczte artifel, doruff ſy das Houptgelt furbern von uns Inehelbet, das wir ſellen beczalen Houptgeld Zeinſe, vnd ſchaden als obin geſchrebin ſte- het, meynen wir ſyn der artifel keyne macht mehr hat noch Inhelbet benne als oben ſteht geſchrieben, So ſullen wir ouch von deswegen vnßers geſreiete willen, als der Brief awſweiſet nicht vorkurczet werden, Sun- dir bey des Brieffs Lawte als geſchrebin ſtet mit meren rechte bleiben, denne das vns das ymand gefürczen möge, ſint das wir nicht vormanet ſynd, noch vnßer Brieff Lawte, vnd vns die Stete nach Lawte ires ſchult Briff nicht nahmhafftig gemacht, ſynt als wir, das obene yn vnßer erſten Setczunge ouch vorlawtet habn, Aller deß abgeſchreben kegenrede bleibin wir bey euch obgnante noch rechte. Hyrinne Bethen wir ewir Er- ſame Weißheit wenne wir das rechten vorbaß yn czu- uorſicht zeu euch ſuchen vnd begeren das ir vns vndir- richten wellet, was hyrynne noch ſo getan Clage vnd antwort von Rechtis wegen recht ſey, vnde vorſchreibt vns das hirynne vndir ewern Sigil das wellen wir

vmb

vmb ewir Weißheit fruntliche gerne vorbinen. Gege=
ben vnder Ern Hinken Berken Ingesigel vnde der Stat
Lobaw Ingesigel des wir Lande vnd Stete ieczund mit=
tenander gebrauchen noch Gotes geburt Vircenhundert
Jore dornach in deme sechezenden Jore an deme nech=
sten Montage nach Sancti ffrancisci

Ritter vnde Knechte der Landen Burgermei=
ster vnde Rotmanne der Stete Budissin
Gorlitz Zittaw Luban Lobaw vnde Camentz.

Hir vff spreche wir Scheppen czu Magdeburg eyn
Recht. Nach demalen der Hochgeborne vurste Her=
ezoge Johan Herre czum Saghen vnd sine Burgen des
besegelden Briffs vnde der schult dor Inne bekennen
vnd auch daz sy darinne gemanet sind, So erkennen sie
sich myt Rechte mit deme artikele daz sie dy Vecza=
lunghe in der czwiger Stethe enne globit haben czu be=
czalende vnd dar hen nicht ghemanet syn nicht gheschu=
czen noch behelffen, daz den von Hackenborn iren schul=
benern an iren gelde vnd czinse schedelich meghe sie mer
nach Lawte des schult Brieff, so lyt daz an den Sach=
walbigen vnd sinen Burgen ab sye das Houptgeld
abir dy czinse daruff vff sothane Tageczyt alze sie daf
globit habin wolle gebin, vnde habin sie der Veczalunge
der czinse vff solche Tage alze dy gelobit sint, nicht be=
ezalt nechgegebin vnd kennen dy von Hackenborn vnd
ire truwe hende Jenghen (2) schaden der reblich vnd
ghewonlich sie bewisin den sie von der czinse wegen ha=
bin getan Vir Wochen nach der Manunge des sint ene
dy

(2) Einigen.

dn Sachwaldighen vnd Borghen nach Lawte ires
Schult Briffs pflichtig czu geldin vnd widder czu ge-
binde Von rechts wegen Besegelt mit vnßm Ingeß.

Aufschrifft.

Dem Ersamen Gestrenghen Ritter vnd Knechten
der Lande vnd Vorsichtigen Wysen Luthen Bur-
germeister vnd Ratmannen der Stete Budissin
Gorlicz Sittaw Lubaw Lobaw vnd Camentz Vn-
sern Besundern guten Frunden zc. zc.

2.
1 4 6 3.

Vnsere willige dinste zcuvor Ersame vnd wolweise
bisunder gunstige lieben frunde Sich hat ein ge-
zcog Im Gorlitschem lande also begebin, das als ein
gebawers man In einem andern lande vnd gerichte ge-
wandert vnd gegangen ist sein em etzliche freutl gesel-
lin gefolget vnd en geiaget do er denn vmb frediswillen
In das gorlitsche Land vor en flochtig wurdin komen
ist vnd en doch doselbist Im Gorlitschen Lande obirgan-
gen gehawen vnd biß an den Tod vorwundt habin vnd
en also nohint by einen Stetchein Seidinberg gnant
Im Gorlitschen Lande haben legen lossen des sein etz-
liche uß demselbien Stetchein zcu dem vorwundeten
komen vnd en noch siner beger uffgehoben vnd gein Sei-
denberg gefurt do er denn einen etzlichen tag Innege-
legin gestorbin vnd begrabin ist vnd die Recht obir die
morder doselbist gesessin zc. zc. So denn alle obirste ge-
richte In lande vnd Stat In vnser Stat Gorlitz sulln
fulbrocht

fulbrocht werden dorumb alle vorwundte sich der Stat
Scheppen beweisin vnd auch alle In freuil adir von
vngeschichte getobt ouch In vnser Stat zeubeweisin fu=
rin vnd alle Recht begehen vnd nynbirt andirs Im lan=
de dorobir richten mussen benn alleine In den cleinen
stetchein vnd' mercften die ouch ir obirste gerichte also
ferre ir fluerzcewne wenden habin nw ist desir Tober
ußwendig des Stetchins ferre von iren fluer zcewnen
vorwundt vnd dornoch by en gestorbin dorumb als wir
meinen bilchen den vorwundten Toden man by vns In=
gerichte hetten sullen antworten vnd die Recht darobir
begehen nw vorstehen wir das dieselbinn von Seiden=
berg so derselbie vorwundte nach syner beger zcu en In
die gerichte gefurt vnd dornoch by en gestorben sey bil=
chen die Recht by en vorgenomen sulbin werbin meinen
vnd doran recht gethon hatten vnd wenn denn alle vn=
gerichte Im Gorlitschen lande begangin alleine die clei=
nen stetchein Innewendig Iren fluer zcewnen hindan
gesactz, In vnser Stat Gorlicz als Im houpt des
landes sullin gefordirt werbin vnd desir Gros frebe=
broch vnd freuil Im Gorlitzschen lande gescheen ist hof=
fin wir durch Recht noch vnßer Stat freiheit damite
begnabt den vorwundtin Todin bilch vnd von Rechtis=
wegin by vns beweist vnd die Recht by vns dorobir be=
gangin sulbin habin edenn sie obir den Toden vmb des=
willen alleine das er by en vorstorbin sey hatten die
Recht gehen lassen Bittin uch gar fruntlichih vns hy=
obir einen vorsigiltin Rechtspruch beschrebin zcusendin
wollen wir fruntlichen vorbinen Gebin am montage
nach Inuocauit vndir vnserm Stat Secret Anno ꝛc. ꝛc.
lxiij.

                                          Hir

Hir vff sprechen wir Scheppen zcu mogdeburgk
vor recht, Ist ein gebawers man In urem Gorlitschen
lande gerichte vnd gebiete von etzlichen freuil gesellen
obirgangen ouch sere gehauwin vnd biß an den tod vor-
wundet, das er nach etzlichen tagen davon gestorben ist
Haben denn dy von Seidenbergk do der vorwundte man,
nach seynem beghir Ingefurt Ouch gestorben vnd be-
graben ist, obir dy morbere dy recht selbist gesessen,
das sey also do mit, vmb solche tab vnd vorwunbunge
In dy vestunge gekomen vnd gebracht, das mochten sey
durch recht, nicht thun Sunder, man solbe dy mor-
ber vnd obilteter, In dem gerichte, dar dy tab vnd
vorwunbunghe an dem gebawers manne gescheen ist, irst
mit rechte vorbestet vnd yn dy vestunge gebracht haben
So mochte man denn mit sulchir vestunge den gnanten
mordern vnd obiltethern In andern gerichten nachvol-
gen vnd sey zcu rechte brengen Aber das der vorwunte
man nach seinem begher vfgenomen vnd zcu Seiden-
bergk Ingefurt dar auch gestorben vnd begraben ist,
dar vmb seint auch dy von seidenberg imhts pflichtig,
noch vorfallen von rechts weghen vorsigelt mit vnserm
Ingesigle.

3.
Scheppen zw Magdeburgk.

Vnserm fruntlichenn grus zuuor, Ersamen besun-
dernn gutenn frunde, So yr Vns zwyer part
gerechtigkeyt Whe dye von Luban ewre zugethanen freun-
de vnnd Nachbaren auch dorumb nach alten gebrauch
rechtlichen zu erkennen angesucht, Hanse Schittelet
burger zw Luban Cleger an eynem Vnnd Mats Arnolt
auch

auch mythwohner boſelbſt beclagter am andern teyle an:
langende, beſchryben geſant, vnd vns vmb vorbech:
tigkeyt wyllen, recht doruber zuſprechen gebeten habt ꝛc. ꝛc.
Sprechenn wyr Scheppenn zw Magdeburgk auff der:
ſelbigen obgedachten partte zugeſchickten ſchryffte vor
Recht, Ap woll hans Schitteler der Eleger ſeynen wyd:
derteyl Mats arnolden beſchuldigt vnnd anclagt, das
ehr ſich one Rath vnnd gerichte, auch yme dem Eleger
vmbewuſt ym Rucken, ſeyne Mawre In ſeynem Meltz
hauſe zubrochen, vnnd doreyn zwentzig ellen lang funffe
hoch vnd anderthalbe elle In dye teuffe der Mawr ge:
brochen, Vnnd alſo Nach ſeynem gefallen dem Eleger
vneben gemacht, Vnd vorhofft der beclagter ſolle ym
rechten ſchuldig erkant werden yme vor ſolchen fre:
uel vnnd zugefuget vnrecht abetragt vnnd vorwan:
delunge zu pflegen ꝛc. Dyrweyle dannoch Marts Ar:
nolt dem Eleger In ſeyn gewyſſen ſtellet das ehr yme
vom anfange ſeynes gebawes geſagt Vnnd den ge:
brechenn der Mawre gemeldet habe der Eleger ſolchen
baw In ſeyn anfang laſſen komen ane alle Inſage
vnnd wyderrede, Es ſey yme auch wyſſentlich ge:
weſt, Vnnd ſo offtmals yme belyber, ſey ehr dobey
vom anfange byß zum ende erſchynnen, vnnd do
wydder nyt ſeynem Wort gefochten ꝛc. Szo muß auch
derſelbige hans Schytteler dyſſes ſtucks halben welchs
yme der beclagter In ſeyn gewyſſen ſtellet vor allen
dingen ſeyn gewyſſen eruffenn vnd myt Ja adir Neyn
volfomene anthwurt thun, vnnd wan das geſchen, als:
dan geht doruber billich weyter was recht yſt, vnnd
alſe aber der beclagter dem Eleger an der Irrigen Mawre
keyner eygenthumbs geſtendig yß. Szo muſten auch
dye:

dyeſelbigen gbrechen, vom Rathe vnnd Bberkeyt dye
ſolchs zuthunde haben, beſichtigt werden, Vnnd wenn
alsdann der eygenthumb Nach geſchener beſichtunge von
rechte zu komen wyrt aber nicht, der geneuſt adir ent-
gildeß auch billich von rechtswegen Vorſigelt myt Vn-
ſerm Jngeſigell.

4.

1 4 7 0.

Scheppen zcu magdeburgk.

Vnnße willige dinſte zcuupr Erſame weiße biſunder
liebin frunde vnnd gönner. Dy von Seiden-
berg habin vor etlichn Jaren merglich wider vnnßer
begnadung vnnd freyheyt gethonn In deme das ſy
ein vorwundeten mann ußwenig iren ſlurczewnen uffge-
haben vnnd en by en begrabin vnd donoch dy gerichte
obir dy obilcetter vnnd freueler geſeſſin habin So ſy
ben verwundten aber geſterbten In vnnßer Stat ſul-
ben gefurt haben eu gerichte vnnd Scheppin loſſin be-
ſehin noch vnnſer Stat alß hewpt des lands begna-
dung, dorvmb wir ſy uff dy zceit gehenſchin vnnd In
dy Acht gebracht dorJnn ſy bis Jnns ſechſte Jar ge-
legen habin So denn Jm verloffin Sommer dy ketzer
mit heris krafft In dy lannd vnd ſechs Stette gezcogen
ſein, habin ſy dennſelbin margkt vnd ſtetlin Seyden-
berg gantz verterbit vnnd ußgebrandt, dornoch ſint
etlich burger von Seydnberg komen vnd an vnns ge-
ſchicket begernde ſich uß der ocht zcu wirckenn, haben
wir vns hir Jnn nicht wyſſen eygentlich wy zcuhalden,
Hirvmb bitten wir Jnſundern vließ wullit vnns durch

uwern

uwern rechtspruch zcu erkennen gebin So wir by gantze
gemeine zcu Seidenberg In by ocht bracht habin ab
sy sich In gemeyn icht doruß zcihn vnnd wircken sullen,
ab etliche uß en sich In sunderheyt doruß zcihn mogin
vnb ab sy das durch recht thun mochten, ab sy icht erb
vnnd gutt verkeuffen vnnd sich wesentlich von en ent=
prechen sullen vnnd by den andern by In der ocht le=
gin vnd bleibn by weile sy deme so thun fort nicht wo=
nen noch zcu schaffin habin aber wy wir vns dor Innen
nach ordnung des Rechten halbn sulln vnscheblich vnnß
begnadung vnnd freyheyt Ouch ab by by noth der zceit
so by von seydenberg In by ocht bracht sint zcu en ge=
czogn vnnd ir Inwoner geworden by ocht begriffin habe
vnd sich doruß zcihn vnnd wirkn sulln aber nicht ehr sy
ir weßin by vnns habin vnd by vnns iren handel trei=
ben mogen Ouch ersamen bisunder liben frunde vnd
gonner Iß hat sich begebin das ein Gast In vnßer
Stat komen ist, dem einer vnnßer mitburger sein wagn
vnd pherd mit gerichte gesperret vnd ander sine hab
vmb schuld willn gekomert hath, vnd diß ist an ein he=
ligen tage gescheen, der gast sprach er lege do by vnns
ein zcu schabn vnnd muste sich mercklich verzcern er wol=
de dem cleger gerecht werdn vnnd begerte wir welden
ein am heligen tage ein ding hegenn, das wir denn
In solchen gebundenen tage nicht thun wolben under
des andern Tages wir ein ding bestellin vnd do by sache
entscheidn wordin, dornach hatte der gast mit einem
vnnßer miteburger zcuschaffenn vnnd clage zcu em vnnd
zcu allin sinen erb vnnd gutt ein binging do em bis creff=
tig geteylt wart begerte er wenn man em wider zcu
rechte bescheide das wort em bescheidn obir qwere nacht

do

do frogete der gaſt wenn das wer obir qwere nacht bes
waren etlich vnder vnns by meinten obir qwere nacht,
wer obir zcwu nacht als von montag uff by mitwoch,
eßlich meinten eß wer obir eine nacht als von montag
uff den binſtag Hirvmb bitte Duch fruntlich wellit vnns
durch uwern rechtl ſpruch zcu erkennen gebin So ſolch
geſte zcu vnns komen eß ſein cleger ober antwortter ab
wir en Jnn heligen tagen bing hegen ſullen aber das
uffſchiben uff anber vngebundene tage vnnd wy wir ge-
ſten vnnd ben by bo vngemach clagen bas do vernach-
tet iſt, beſcheiben ſullen So wir en biß her obir qwere
nacht beſcheibn habin vnnd ab obir qwere nacht iſt obir
zcwie abir ein nacht bas wir vnns hir Jnn rechtlich
hylbn, wollen wir gar williglich vnd gerne vorbinen
Gebin Am Sunobind Blaſij vnder vnſerm Stat Se-
cret Anno bominj. ꝛc. ꝛc. Lff.

Hyr vff Sprechen wyr Scheppen zcu magbburgk
vor recht Iſt be Stab Gorlitz als eyn heubt des lan-
bes orer erbherſſchafft alſo gepriuilegiret vnd begnabet
baz man vorwundete aber geſterbete luthe In be Stab
furen vnb ſy baz gerichte ba ſelbſt muß beſehn laſſen
haben benn be von Seybenberg vor etzlichen Jaren web-
bir be ſelbtin uwer ſtab befryhunge vnd begnabunge ge-
tan vnb eynen vorwundeten man vßwenbig orem flur
zcewnen vffgehaben ben byon begraben vnb bar nach be ge-
richte obir by obilteter vnb freueler geſeſſin Habit ir
benn be von Sybenbergk burch ſolch vorberurten ſache
willen vorgehenſchet vnb ſe bar vmb verachtet vnb In
by veſtung gebracht wollen benn be von Sybenbergk
nicht lenger In der feſtung vnb achte ſyn vnb ſich als
recht iſt bar uß zcyhen So muß man an baz gerichte

Q   burch

durch recht offin vnd der Richter vnd Scheppen von des
gerichteswegen vnd der burgermeyster selbbritte mit
zcwen siner miebekumpanen des Rathis von der Stab
vnd gemeyne wegen mußen sich benn als recht ist uß der
festunge zcyhen vnd uch rechtis pflegen vnd wen sich
der burgermeyster mit zcwen Rathmann von der Stab
vnd gemeyn wegen vnd Richter vnd Scheppen von des
gerichtes wegen nach rechte uß der achtunge geczogen
vnd rechtis gepflogen haben dar miethe fryen sy den Rath
vnd gemeyne burger Wolden sich aber der Burgermey=
ster mit zcwen Rathmann von der Stab vnd gemeyne
wegen uß der vestunge nicht zcyhen vnd wolden doch
etzliche borger vß der gemeyne nicht lengher In der ach=
tung syn vnd sich als recht ist dar vß zcyhen So mus=
set ir on daz recht offin Daz sy sich vß der festung zcy=
hen mogen vnd ir moget den gemeynen borgern von
uwer vorgebunge wegen eyn sotans nicht gewengern
noch vorsagen vnd se en dorffen ouch von deswegen or
erbe vnd guter nicht verkouffen von rechtiswegen

Vorber vff de andern frage Sprechen wyr Schep=
pen zcu magdburgk vor recht hat eyner uwer metebur=
ger eynen gaste seynen wagen vnd pherde mit gerichte
gespeyret vnd ander syne habe vnd guter vmme schult
willen bekumert vnd ist eyn sotans an eym hilgen tage
geschegen So en darff men durch recht dem gaste an
eym hilgen tage keyn gerichte noch gastrecht heghen
vnd ouch In hilgen tagen keyn eybe nehmen Sundern
men muß beyde part des anderen Tages webbir vorczu=
komen bescheyden vnd on den nbagen eyn gastrecht he=
gen vnd somit rechte scheyden Geschege denn daz eyn
gast webber vmbe eynen burger dingstellig machte vnd

.en

on beclagete vnd wurden beyde part obir de qwer nacht
webbir beschenden So mosten beyde part des andern
tages daz ist obir dy qwer nacht des gastrechtes warten
vnd man dorffte der part vff den britten tag nicht vor-
beschenden vnd dy sache so langhe vffschenben wyres·
ouch daz in uwern gerichte unigh vngerichte geschege
vnd wurde eyn salchs ydagn nicht geclagit unb wurde
de sache vornachtet So muß man durch recht de sache
zen oren vßgetechten bingtagen clagen vnd In den selb-
ten drutten binge de freueler vorfesten vnd vorachten
von rechtis wegen vorsigelt mit vnßerm Jngesigel.

5.
1 4 6 2.

Vnnßer willige binste zcuuor Ersame vnd weise
gunstige lieben frunde Wir sein In gehegtin
binge In desin nochfolginden worten vmb Recht ge-
froget. Hans schultz begert Burgen von funffbroth
dorvmb das er sine furwergk Innehat vnd grosse vn-
phlichte vor nympt boran denn dem schultzen grosser
schade gescheen ist vnd geschiet vnd wenn der schultz mit
Rechte von funffbroth kommet das em funffbroth we-
der antworten sal Ju den gerichten zcu sinen schul-
den so als funffbroth vmbesessin ist vnd des schul-
tzen guter Innehat die bessir sein denn WC marg
hoft der schultz er sulle em Burgen setzen das er ouch
Rechtlich an em bekomen mag so er von em komen
ist vnd setzt das uff Rechtl. lieben hern funffbroth
spricht gar bescheidinlich wie der schultz von em be-
gert burgen wenn funffbroth von em kweme das er
sich zcu em mit Rechte mochte gehaldin bv gein spricht

funff-

funffbroth als der schultz setzt er sey ongeerbeth so
hoft funffbroth das er en nicht Burgen setzen darff
wenn funffbroth siner schuld noch nye bekomen ist vnd
er en nye keinen schaden In den furwercken zcuge-
zcogen hat sunder was er hat gethon das hat er ge-
thon mit Rechte vnd der schultz selbir ein vngeerbit
man ist wenn sein weib hat den hoff vnd ouch die fur-
wercke vortebingt Bittet funffbroth einen hern des
Rechten zcu frogen ob er icht billich der burgen ent-
perin sulle so lange er sich siner schuld uff den furwerken
irholen kan vnd bleibet des by Rechte Bitten uch vns
hyrobir einen vorsigilten Rechtspruch zcusenden wollen
wir williglichen vorbinen Gebin am freitage noch Mi-
chel vndir vnsern Stat Secret dos wir hyrzcu gebru-
chin Anno etc. lrij

Scheppen zu Gorlitz.

HIr vff sprechen wir Scheppen zcu Magdeburgk
vor recht, Hat ffumbrot Hanse schultzem vmb etzliche
sache dy er zcn Im meynte zcu haben In gerichtis twangk
genomen vnd ist by sache zcu rechtl. awstrage nicht ge-
komen So muß man durch recht sulche sachen ym irste
scheiden vnd zcu awstragk komen lassen vnd ffunfbrot
darff hanse schultzen by weile das her In, In gerichts
thwanghe hat, keyne burgen setzcin das her Im wibber-
vmb in den gerichten antworten wolle Sundern wen
Hans schultze von funfbrote mit rechte gekomen ist Hat
her In denn wibbervmb, war vmb zcubeclagen das mag
er zcu Im In dem gerichte abber worher des mit Im
bekomen kan, mit rechte zuchen von rechts weghen vor-
sigelt mit vnserm Ingesigle.

6. Ur-

6.

Urthel der Schöppen zu Donyn.

Wir otte heyde Jeske Otte muel vnd Jon gebru-
der burggrauen zcu Donyn bekennen daz wir
vmme eyn recht gefroget sein Noch vzweisunge diser
Noch geschrebin briue in eyme sulchin lute: Wir hans
von gocz gnaden herczoge czu Gorlicz vnd margraue
czu lusicz vnd eyn der neuwin marke bekennen vnd
Tun kunt offentlich in desim briue Alle den dy yn en
seyn abir horin lesen, daz vor uns czu eczlichin czi-
ten komen ist Ramuolt von ghersdorf gesessin czu Rey-
chenbach, vnd bat vns daz wir meczen seyner elichin
husfrawen Alle seyne gutir dy gelegin seyn in den weich-
bilde, vnsir vorgenanten stat Gorlicz vnnd von vns
czu lehen rurent Sy sein vorlegin abir vnuorlegin wy
abir wo sy gelegin in vnßir herschaft mit allen gnaden
vnd rechten. alz sy der obgnante Ramuolt besessin vnd
gehabt hat, vnd an yn geuallen sulden Gnedichin ge-
ruchte ir lebetage czu vorlihin. Des habe wir ange-
sen seyne demutige vnd fleysege gebete vnd haben alle
seyne egnanten guter, von vns czu lehen gehorn mit
allen gnaden, czuhorunge vnd rechten dy derczuhorin
vnd vor aldirs gehort habin der obgnanten meczen
seyner husfrawen czu eym lipgedinge ir lebintage czu
der czit als derselbe vorgnanten Ramuolt Noch le-
bete gnediclich vorlehin vnd reichit lihin vnd reychtin,
er dyselbin egnanten guetir in alle der maze alz se an
vns komen vnd von dem ofgnanten Ramuolde ge-
habt by seynen cziten und besessin sint vnd alle gue-
tir von vns czu lehin, dy an en geuallen machten

Q 3   abir

abir ſulden wer er lebendig leȝin wir derſelbin vorge=
ſchreben meczen mit Craft deſis ́brius unſchedelich
doch vns an vnſern dinſtin vnd rechten mit vrkunde
deſis briues mit vnßern furtlichen anȝengenden In=
geſegil vorſegilt der gegeben iſt czu prage ȵm Ja=
re noch gocz geburte dritenȿundert ior ſewen vnd
achtegiſten iare an dem erſtin Tage in Ottobris.
Wir Joȿan von gocz gnade herczog zcu Gorlicz
vnd Marggraue zcu luſicz bekennen vnd Tun kunt
offentlich mit deſim briue Alle den dȵ en ſen abir
ȿorin leſin daȥ wir angeſeȿen ȿaben demutige vnd
fleißige bete, des ſtrengen luters von gersdorf vn=
ßers liben getruwin vnd ȿabin ȵm vnd ſeȵnen er=
bin mit wolbedochten mute vnd rechtin wiſſen gne=
diclichin vormalcz ȵm Jare Nach Chriſts geburte alȥ
man ſchreibit dricenȿundert czwei vnd achtig iar an
der ȿeilichin Apoſteln Tage Symonis vnd Juda vor=
liȿin vnd gegebin liȿin vnd geben ouch nach mit de=
ſim briue den anual ȿalp vnd daȥ recht daȥ vns alȥ
eȵnen herczogen czu Gorlicz geboren mochte vnd mag
den ſulchen guetern vnd czinſin dȵ ȿanſ von Reȵ=
chinbachs etwan des Namuoldes ſones mutter wraw
meczen vnd kunen ſeȵner elbir mutir czu erin lipge=
dinge in ȿant vnd alȥ der egnante ȿans dȵ ſelben
guetir, ab dȵ vorgnanten wrauwen ſturben ȵnne ȿet=
te, in den Dorfern Reȵchemsdorf, mengesdorf, Ga=
ſtolwicz vnd Salant dȵ gelegin ſeiȿ eȵn dem weich=
bilde czu Gorlicz, vnd an allen gutirn dȵ der uft=
gnante ȿanns iczunt ȵne ȿat vnd von vns zcu leȿin
gebin Es ſȵ an vorwergten Ekirn wiſin waſſir unt

an=

anbern allen czugehoruuge wy man by mit fundirn
namen genennen mag Infulchign gefchichten wenne
by obgnanten wrawen, mecze kunen vnd hanns alle
gefturben vnd nichten wern So fullen by vorgnante
gutir halp an den obgnanten leuter vnd feyne erbin
geuallen feyn czubeficzen vnd in eren nucz czu ven=
ben mit allen gnaden vnd rechten in aller maffe alz
by egnanten wrawen vnd hannns erin fon innehan
gehabt vnd von albirs herfomen, befeffin vnnehabt
fint, baz anbir halbe Teyl an vns fal geuallen abir
wenne wirs denne lnhin abir gebin werbin Duch wer
fache baz der uftgnante leuter fturbe vnd feyne erbin
vorgangen werin So fal fein halb Teyl der vorge=
fchrebene guetir mit allen gnaden vnd rechten alz an
in abir an feine obgefchreben erben angeuallen ift an
ben ftrengin Heynczen von gerfdorf feynen brubir czu
funigifhain gefeffin, vnd noch feyme Tobe an feyne
erbin geuallen vnd geuallen fein bar vmme gebite wir
bem edelen Benis von der Dube abir wer vnfer
hutman czu Gorlicz wirt vnfern getruwen baz fe ben
egnanten leuter vnd feyne erbin ingewew berfelbin
gutir vnd czinfe halbteyl Alz fchire fy an vns vor=
uallen werben vnd noch irin Tobe ben uftgnanten
Heynczen vnd feynen erbin glichirweife ficzen vnd fo
bo by befchirmen vnd behalben fullen vnfchebelich
boch vns an vnfern binften vnd rechten vnd auch
ndirmanne an feynen rechten vnfchebelich, mit vr=
funde bes briues vorfegilt mit vnfern furtlichen an=
hangenden Ingefegil ber gegebin ift czu Gorlicz
Noch Chrifts geburt bricenhundert vnd eyn bem=
sebin

sebin vnd achcigisten Jare An der Juncfrawen sant
Patharine obint, Hy of spreche wir czu rechte vnd
wissin keyn bessers.   Mach dem male daz der here
bekenet der wrauwin meczin eynes lipgebinges an
den gutern, daz sy der gebruchin solle czu erem
libe, vnd dere briue elbir vzwisin denne eris weder
sachin do is sy neher by czu blibin vnd czu ge=
bruchin czu irem libe den sy er wedir sache mit
syne broge do von gedrungen Datum in donyn in
octaua epiphanie.

www.ingramcontent.com/pod-product-compliance
Lightning Source LLC
Chambersburg PA
CBHW030358270326
41926CB00009B/1158